亲密不再遥不可及

自闭症家庭治疗实录

易春丽／著

世界图书出版公司

北京·广州·上海·西安

图书在版编目（CIP）数据

亲密不再遥不可及：自闭症家庭治疗实录 / 易春丽著. —北京：世界图书出版有限公司北京分公司，2019.1（2022.7 重印）

ISBN 978-7-5192-5994-5

Ⅰ.①亲… Ⅱ.①易… Ⅲ.①孤独症－儿童教育－家庭教育－特殊教育－研究 Ⅳ.①G766

中国版本图书馆CIP数据核字（2019）第029260号

书　　名	亲密不再遥不可及：自闭症家庭治疗实录	
	QINMI BUZAI YAOBUKEJI	
著　　者	易春丽	
策划编辑	李晓庆	
责任编辑	李晓庆	
装帧设计	刘　岩　蔡　彬	
出版发行	世界图书出版有限公司北京分公司	
地　　址	北京市东城区朝内大街137号	
邮　　编	100010	
电　　话	010-64038355（发行）　64037380（客服）　64033507（总编室）	
网　　址	http://www.wpcbj.com.cn	
邮　　箱	wpcbjst@vip.163.com	
销　　售	新华书店	
印　　刷	河北鑫彩博图印刷有限公司	
开　　本	880mm×1230mm　1/32	
印　　张	11.5	
字　　数	238千字	
版　　次	2019年4月第1版	
印　　次	2022年7月第2次印刷	
国际书号	ISBN 978-7-5192-5994-5	
定　　价	49.80元	

序一

　　2006年的冬天，作为一名攻读北京大学心理系双学位的学生，我进入易春丽老师的实验室学习。易老师那时候已经开始了对自闭症儿童的家庭治疗，并且积累了大量原始资料。在每周一次的研讨会上，我们一众学生观看易老师的治疗录像，并在她的指导下学习如何在家庭治疗的框架下处理自闭症的个案。因此，我曾完整观看和学习过易老师对帅哥这一个案的治疗过程，并见证了他的症状好转过程。时隔十多年，易老师依然在自闭症家庭治疗领域深耕细作，并逐渐总结出系统化的治疗理念和治疗方案。2018年，我有幸跟易老师一起梳理了她在自闭症家庭治疗领域的治疗原则，出版了《重建依恋：自闭症的家庭治疗》一书。而今，她将帅哥这一个案的治疗全过程整理、出版，更为充分地解释和示范了《重建依恋：自闭症的家庭治疗》中提到的相关原则。相信这本书给自闭症治疗工作者以及家长都会带来启发。

　　易老师对自闭症儿童的干预总体是以创伤治疗为基础的。在《重建依恋：自闭症的家庭治疗》中，我们曾提出自闭症可能与创伤有关的假说。这一假说认为，自闭症儿童有特殊的遗传基础。他们智力发展不均衡，对感官刺激过度敏感，因此特别容易受创伤。回避和刻板行为都可能是他们的创伤反应，也是自我保护机制。从这一点认识自闭症，我们会要求养育者提高敏感性，读懂孩子症状背后的需求，尽可能满足孩子的安全需求；以亲子关系为契机，在重建良好亲子关系的基础上，帮助孩子完善社交功能。与其他干预者不同，我们干预的重点对象是父母，重要目标是改善孩子的亲子依恋关系和社交功能，重要手段是干预父母的养育方式和父母的心理健康。

在《重建依恋：自闭症的家庭治疗》出版后，我们收到了各方面的意见，有肯定，也有批评。我们抱着开放性的态度欢迎同行批评，和我们一起讨论，也希望借这本书的案例分析更清晰地阐释我们的观点。

第一，我们需要澄清的是创伤假说与冰箱父母理论的区别。冰箱父母理论认为，父母的冷漠和拒绝是造成自闭症的重要原因。从本书中帅哥这个案例来看，帅哥的父母显然不是冰箱父母。他的妈妈热情开朗，对孩子肯定接纳，在育儿方面很有智慧；爸爸虽然有点焦虑，但非常愿意调整自己，非常积极地参与到与儿子的互动中。帅哥在成长经历中也没有经历与父母的长期分离。帅哥其实没有明显的依恋方面的创伤（不排除存在其他方面的创伤）。正因如此，帅哥的康复之路相对来说比较顺畅。

第二，我们的干预很强调养育对自闭症儿童的影响。研究者早已就这个主题达成共识。研究者普遍认可，养育对正常孩子的心理发展有重大影响。然而，或许由于冰箱父母理论的负性影响，研究者在很长一段时间里不去关注养育对自闭症儿童发展的影响，而只强调遗传的作用。在咨询实录中，大家可以看到，当父母的养育行为有所转变的时候，帅哥是有明显的觉察和反应的。父母的情绪、态度和行为，对自闭症孩子也有显著影响。近年来有研究者开始重新关注父母养育行为对自闭症孩子的行为的影响，对自闭症儿童或自闭症高危儿童的父母进行正性养育干预，并观察到这一干预对缓解自闭症症状具有显著效果。这对父母来说当然是个好消息。如果改变自己的行为能够对孩子产生有益的影响，那么家长是能够获得控制感的。

第三，对自闭症孩子的正性养育和对正常孩子的正性养育在根本理念上是一致的，但在具体做法上有些不同。根本理念是，以亲子关系为先，对孩子无条件地积极关注，帮助孩子建立与父母的安全依恋关系。在具体做法上，自闭症孩子的家长面临的问题跟正常孩子的父母面临的问题很不同，比如：如何对待孩子的刻板行为，如何对待孩子的攻击性行为，上学后孩子无法遵守纪律怎么办，孩子无法参与到同伴活动中怎么办。我们在《重建依恋：自闭症的家庭治疗》中对处理原则有系统的说明。总的来说，父母要透过孩子的行为去了解孩子的内心需求，读懂孩子的需求并帮他描述感受，支持孩子，在互动的过程中与孩子改善关系，在关系改善的基础上教给孩子适应性行为。这其中有很多沟通技巧。这在帅哥这个案例中有非常充分的展示。比如，在第一次咨询中，帅哥对闹钟感兴趣。父母的第一反应是"你不要动，别把东西弄坏了"。但是咨询师顺应帅哥的兴趣，鼓励他去摆弄闹钟，并以这项活动为契机，促使他和爸爸互动。我们可以看到，在兴趣得到肯定和支持后，帅哥跟爸爸互动时的身体姿势变得轻松自然。在咨询后期，帅哥的父母对孩子的行为（甚至是症状行为）的接纳程度明显提高。只要是不危及自身和他人安全的行为，父母都允许。他们的亲子关系也有了明显改善。

最后，我想说说个案的价值。在科学研究中，个案研究处于证据链的底端，其结果不能推及一般情况，不能说明因果关系。但个案研究的优势在于，研究者可以对案主的问题有非常深入的了解和分析。虽然本书只呈现了7次给帅哥咨询的咨询记录，没有给出后面的咨询，但其实他做了大半年咨询。据我所知，易老师一直与这个家庭保持联系，跟进帅哥的状态。这份数据诚然不是"大数据"，却是"厚数据"。在自闭症干预这个并不成熟的领域，进行这样的深入分析和持续追踪是非常重要的。这有助于我们更加深入地了解自闭症群体在不同年龄阶段的表现和需求，并且观察特定的干预措施在多长时间里和多大程度上能够帮助到相关家庭。实际上，很多有影响力的心理学理论最初都是研究者从案例研究中总结出来的。帅哥的案例是易老师做的众多案例中的典型案例。我们当年在易老师的课堂上也听到过其他自闭症儿童案例。当然，未来我们还要累积更多案例，从广度和深度上拓展我们对自闭症及其干预的认知。

　　认识自闭症，我们一直在路上。希望我们的努力能够让更多有自闭症孩子的家庭获益。

周　婷

序二

最初接触自闭症时，我在北京大学心理系读博士的第二个学期。那时我开始在北京大学心理咨询中心接诊，还是一个刚刚实习的博士生。一对中年夫妇带着一个四岁多的小男孩来咨询，母亲拒绝接受孩子是自闭症的事实，说医院没给下诊断，只是广泛性发育障碍。

那个时候我对自闭症的了解非常少，不知道具体的诊断标准是什么。我大概知道自闭症患者在人际交往方面有问题。在诊室里，我看到小男孩确实和人互动不好。在一个小时的咨询时间里，有两次他从侧面接近妈妈，亲妈妈的脸。这是他的行为中最为重要的闪光点。我们可以推断小男孩背后有和他人交往的动机和需求。

我的临床受训背景是家庭治疗。我接受的训练要求我更多地关注关系，而非症状。我在咨询中希望妈妈能够看到孩子好的一面，能够有策略地强调孩子好的一面。当无症状的空间扩展的时候，有症状的空间就会被挤占。这个案例是一个契机。我帮助妈妈去解读孩子好的行为，以及坏行为背后好的一面。当父母能够以积极的方式去理解孩子的行为时，父母就会在情感和行为方面更接纳孩子，孩子也就更有机会康复。这是我后来在自闭症儿童咨询中一直贯彻的原则。

因为这个家庭的特殊性，我发现了一些有意思的地方。那个时候，孩子和妈妈住在北京就为了看病，孩子的爸爸在外地工作。孩子的妈妈不愿意送孩子去培训机构训练，因为之前孩子在培训机构有不好的经历。妈妈也拒绝参与和自闭症家长相关的活动。她曾经的参与体验是负性的，觉得身处其中很压抑。孩子的妈妈不是北京人，在北京几乎没有熟人。她和孩子处在与世隔绝的环境中，平时只有他们两个人互动。在我的指导下，妈妈开始改善和孩子的关系。我感觉越简单的关系对孩子来说越容易把握，因为在关系中需要加工的信息很少，孩子不会出现信息过载的现象，很容易和妈妈建立依恋关系。这种良好的关系最后会泛化到其他人身上。我最初的理论假设之一就是：自闭症儿童康复的重要基础是和父母建立安全的依恋关系。

这个家庭不同意我对他们的案例进行详细的报告，并且这个孩子也不是被医院明确诊断为自闭症的患者。为了验证我的一系列理论假设，我需要进一步的临床实践。

在医学领域，研究者有不同的科研方式可以证明一个理论假设正确与否。比如在对照实验里，研究者会区分两个组，一个对照组，什么都不做；一个实验组，用假设的治疗方法对个体进行治疗。经过一段时间，研究者考察两组是否有变化。不过有的时候我是很蔑视这种方法的。我会想，所谓的科学真的科学吗？为了发表论文而发表论文，科研已经变得机械化了，而不是更有创造性。理想的科研有时是我们根本无法做到的。如果一个孩子有问题，没有家庭不想治疗孩子。如果想做对照实验，哪个家长又会和你合作，让自己的孩子成为对照组？即使家长同意，这也可能是严重的伦理问题。

在医学领域，治疗方法稳定才会被接受，也就是说对一个病人有效的治疗方法，对另一个病人也可行。如果我的方法用在其他病人身上也有效，病人能够慢慢康复，那么即使我的研究中没有严格意义上的对照组，我的方法也依旧在学术和实践中有重要意义。

当我想验证我的理论时，我遇到的最大困难就是我没有病人。我在自闭症领域并不是特别有名，病人不会排队来找我咨询。我的假设在很多家长看来都是不可思议的。家长不会不带孩子去训练机构而冒风险到我这儿来咨询，毕竟我的方法不是成熟的被普遍接受的方法。

在自闭症的干预中，目前国内最主流的方法是应用行为分析训练（ABA）。这种方法在美国也是非常流行的。它流行的部分原因是它源于心理治疗方法中的行为治疗，让研究者可以对患者的行为进行定量分析，在科研杂志上发表大量论文。

我采用的方法和这种方法完全是相反的。我认为这种方法是有害的。我这种逆潮流而动的行为的结果是可想而知的。

为了找患者，我想了一个方法，那就是在一个有名的自闭症网站上发帖子，陈述我的观点，同时给家长解答一些问题。那时候我花了很多时间，希望能够吸引家长来找我咨询。结果比我预想得差太多。当时通过网站和我主动联系并保持咨询关系的有几家，其中楠楠（化名）一家在我这里咨询的时间最长，没几个家庭能够长期坚持。

我最初接触的自闭症案例几乎都是很难的案例。通常家长试过很多方法，无路可走才会选择找我。我的方法对这些家庭有一定的效果，但是因为孩子病情的严重程度，整个治疗过程非常缓慢。孩子表现出的一些症状是自闭症症状，还有一部分症状是不当训练造成的副作用。我在《重建依恋：自闭症的家庭治疗》一书中有说明。

本书以帅哥的康复为主线。我选择的是一个症状比较轻、家庭状况比较好的小朋友的案例。我叫小朋友帅哥，是因为他原来的语言能力不好，几次咨询后他的语言能力变好，我和他打招呼，说帅哥好，他问我什么是帅哥。这是他在语言方面有所康复的表现。他开始要求周围人对他不懂的词做解释。那个场景令我印象太深刻了，所以我就在书中统一叫他帅哥了。

在这本书中，我讲述了家庭治疗在自闭症康复中的应用。选择帅哥作为案例的原因有很多，其中最重要的原因是：在自闭症案例中，轻度自闭症和边缘性自闭症会占绝大多数，很多重度自闭症也是从轻度自闭症发展而来的。这个案例更有代表性。第二个原因是，这个案例中的患者症状比较轻，前期康复比较迅速，几次治疗后取得的效果约等于重度自闭症患者治疗几年的效果，这使得我可以集中在几次咨询中完整介绍自闭症前期治疗的方法。第三个原因是，帅哥的家长签署了知情同意书，同意我用匿名的方式发表咨询的案例。在这里我要感谢帅哥和他的父母对自闭症康复领域的贡献。帅哥的前期康复过程脉络清晰。我希望可以为其他自闭症儿童的康复提供参考。

当然，帅哥的案例在时间上或者环境上都是不可复制的。帅哥的家庭，尤其是父母的婚姻没有太多问题。当时帅哥的父母都不工作，很平静地陪伴帅哥。很多家庭并不能给孩子提供这样的环境。当然我并不赞同父母都不工作。

在结尾部分，我还会介绍这种干预方法的局限性，以及父母之后可能面临的问题。这本书提供的前七次咨询记录只是干预的第一步，并不是一劳永逸地解决了所有问题。

除了有自闭症儿童的家庭，这本书还适用于各种亲子关系不好的家庭。这本书可以成为修复关系的实战操作手册。本书中提到的咨询要点有指导意义。

普通家庭的父母也可以从本书提供的咨询案例中学习如何和儿童交往，如何把儿童所处的环境打造成更为安全的环境，怎样成为儿童的安全基地。

作为各类儿童问题的干预人员，我相信这本书的案例可以给大家提供很好的示范。我的干预模式以家庭治疗、精神分析理论、依恋理论为基础，很多临床工作者都是可以借鉴的。我认为做自闭症干预是最难做的，但是治疗者一旦学会做自闭症干预，基本上其他儿童问题都会解决，毕竟儿童问题归根结底都是亲子问题，都是依恋关系问题。

这本《亲密不再遥不可及：自闭症家庭治疗实录》实际上是《重建依恋：自闭症家庭治疗》的姊妹篇。《重建依恋》是理论篇，本书是实操篇，互相映衬。要想更好地理解自闭症的整个治疗过程，大家最好能读一下这两本书。

首先我要感谢我的弟弟易桂宁，他帮我完成了本书的誊录工作。我知道把咨询录音转为文字是一件极其辛苦、无聊的工作。其次我要感谢世界图书出版公司的于彬老师和李晓庆老师，她们为本书的出版做了非常多的幕后工作。最后我要感谢我的学生，她们参与了这本书的稿件校对工作。她们是林雪芳、许天怡、侯晓晗、郑珈辰、柴莹飞、于今、王远方。

　　希望本书能在2019年"世界自闭症关注日"前问世，希望本书能帮到更多的儿童与家庭。

易春丽

2019年1月

北京大学畅春园

目 录
CONTENTS

第一章　帅哥是谁?

为什么这个小朋友叫帅哥?其实我管很多小朋友都叫过帅哥,只有这个小朋友听到我喊他"帅哥"的时候反应不同。有一次,我和他说帅哥再见的时候,他问妈妈"什么是帅哥呀"。我当时还愣了一下,不知道该怎么解释。当时的情景令我印象十分深刻,因此这里就不给这个小朋友起别的化名了,就叫他帅哥好了。

我第一次看到帅哥时,他和爸爸妈妈在咨询室外面。他穿着红色的T恤衫,很开心的样子,在外边来回晃着。

我劝他:"来,进易阿姨这儿待一会儿。"反复劝说几次后,小朋友第一个走进来,然后他的父母跟了进来。

妈妈和帅哥说:"叫阿姨好了吗?"

帅哥大声地说:"阿姨好。"但是他没有看我,而是看着他手里的纸。

我赶紧说:"不用叫,没关系的。"

我一般会通过这种方式缓解小朋友的压力。我认为问好不是必需的。在我这儿，礼貌不是第一重要的，孩子感到安全和舒适才是第一重要的。

咨询室有些小，有一个单人沙发是我坐的，另一个长沙发可坐三个人，是家长和孩子坐的。我的单人沙发上通常放着我的东西，避免小朋友一下子坐在我的沙发上，那样的话我就没地方坐了。

帅哥进来后，我没坐下，在调整摄像机。他对着我的单人沙发走了一会儿神。我和妈妈说了两句话，然后问帅哥："坐不坐呀？"

妈妈先坐在了长沙发上，然后用诱惑的语气对帅哥说："真舒服呀！"妈妈当时的表情还是非常好的，满脸的笑容。

帅哥背对长沙发向后退，坐在沙发上，眼睛向上看，没有因为妈妈说话而看向妈妈。他的眼神在整个咨询中有时是向上的，明显越过我们能够平视他的高度。这种回避目光的方式在咨询中比较少见，一般的小朋友会看自己的手指、看别的地方或者来回乱跑来回避和其他人的目光接触。

帅哥坐下后说了一句类似评论性的话，我没听清，就"哦"了一声。妈妈问我那个词是什么意思呀，我说："我也不知道，我就是觉得他很可爱，就回应了他一下。"

我问妈妈："你会觉得这是不好的行为吗？"妈妈没有回

答。爸爸最后走了进来，坐在了帅哥的另一边，也就是帅哥坐在父母的中间。帅哥的头先是前倾，明显越过父母的头的位置，之后向后靠，躺在长沙发上。在这两种情况下，帅哥基本上都看不到父母的眼睛。

我先问帅哥："怎么样啊，小朋友？"

妈妈看向帅哥说："帅哥！"他对妈妈的提醒没有反应，爸爸也拍了一下帅哥的腿，妈妈紧接着和帅哥说："不好吧？"妈妈的意思是帅哥不回答我的话，这种行为不太好。

我说："没事，没事。"

帅哥看向妈妈说："我想睡觉了。"妈妈的眉头皱起，露出了很无奈的表情。

我说："随便一些。来这儿的小朋友爬的、光脚的，什么都有，不用担心。你会不会太有规矩了？"前面的话是解释给所有人听的，最后一句是问妈妈的，妈妈"呵呵"地笑了，没有回答。

在咨询过程中，最重要的就是要让自闭症儿童或者那些退缩的儿童有安全感。最先能表明安全的就是环境的安全，环境应当没有压迫性。一方面，我虽然先对帅哥发问，但其实我并不指望他回答，我只是在说废话。另一方面，我在表示我是重视他的。我的问话不是必须回答的。如果他不回答，我会找些借口，或者直接就跳过问话，目的是要让小朋友有面子。

帅哥那看起来答非所问的话（他说想睡觉），其实是蛮有攻击性的。我一直都在分析为什么帅哥是康复神速的那个孩子，这就是一个例证。他的攻击性一直都有，而且是语言化的（这是我们在咨询中极其愿意看到的）。我的解释是来我这儿的孩子做什么的都有，还举了例子，这是为了让小孩子放心，让他觉得自己并不特殊，也是为了缓解父母的焦虑。

我问父母："你们俩谁更觉得帅哥有问题，需要处理？谁先发现的？"

这时帅哥站起来在我面前来回晃，好像对我手里的相机很感兴趣。

妈妈说："说实话我们俩真的挺迟钝的。我们都没发现。除了这孩子不说话，其他我觉得都挺好。结果后来上幼儿园的时候，人家不收我们，说你孩子不说话，不收。我们才去看的。"

帅哥这时跑向离我摄像机很近的1个小电脑桌，上面有个装摄像机的包，包旁边还有1个小的机械闹钟。帅哥把手伸到我的电脑包里，爸爸赶紧说："帅哥不要动。"帅哥的手从包包里伸了出去，向后退了两步。

我说："没事，没事，动吧。没什么重要的东西。"

然后帅哥看到了包旁边的闹钟，说："还没指到11、12

呀？"说话的过程一直是背对着我们。

我说："那个表停了。所以指不到11、12了。你想指到11、12也没戏，小朋友。"

因为我的回答，帅哥转身看向我，问："电池？"他转身看着我的眼神非常好，也许是因为我的回答是正确的，也可能是因为那个电脑桌离我的距离比较远。

我说："那个不需要电池，是需要拧的。你拿过来，自己拧一下。"

帅哥又回看闹钟，不再看我们。爸爸问我："是上弦的？"

我说："对。"

我继续用诱惑的语气跟帅哥说："要不你拿过来，让你爸爸给你拧。"

帅哥碰了一下闹钟说："开了。"

我带着好奇重复他的话："开了？"我知道他碰一下的动作不会对闹钟有什么影响，但是我还是要重复他的话。我的重复是有意义的。紧接着我又说了两遍，让他拿过来，拿到爸爸那儿，让爸爸帮他。

帅哥犹豫着，然后离开闹钟往我们这边走。我继续诱使他拿闹钟，他回到桌子旁拿起闹钟。我让他拿到爸爸那边。因为我知道帅哥对那个闹钟是好奇的，因此我当时猜测这种方法是有效的。我们能从这个建议或者指令看出，帅哥对他人语言的反应非常不好，要反复劝说才会产生行动。

帅哥走向爸爸，我对帅哥说："让他给你拧。"帅哥把闹钟递给爸爸的时候，头往侧边转，同时身体有一个侧转的动作，角度上避免了和爸爸的目光接触。爸爸帮忙给闹钟上弦的时候，帅哥表现出了好奇心，看向爸爸手里的闹钟。

这时妈妈说："我们俩比较迟钝，一直不怎么管孩子。"

我问："什么叫不怎么管孩子？原来谁管呢？"

妈妈说："其实是我管。我一直不怎么上班。我觉得孩子自己成长就行，不需要什么特殊的教育，所以让他自己在那儿玩，很少和他一起玩，不过平时我们带他出去玩的时候挺多的。在家里有时候我上网，让他自己在那儿玩。我觉得孩子也不是教育出来的，孩子自己成长就好了。他长到两岁一个月的时候上幼儿园，学校不收。我又去了一个私立幼儿园。我问对方（幼儿园的老师）是否见过不说话的孩子，她说有——孤独症孩子。我第一次知道有孤独症。我去网上查，情况完全一样。当时我觉得也不用去医院诊断，完全肯定他就是这个问题了。"

在妈妈叙述期间，爸爸在帮帅哥，还没弄两下，帅哥就上手去抢。爸爸可能觉得还没完成，就和帅哥争夺闹钟不给他。争夺中爸爸和帅哥又解释了两句，没有效果，帅哥终于如愿从爸爸手里拿走了闹钟。

帅哥看着闹钟的后面，开始自己拧。也许是从和爸爸的互动中脱离出来，注意力转移，发现妈妈在说话，他很不耐烦地发声："哎呀！"妈妈继续说，帅哥又发出更不耐烦的声音。然后爸爸吸引了一下他的注意，之后帅哥和爸爸有一两轮互动。

当妈妈的讲话告一段落的时候，我先回应帅哥。我问："怎么样？拧出来了没？（闹钟）走没走，小朋友？"

他说："走了。"

他问爸爸："stop是什么？"

爸爸说："stop就是停了。"

然后他又问："爸爸，怎么拧啊？"

妈妈说："自己想办法呀。"帅哥的问句中明显有求助的意愿，这种问话之后最好是给予协助和鼓励。妈妈的回答是有些情感拒绝的味道在里面的，但是因为帅哥还沉浸在鼓捣闹钟的状态中，我没有对这个回答做解释。

我继续调查帅哥是否在小时候有创伤性体验，比如被寄养过，或者有过其他什么情况。

妈妈回答："没有。从怀孕开始就一直在我父母家。我一直不能接受（帅哥有自闭症）这一点，我是在最好的年龄怀孕，生孩子也没有什么问题，他早期的状况也很好。我就是陪伴他的时间很少，一对一玩的时间很少。其他的我没有感觉我有什么特失职的地方。"

妈妈在解释的过程中，帅哥和爸爸和谐相处了一会儿，闹钟回到了爸爸的手里。爸爸拧闹钟的时候，帅哥的头挨着爸爸的头，看爸爸的动作。爸爸将闹钟还给帅哥的时候，把闹钟给弄响了。在和爸爸的互动过程中，帅哥好的地方是开始和爸爸离得很近，不排斥对方，但是头的方向都是朝着闹钟或者爸爸和他的手的方位，没有目光对视。

因为之前劝说帅哥的时候感觉他的反应稍微有一点慢，所以我和妈妈确认他小时候反应是否慢。

妈妈说她不觉得，有的时候他还反应特别快。妈妈的感觉在后来看是有些道理的。我的意思是帅哥做坏事的时候反应极快，但他对我们的语言反应不快。

爸爸补充说帅哥对自己感兴趣的、有意思的、和他的利益相关的东西，都反应快着呢！我追问爸爸什么是和他的利益相关的东西。爸爸说"吃的"。因为在自闭症儿童案例中，父母很多都会给孩子禁食，所以我又追问父母是否会限制他的饮食。爸爸说基本上不限制他。

帅哥站起来，拿着闹钟回到电脑桌旁。我说："又放回去了？没关系，你可以拿着的。"帅哥站在电脑桌旁不停地把闹钟弄响，依旧背对着我们。

接着我又转回来给父母解释："你们回去看录像。他玩一些东西时，我会主动和他说'你去玩吧'。我不太限制他，我让他拿过来，让你们帮忙，其实是想建立一些联系。他要觉得父母是有用的，这样他将来的求助行为才会增多。对于这样的小孩，如果你知道他对什么感兴趣了，就马上要进行强化。有好多孩子，你会觉得他不懂礼貌，会限制他的行为。这样做是不对的。我的治疗比较注重细节。家里就可能有他觉得感兴趣的（东西），到时候你问问他要不要帮忙。"

我还没解释完，小朋友走回来，站在我和妈妈中间"啊啊"了两声。我回应他说："'啊啊'什么呢，小朋友？"他是想要水，妈妈给了他一瓶矿泉水。

我和妈妈说完后，帅哥依旧站在我们中间，面向妈妈，背向我，正好挡住我们的视线。他喝了几口水后，问妈妈"喝水吗"，妈妈说"谢谢，想喝点"。妈妈喝了两口，把瓶子还给帅哥说："太好了。谢谢你。"在这次互动中，妈妈的表现非常好。

我和妈妈描述说："他的语言表达能力还行。"

妈妈说："我们在这方面下的功夫特别多，可能出现了过度训练。一开始我们觉得治疗要一步一步来。但是又觉得社交是特别难突破的。我觉得他社交越来越不好，对人越来越不关注。小时候他还能和朋友玩一会儿，现在他和小孩在一起待着，我觉得他没有什么主动性。"妈妈是在说对帅哥的负面评价，帅哥"哼哼"着又回到了电脑桌旁。

我继续描述我的观察："我觉得你的小孩的表情不够好。"

妈妈马上肯定地说："对。在家里我们会做一些表情训练。"我解释这不是训练能够改善的。

我发现小朋友在动我的录像带。因为是已经录好的别人的录像带，我赶紧说："小朋友，这个东西不能拿。"我的语气还是比较平和的。我上前把录像带拿走，但是我也给了他替代的东西——新的录像带，并对他说："拿这个玩。新的，可以让妈妈帮忙打开。"帅哥又开始玩闹钟。

我转回来和妈妈继续刚才的话题："是你的表情。你的表情会回应他的表情。你看他时，你的表情好吗？"妈妈的回答是否定的，我说："对啊，那他学会的表情就不好，我看过很多自闭症小孩的表情，那些小孩的表情基本上都很紧张，对人其实是有恐惧的。我猜啊，你看他的时候可能就一脸不耐烦。大部分的家长可能都有类似的情况。我不知道你们俩谁的表情会更好一些。"

妈妈说现在她的表情要好些。妈妈让爸爸一定要来，妈妈认为爸爸现在对孩子的状态更不能接受。原来妈妈觉得爸爸的态度是值得她学习的，现在她觉得爸爸对孩子的态度是她不能接受的。

我追问什么是她不能接受的，她举了一个例子："刚才孩子摔了一跤。原来我会让他站起来自己弄，现在我觉得他更需要安慰。我会给他掸一掸，或者问他疼不疼。他爸爸却雪上加霜，说'我告诉你多少次要好好地走，你又不好好走，摔了吧'。就这种感觉。"

因为是第一次咨询，不想就此深入下去，所以我转移了话题。我问了他们的家庭情况，他们都是北京人，住在帅哥的外公外婆家里，各自家里的老人都不能帮带孩子（妈妈的原话是"他们没有能力带孩子"，我也没确认这种能力是指什么），但能帮忙做家务。

谈了这样一大段之后，帅哥还在电脑桌旁背对着我们，我又对他说："小朋友，好玩吗？终于找到一个好玩的东西了吧。"

这时帅哥看向摄像机包，我问："又发现什么了？"

帅哥这时转身走向妈妈，越走越近，笑容也越来越明显，我描述说："好可爱啊你！"帅哥坐回沙发上，开始玩手里的纸（好像是发票之类的东西）。

基本上每一段谈话的间隔，我都会想办法和小朋友有一搭没一搭地说两句，这是为了让他感觉我们是重视他的。这样的谈话强度对于自闭症儿童来说足够了。如果谈得太多，他会觉得交流是负担；如果太少，他会觉得他不重要。

我又转回来对妈妈继续解释（这是所有自闭症治疗中最为关键的部分）："我教家长要对自闭症孩子笑。笑是什么样呢？其实他一天可能就看你两眼，但是你要警觉地发现他看到你的那两眼。然后，你要对他有一个放大一点的微笑。不要做别的。有很多家长一看到孩子微笑了，马上就会问他话。不要问他话，只对他笑一下。你的表情是有威力的，你的表情会让他觉得放松，让他觉得没风险。"

不知道是不是我解释的作用，小朋友站了起来，走向我，正面对着我，冲我做了一个表情（可能是笑），眼睛直视我。我说："小朋友，你好可爱呀。还咧嘴笑一下呢！"小朋友感到不好意思，又跑掉了。小朋友走向摄像机，去拉摄像机上拴着的带子，父母的表情很紧张，我安慰家长说："没事，没事，你不用害怕。有很多家长都好紧张，别的孩子也会这样的。"

摄像机摆在离门最近的墙边上。因为想把所有人拍进去，摄像机的三脚架紧靠墙，墙和三脚架之间没有多少距离给孩子站进去看摄像机的屏幕（很多小孩子喜欢去看那个屏幕）。

帅哥估计是想到摄像机后面去看屏幕，我问他："你是想进去吗？要不要把那个东西（摄像机）挪一下啊？然后让你过去看？"

爸爸这时提醒帅哥不要动，我说没事。

帅哥转身问我："按哪儿是关了？"

我说："你走的时候我告诉你。你走的时候再关好不好？"

因为要摄像，我想留比较完整的录像，没有教他怎么关，一般情况下我都会教的，这是在建立联系。

帅哥看到了摄像机上的英文，问我"open"是什么，我说"open"是开关屏幕的，我走过去给帅哥示范了一下。

我回到座位上看着他玩，说："你还蛮有好奇心的嘛。好玩吗？"帅哥没理我。

爸爸忍不住了，说："帅哥，阿姨在问你呢。"

我对帅哥说，但其实是在给父母解释："没关系，不用回答。一般我会问他一些话，但通常情况下我是不要求他回答的。因为如果我要求他回答，那就变成了语言交流，对他是一个负担。他可能不爱回答，他会觉得和你交往压力蛮大的。我问完话也不指望他回答，有时候我只是自说自话地描述一下。"

这时帅哥玩出了花样，把摄像机的屏幕翻转了180度。我转向帅哥，说："你真会玩啊，都翻过来了。"我又转向父母继续说："你描述一下他的情境就可以了，甚至描述后半截就可以。

比如和他说'你是不是很喜欢啊？我看你的表情就是很喜欢'，然后他就可能愿意和你交往。如果每次都有问有答，本来他就不太爱说话，语言不丰富，他会觉得和你交往怎么这么费劲啊。"

帅哥还在玩摄像机，爸爸提醒："别动那个，那个会掉下来的。"

我说："没事。"

帅哥问我："这个叫什么？"我没听清，问他："什么叫什么，阿姨没听清。"帅哥发现了三脚架上的手柄，可以调整摄像机镜头的高低，他把摄像机的镜头扳到了指向天花板的方向。

我笑着说："这个不行，你再把它拧回去。"

妈妈有些语气不耐烦地说："恢复原状，好吗？"

可能因为帅哥把手柄拧松了，很难恢复原状。我描述了一下："恢复不了了，是吗？"我走过去帮忙处理，说："小朋友，这可不行，保持这个水平就行了，不要再动了。"虽然我在对小朋友说"不"，但是我的语气很平和，而且说话时是带着微笑的，没有什么威胁性。我把摄像机摆好，帅哥把摄像机的屏幕又翻转回来看。

我回到座位上，给父母解释："在有限的范围内，最好当他的支持者。"

爸爸和我确认："是指父母的角色？"

我说："对。如果不出大问题，我基本都会支持他玩。如果你是提供陪伴的那个人，他会觉得你挺好，你有用，才愿意来找你。如果你总是限制他，他可能就觉得很烦了。我知道好多训练机构就会出现这种情况。你越训练他，就越限制他。要求他必须按照你的要求去做，他就会越来越不愿意和人建立关系。"

爸爸提出了疑问："那比如在测评方面，听指令是一项重要指标。他要是不和人交流，不听指令的话，那么这项指标肯定是非常低的啊。"

爸爸的提问给了我进一步解释的机会："我们不能因为听指令是一项指标，就努力去引导孩子做。听指令其实是其他方面的反应。比如他喜欢你，他就会听得进你的话。他愿意和你接触，他才不会左耳进右耳出。有时候，这样的小孩处于隔离状态，他和你没什么关系，你说什么他都屏蔽掉了。在什么情况下，他才不会屏蔽呢？他有意识想和你在一起，他对你好奇。这是你们第一步要做的，其他的都要放在后边。你们得让他在心中觉得你们是好人。"

妈妈开始澄清："我原来对他其实有点不太好吧。这件事（知道孩子得了自闭症）对我打击很大。我后来在尽力像您说的这样对待他，但还有些地方做得不好。他有时做了坏事情，他会问'妈妈你是不是不喜欢我啊？你还爱我吗？'"

我问妈妈："你怎么回答？"

妈妈笑着说："我说我爱你。如果你再这样，我就不爱你了。"

帅哥估计在那儿看清了形势，挤进了三脚架和墙之间的缝隙中，继续鼓捣摄像机。妈妈学会了描述小朋友的行为，说："看他皱着眉，在那儿鼓捣来鼓捣去。"这一轮对帅哥的关注是由妈妈来完成的。有时候我觉得很多自闭症儿童的父母非常聪明，只是不知道方法，只要稍微提示一下，就能做得非常到位。

妈妈转回来继续说他在家会乱动东西，爸爸接上了这个话题，说："乱动东西没什么。有时候会造成一些破坏，或者自我伤害。这种时候，我们心理上可能不太舒服。"

帅哥把摄像机的手柄又弄松了，明显搞不定了，我走过去帮忙说："我来。掉了是吗？这样就行了。"

帅哥锲而不舍地问："按哪个就关了？"

我说："你先别关，走的时候我再教你怎么关。等我们结束的时候，我就教你怎么关。现在先不教你怎么关。"

帅哥无聊地从摄像机处走向沙发，边走嘴里边说："按'stop'就关了。"帅哥坐下前背对我，和妈妈做了些小互动。

我等互动告一段落后，继续和父母解释："其实小孩变成这样，考验的是父母。考验父母什么呢？比如他在那边那么玩，很闹腾，来回这么跑，你要坐得住，保持稳定，带着微笑看着他。"

妈妈回应说："这时候，我们的确做不到您说的那样。有时候看他就这么来回动，唠唠叨叨，心里特别愤怒。"

爸爸补充说："我最害怕的还是他自我伤害。因为有时候他到窗户那儿去吧，窗户打开了，我们住的楼层也比较高。一旦身体探出去了，会造成非常大的麻烦。这时候不制止他，就会发生危险。"

我问："那你能在你家安个栏杆吗？"

爸爸说安栏杆不是特别好，因为有防火的要求。

妈妈说希望不是用外部的方式阻止，而是让他自己有个意识。不是因为有栏杆，没掉下去，而是希望他有意识在这种情况下就是不能出去。父母同时强调希望他有自我约束的能力。

我认为这种情况还是应该安装栏杆的，我给父母的解释是："我们是希望他将来有自我约束的能力。他每次出现这样的行为，都会激起你们那么大的情绪反应，我觉得还不如安个栏杆。你们的情绪反应很大，会因此限制他的很多行为，最后他都分不清你到底要限制他什么了。"

爸爸说："我说的只是一个方面，窗户只是打个比方。窗户的问题不是每次都出现，只是若干问题中的一个。这个年龄段的小孩会出现若干自我伤害的问题，包括碰电门、拧燃气的开关。"我追问这种情况多不多，爸爸说："现在越来越少了。有的时候还会有，我们对他的态度也会有些变化。想让他记住这种行为，以后不能再发生了，比如碰电门。小时候他还掉到过河里一次，我们把他捞上来了。"

我要确认那次掉河里是否对孩子有创伤，问："他吓到了吗？"

爸爸答："没有。还会像以前那样去跑，但是现在少了。他走在马路上根本不注意交通情况。我们会慢慢约束他，这样的情况也就少了，有时也会突然发生一些状况。我们没有预料到这些状况的时候，也会有一些情绪反应。目的呢，还是要让他记得以后不要再发生这种情况。现在这种情况发生得越来越少了，有可能是我们约束他的结果，也可能是他自己明白了。但是我们不知道哪个因素占的比例更大些。"

在爸爸叙述的过程中，帅哥会很安静地待着，偶尔抠抠鼻子。父母的身体都靠在沙发上，帅哥坐在沙发边上，他的头的位置比父母的头的位置要靠前30厘米左右，基本上父母看到的是他的后脑勺。

在爸爸说话的时候，妈妈还会时不时地看看爸爸，但帅哥基本上不会转过去看爸爸说话。帅哥在行为方面比较好的一点是他的胳膊一直靠在妈妈的大腿上，在身体上和妈妈是有接触的，而且还会偶尔摸摸妈妈。

因为好久没理帅哥，帅哥发出了声音。我问："你想说什么呀？"帅哥没有回答。妈妈身体前倾和帅哥说话，邀请他向后靠。帅哥向后靠。爸爸问："舒服吗？"帅哥答："真舒服。"妈妈重复了一遍帅哥的话。

如果我想了解孩子的安全感如何，一般我都会调查家庭里是否有暴力。我问父母："在孩子小的时候，你们俩会打他吗？"

妈妈说："我有时候打。"

爸爸说："他小时候我们俩基本没怎么打过他。随着年龄的增长，他制造的麻烦越来越多，有时候就忍不住打他了。"

妈妈说："小时候不知道他有问题的时候，我就发现他特别倔。带他出去，辛辛苦苦玩了一趟，回来的时候，他就开始哭哭闹闹，不想回来，非要买冰棍，买完冰棍，又要买这买那的，那个时候我就会拍他两下屁股。"

我好奇帅哥到底是怎么表达的，问："你不是说他不会说话吗？"

妈妈说："不会说话，但他用手去指，一定要买。"

爸爸说："他通过其他的方式表达他的意思。"

帅哥可能被这段对话激活了，转过去看着妈妈问："×××

几块一个呀？"妈妈还有点处在刚刚讲的帅哥惹她愤怒的状态，但是她和我一起重复了帅哥的话。帅哥没有得到妈妈的正面回答，自问自答说："是不是一百块钱一个？"妈妈被帅哥的话逗笑了，看向帅哥的表情特别好。在这一轮的对话中，帅哥都是和妈妈正面接触的。

帅哥和妈妈的对话还在继续，爸爸和我说："他发脾气、要些物品我们能接受。在他造成自我伤害的时候，我们会对他进行教导。我们是对小孩限制非常少的家长。"

帅哥看起来像是要结束和妈妈的对话，靠向了沙发，但是几秒钟后，不甘寂寞，又看向妈妈说："（那个东西一个）要两百元。"妈妈的表情还是很好，两个人都是面带微笑的。妈妈说那个东西不需要那么多钱吧，帅哥说："一百加一百就等于两百。"

我又了解了一下帅哥的视力问题。父母说孩子的视力很好，没有问题。有时候孩子视力有问题，比如有些孩子有弱视的问题，会影响其他方面的发展。我想通过问诊排除这种情况。

我建议父母："回家看看录像。我觉得爸爸抱怨儿子的情况的时候，情绪其实是挺不好的。"

妈妈马上接话说："我觉得原来他是特别好的爸爸。现在我带孩子时间长，觉得他对孩子越来越不好，我对他（指爸爸）的情绪越来越不满。我觉得这个孩子挺可怜的，但他不是嫌弃孩子，他从来没有嫌弃孩子。最主要是他对孩子不满，不能理解孩子。"

　　这时父母都比较情绪化，有些争吵的味道在里面，彼此的表情都挺差的。爸爸开始辩解："我不是不能理解他，最主要还是我怕他有自我伤害。如果我没有给到他足够的教育、提示，以后你不在身边，出现的问题更大。"

　　妈妈的表情和语气都很不满，质疑说："你觉得你这样做了，解决了吗？"

　　爸爸说："我觉得现在这种状况越来越少了。"

　　妈妈觉得不是，然后妈妈转过头去逗了逗帅哥。爸爸举例论证自己说的有理："那次他摸电门，我揍他一回，以后他就再也没摸电门，所以我觉得这是有效果的。如果他摸电门出了危险，对我造成的伤害比我揍他几下造成的伤害更大。"

　　估计帅哥是非常不喜欢这次对话的内容，他向后靠躺在沙发上，头稍微转向妈妈，和妈妈对视并且说："饿了。"小朋友会有意无意地用他的方式打断父母的谈话，转移话题。

　　我问他："你饿了呀？那妈妈有好吃的吗？包包里有吃的吗？"

　　妈妈看着帅哥说："那我就变变变给你。"

　　帅哥重复妈妈的话："变变变。"

妈妈问："要变出来吗？"

帅哥说："要。"

我建议帅哥："要不你自己去翻。"我鼓励孩子的目的是增强他的好奇心和行动力。妈妈说翻爸爸的包。帅哥去翻爸爸的电脑包。

妈妈继续反驳爸爸，对我说："说实话，我还是不同意他的观点。我觉得他给孩子造成的伤害肯定挺大的。他是不摸那个了，但是可能也打消了他的其他兴趣。"

帅哥从爸爸的包里找到一瓶饮料，他念叨着饮料的名，他递给爸爸说："爸爸给我打开好吗？"他的目光看向的是饮料，后来一直盯着爸爸的手。虽然是一次求助行为，但是没有目光对视。

妈妈继续解释自己和爸爸的分歧，并且说这是她来找我的原因："我看有个人说患了自闭症的孩子长大以后，会有很多心理问题。我原来不这样认为，只认为是对他教育不足的问题。两年下来，我发现（他）心理问题很多。如果他情绪有问题，背后一定有原因。如果我不找到原因去解决他的心理问题，他总也不会好的。"

我先转向爸爸解释："我觉得你解释是为了证明你打他是合理的。但是通常情况下能用柔性的方法就不要用暴力的方法，你可以选择对孩子说教无数遍。"爸爸笑了笑（看起来并不那么认同）。

我继续："好多人说棍棒底下出孝子，但是人有几个心理需求。第一是生存需求。你如果吃不饱，心理问题可能就没有显现的机会。你只会天天想明天那顿吃什么。第二是安全需求，然后才是归属感、自我实现的需求。如果你打了孩子，你最有可能损害他的安全需求，他会觉得你不是他的保护者。在他没有知觉到你是好人之前，如果你严厉惩罚他的话，就会让他和你更疏远。对于他来说，如果安全感不足的话，他很难走出来的。不可以打的。"

我转向小朋友说："小朋友，你哪天会告状就好了。你来这儿……"我这么说的目的是让他觉得到这儿来有个支持者。我也在暗示他语言的重要性。咨询并不都是明示的，这种看不见的方式可能更有作用。

我还没说完，爸爸就补充说："他会告状。要是我打了他，他不高兴，会告诉妈妈的。"

我问："告完状有效吗？"

妈妈说："我就假装打他爸爸两下。我和他说最好不要打他。"

爸爸回到我们原先的话题："刚才你说可以选择说无数

遍，但我最担心的问题是在还没有来得及说n+1遍的时候他出了问题。"

我感觉就像参与了一个辩论赛，说："我觉得看住孩子是你的义务。"爸爸回答是。

我说："你不能说因为你怕出问题，你就做打孩子这样的决策。这是蛮危险的事情。因为你毁掉的关系，重建起来是很难的。如果他认为你是暴君，以后可能就会躲你。他会认为所有的人都是坏人。很多在暴力家庭长大的孩子，以后和人交往就特别容易出现问题。他会觉得别人都不好，别人都可能会打他。"

爸爸解释："我揍了他以后，我会和他解释为什么我要打他。"

我说："你可以这么做，但是你毕竟摧毁了他的一些安全感。你说的那些理由是在说服我你做的那些事情有多合理，对吧？"爸爸笑，并表示认同。

我用更多的理论去说服家长："科学研究发现，你损害了安全感就是损害了。你花时间重建，那是非常困难的。尽量不要以暴力的方式处理问题。来我这儿咨询的小孩在康复的过程中，父母会发现他们不是不敏感的小孩，更可能是过度敏感的小孩。他们的安全感很容易被破坏。"

我再次强调父母回家要做的作业："回家要做的是找个地

方，你们坐在那儿，保持相对稳定。小孩可以乱跑，随便玩什么。如果不危险的话，破坏就破坏了，需要帮忙你们就去帮忙。等他什么时候看你们一眼时，你们要对他笑一下。你们要保持心态平和，让他愿意看你们。只有他愿意看你们的表情，有一天他才能读懂你们的表情。"

在这段对话结束的时候，帅哥插进来看着妈妈问："那个红的是什么？"和小朋友对视时，妈妈瞬间就把眼睛转开了。妈妈抬头找哪儿有红的，发现他看的是空调的红色指示灯。帅哥说那是加热，我说是制冷，爸爸解释说："是高效。"妈妈进一步解释爸爸说的专业名词："高效，就是让它更凉。"

我告诉妈妈刚才在她和儿子的互动中我看到了什么："刚才他叫你的时候，其实是有看你的。你看他的时间太短。"

帅哥这时又开始了下一轮的交流，他看向妈妈，直视妈妈，问："哪个是加热？绿的是加热吗？"这一轮母子的对视时间很长。

小朋友启动了一轮对话，我在猜对话的动机是什么，我问："你要加热吗？要在这么热的天加热吗？"我们做咨询时是大热天，开着空调降温。因为我的问话，帅哥把头转向我，直视我。我估计是我猜中了什么。

妈妈说："你想要加热吗？"

他说："不想。"但是帅哥还不死心，问："变什么颜色是加热啊？"

妈妈说黄色是加热。

爸爸这时候填完了我们的检查表。我拿过来，问他们是做什么工作的，得知妈妈现在是不工作的，爸爸是一个公司管理者。

帅哥发现放在小茶几上的空调遥控器，把空调给关了。

爸爸说："帅哥，这样不好啊。"

妈妈说："热啊。"

爸爸说："一会儿就热了。"

我对帅哥说："没关系，你决定，热了我们忍着（我说到这儿的时候妈妈笑了），这不是什么大事。你要热了，你再把它打开。"

通常情况下开关都是和控制感有关的。如果能让小朋友控制，就给他们控制权，因为他们对环境越有控制感，就会感觉越安全。

帅哥又在茶几上发现了一个充电器，转向妈妈问："这是什么东西？"

我说："这个呀，是充电器。给电池充电的。"

帅哥问："什么？"

本来我想继续解释，后来我觉得还是现场演示比较好，我说："来，我给你找个电池。"

帅哥说："要是没电了呢？"

我说："要是电池没电了，就把电池放（充电器）里面。"我把电池放进了充电器里。

帅哥问："怎么只有两个？"

充电器是有四个接口的，但只能同时给两个电池充电，我解释："这样的只有两个，那两个是放小电池的，（现在）只能放两个大的。"

我转向父母说："看我和他合作良好吧？我给大家示范一下怎么合作。他其实是启动了一轮对话。就算没什么东西，你也要帮帮忙，让这轮对话延续。多一个步骤就是多一步进展。"

帅哥的兴趣又转向了摄像机，我描述帅哥的行为："你又跑去玩啦。"

再转向父母说："你们先回家练习表情。你们知道小孩为什么最后会变笨吗？因为他们不注重人的表情。比如我语言说一套，表情是一套。你会相信什么？"

妈妈回答说："表情啊。"

我接着举了一个例子："比如，你做销售，人家说我明天来交钱买什么，你看他的表情就知道他明天会不会来了。在交流中，表情大概传递91%的信息。自闭症的小孩对人可能有戒备，不看别人的表情，会损失信息。他要是长期都这样，他的智力肯定会受损的。你要注意你的表情。"

我又转向爸爸，给了一个很中肯的评价："其实我觉得你的表情更严厉。"爸爸呵呵地笑了。

我问："是因为你是管理者吗？有没有可能你对下属很严厉？"

爸爸否认说："没有。"

妈妈说："我觉得他原来不是这样的。"

帅哥一个人在玩摄像机，录像里估计都是屋子的天花板。帅哥终于把手柄给拆下来了，手柄和套在手柄上的螺丝都啪啦一下掉在地上，摄像机镜头指向了天空。

我很平静地抢在父母之前发出声音："哎哟！"还笑了两声，说："没事。"

帅哥说："掉了。"

我说："掉了，没关系。"我走过去，继续说："来，阿姨弄。"

其实我以前从来不知道这个手柄是可以拆卸的，但是安装上去倒是不难。小朋友在我安装的时候，回到爸爸妈妈坐的地方，我笑着描述说："干完坏事，你就跑了。"

因为帅哥把空调关了，北京正是最热的天气，很快屋里就闷热起来。爸爸说："帅哥，爸爸有点热了。"

我接着征求帅哥的意见："能不能开空调啊？"

爸爸说："快来帮个忙吧。"

帅哥对这段话反应很快，迅速跑向小茶几去拿遥控器。我说："来，你来开空调。按那个红色的钮，就开了。"

帅哥把遥控器对着空调迅速按了一下，妈妈很兴奋地说："哎哟，你太棒了，谢谢你。"帅哥马上又关了，我笑着说："你又关了啊。"如果把这看成他的游戏，就不会那么生气了。

妈妈问我："他对什么事情感兴趣，我们是不是都要跟随他？"

我说："你要看情况。比如现在你坐那儿不动，就看他玩一会儿吧。等他什么时候看你一眼时，就对他笑一笑。我就在等他看你一眼。"

帅哥反复摁遥控器的开关，爸爸把遥控器要走了。

帅哥又跑到妈妈那儿问："哪个颜色是加热的？"估计这就是自闭症儿童的刻板语言模式，也就是反复问和我们的话题不相干的相同问题。

妈妈认真回答："好像是橘色。"

帅哥又直视妈妈："红色是什么？"

我帮妈妈回答，"红色就是制冷啊。"

帅哥问："绿的呢？"

妈妈说："更冷。"

帅哥又问："那黄色呢？"

妈妈说："没那么多颜色吧？"

我和父母说："我和很多家长说，如果你总给孩子漂亮的表情，他愿意看你，那么现在一天看你两次，将来就可能看十次、二十次。他的好行为就会越来越多。最开始你要忍受那些不好的行为。他会知道在我表现不好的情况下，父母都能接受我。他将来能变好才是最重要的。"

帅哥又开始来回开关空调，爸爸很无奈地拉长声音叫帅哥的名字，无效。

妈妈转变话题，试图了解我的咨询情况："我之前无意间看到一个家长的博客，我很赞同她的理念。她说你就找易老师吧。其实我以前看过另外两个妈妈的博客，上面有你的博客链接，我以为你只给大龄孩子做咨询。没想到点开你的博客，发现你找的是年龄小点的、没有课业压力的孩子做咨询。"

我的咨询最开始是从年龄比较大的孩子开始的。我的理念在自闭症康复领域并不被广泛认同。没有家长会冒险来我这儿咨询，只有什么方法都试过了，发现没用，才可能到我这儿来。我现在比较成型的方法都是从疑难的案例中总结出来的，在幼龄组的孩子中应用的效果更为明显。

　　我说："我现在给年龄小的孩子做咨询，大龄孩子不是不能做，是做的时候会很困难。现在我要求你们改善面对孩子时的表情，因为这样做他以后会更亲近你们。在我看到的那些家庭里，别的孩子偶尔会亲亲妈妈，会和爸爸有一些类似的反应。到现在为止，你们的孩子和你们之间一个亲密动作都没有。你们要做的工作就特别多了。虽然孩子的语言能力看起来很好，亲密感的修复其实挺难的，这部分修复后更困难的还在后边。孩子有的时候会有一些情绪反应，现在有可能他在压抑着那些情绪呢！不好的情绪出来了，对家长的要求就更高了。先回家练一两个星期表情。"

　　这期间帅哥不停地乱按空调遥控器，爸爸和他说："把遥控器拿来我看看。"

　　这回帅哥反应加速，转身把遥控器递给了爸爸，爸爸说："你看温度是多少？"

　　帅哥说："30。"帅哥转回头看了我一眼，不知道这是不是一种示威。如果是，我十分欢迎。

　　爸爸说："30就很热啦。"

　　爸爸妈妈都说太热了。帅哥坐回沙发上，两眼茫然，问："31热吗？"

爸爸在调整遥控器，妈妈转而介绍他们和帅哥平时的相处情况："我们对他的亲子教育还是很多的。我们每天都陪他去游泳，带他去玩。我知道他有问题以后，我就不工作了。他爸爸也不怎么工作。基本上我们俩百分百的时间都给了他，和孩子的亲密时间应该是挺多的。"

我说："但是你没有真的建立亲密感，那种亲密感是他能够知觉到的。当你没有威胁、离他的距离不是太近时，你要等他主动来找你。很多孩子不喜欢家长抱他，家长还使劲儿抱。人家不喜欢你靠着，你还非要靠着。你得等他愿意靠近你的时候，再去碰他，那时候你可以多碰两下。他烦你的时候，你要'读'出来。有很多家长是主动上前，不管小朋友什么反应，这么做其实是很不好的。你先'读'你儿子以什么样的距离看你的次数是最多的。在大一点的屋子里，让他来回乱跑，观察多长时间他能看你一回，在多远的距离他觉得是看你最好的距离。有时候你老追着他，你已经不知道距离感了。只要他不出格，不跳窗台上，你就可以放松一下，保持这种比较稳定的状态。"

爸爸对这个距离有质疑："有时候在公园里我们想试一下他能走多远，发现他根本就不回头。"

爸爸的回应非常好，会提示我继续澄清："不能在公园里用这个方法，最好是在家里，就像在我们现在这个环境里，相对封闭，他回过头来能找到你，他不会丢，你可以放松。在公园里，你一定要追着他的，因为真可能丢的。你不能在外面冒险，你只能在家里完成这项工作。当然也有家长说过，在公园里滑滑梯，那么远的距离，孩子会看家长。这时候要赶紧对他笑。"

帅哥站起来，走到我面前，露出了笑容。我对帅哥说："你笑得好漂亮啊。"对小朋友状态的描述，有助于他对自身行为的理解和把握，他可以因此体验到大人是重视他的。

帅哥又跑向了摄像机，我继续给父母解释刚刚帅哥的笑容："你知道小孩为什么被别人喜欢？小孩子可以笨一点，但是如果笑容很多，就容易被喜欢。你要让他感觉到放松。"

妈妈问："是不是完全不给他压力？不给他学习压力？"

我说："尽量少学习。但爸爸说的压力还是要有的，要提高警惕，要留心他上窗台、摸电门、开煤气炉。"

爸爸跟着说："尽量提示。"

我对爸爸的话做进一步的解释："如果你觉得他做得很不好的时候，可以直接过去把他抱走，就当他在玩，告诉他不准玩这个东西。你要做的更隐蔽一些，不要那么暴力，不要让他觉得你是有风险的。"

帅哥在电脑桌边玩了一会儿，又走向摄像机开始玩。有好长的时间，父母都没再出声制止他的行为，帅哥的表情变得很好。

我让父母"读"现在帅哥的表情，说："我觉得（他）现在的状态就比较放松。"

帅哥喜欢游泳。妈妈说："在游泳时他喜欢乱蹦。完全以他自己的方式游泳。我们希望他有泳姿，然后他就不高兴了。"

我说："你就按他的方式让他游。陪着他玩。"

爸爸说："那他就永远也学不会。"不管是自闭症孩子的家长还是其他孩子的家长，在和小孩子共同参与的活动中，目的性太强会阻碍孩子获得很多乐趣。

我说："我有很多同学不会游泳，每次去就像下饺子（泡在里面）。那有什么的？"

爸爸妈妈笑，妈妈还总结："要上升到乐趣层面啊！"

帅哥在鼓捣摄像机，爸爸可能很不喜欢他这么做，就吓唬他："那儿一会儿就会像鞭炮一样，嘣地一下，炸到你脸上了。"虽然是吓唬，但爸爸的语气还好，比较平和，并有点戏谑的味道，不像刚开始帅哥动摄像机的时候，言语行为中夹杂着很多焦虑。

我跟爸爸说："别吓唬他。不会爆炸的。"

妈妈很生气地说："他老这样。"

我再次和帅哥说："不会爆炸的。"

帅哥重复了一次："不会爆炸的？"

我和妈妈又都很肯定地说不会爆炸。

帅哥在摄像机上终于找到了摄像的开关键，来回按，我说："是不会爆炸，可是，你老这么按我们就录不上了。我还要录呢，让阿姨录完吧。"我只是这么说。如果他同意我录，我就赚到了，不同意，我也是可以接受的。

我已经走到了帅哥边上，看摄像机是否处在摄像的状态，帅哥完全不理我的要求，问我："这是什么？"我不确定他要问我的是什么。我先说不知道，然后他又问是什么，锲而不舍，目光直视着我。我说："这是装（摄像机）电池的（位置），我没有电池。"以帅哥为中心的对话是优先的，而我是否坚持要摄像的对话可以靠后再继续。

爸爸和帅哥说："帅哥，回家爸爸给你找一个（电池）。"爸爸的焦虑已经起来了，我安慰爸爸说："没事，只要我能录就成了，反正大家都这样。"

帅哥反复按开关键，我拿这个开玩笑说："完了，这回我录的都是零零碎碎的。你终于找到哪个是开关键了。"我笑，父母也跟着很放松地笑。

我们看着帅哥反复地按着开关键，第一个忍不住的是爸爸，爸爸说："帅哥来，你快来。"

我继续安慰爸爸："你放松，没事，我都不着急，你更不用着急了。"

一般在这种情况下，我知道阻止根本就是没用的。我会做出评估，迅速放弃和帅哥的对抗，能录多少就录多少。保持帅哥的情绪稳定是目前最重要的任务。

我把父母的注意力转移到咨询上，不让他们太关注帅哥那无法制止的行为。我开始调查父母幼年被抚养的经历："小时候你们俩被养育的方式有什么问题吗？"我要调查父母小时候被养育的情况，就是父母早年的依恋关系。父母早年的依恋情况可以预测他们养育儿童的情况，以及儿童康复的情况。

爸爸说："没什么问题。"

妈妈说："我自己感到我爸爸妈妈不那么和谐。"

爸爸说："我小时候是被放养的。"

妈妈帮爸爸解释说："我觉得他爸妈对他挺好的，但是他小学以后离开家，在亲戚家长大的。"

我问："那对你之后的人际关系有影响吗？"

爸爸说："有可能有影响吧。但是毕竟已经是十四岁以后了。"

帅哥插话问："这个是什么？"

我转向帅哥："那个是摄像的，小朋友，你让我摄像都摄不成了。"我走过去看了看摄像机的状况，帅哥都给关了。

爸爸要转移帅哥的注意力，说："帅哥，爸爸给你支圆珠笔。"帅哥依旧坚定地站在摄像机后面。

我和爸爸说："你这么糊弄他，没戏。"

爸爸还想继续诱惑帅哥："兴趣还没有转移啊？妈妈那儿有好吃的。"

妈妈说："别瞎说，没有好吃的。"

我在摄像机旁把摄像机调整好，然后和帅哥说："你去那边坐，好吗？"帅哥非常合作地往沙发处走，我说："谢谢。"

妈妈想给帅哥找点事做，说："给你听一会儿磁带。"

帅哥这一回的语言反应非常快，说："不听。"

我大笑，一般在这种情况下我都会鼓励小朋友说"不"，这是小朋友可以被我们接受的攻击行为。

我对刚才爸爸和帅哥的交流进行确认，问："你们养育孩子的时候会经常骗他吗？"

爸爸说没骗过。

妈妈带着负性情绪，说："他老骗。这也是我特别烦的一点。"

我说："你告诉他摁一百下就爆炸了，你会威胁他。尽量对他说真实的话，即使你不愿意让他玩。如果你说不真实的话，他信了很可怕；他要是不信，觉得你总是说假话，那也很可怕。"

妈妈说："他老是这样，老想吓他。其实孩子现在对他都麻木了。"

开始时妈妈的情绪很不好，后来笑着说这些事情。爸爸真的是我在咨询中遇到的很好的来访者。我们这么说的时候，爸爸基本上没有防御，还是表情很好，有笑容。妈妈说着说着也笑了起来。

在进行这段对话期间，帅哥翻爸爸的电脑包，发现了装有电脑说明书的袋子，准备打开玩。爸爸说："发现新大陆了吧，有更好玩的东西吧。"爸爸对帅哥的回应非常好。

咨询进行到这里有五十多分钟了，快要结束了。我通常会对之前看到的一些情况做些总结。我选择解释的行为和爸爸有关。在爸爸和帅哥玩闹钟的过程里，我们可以看出爸爸和帅哥的对话不是"儿童化"的，爸爸的解释带有很强的学术性。和帅哥抢闹钟的时候，他更关注的是自己要教的过程是否完成，不能迅速地解读帅哥的需求。我会把录像拿给家长，让他们回去看。我的解释可以让家长了解看录像时要看些什么。我说："爸爸好像不太会带小孩玩。爸爸教儿子更像工程师在教小工程师，教学徒。你教他的语言方式，不是对小孩的，说的话都文绉绉的。"

妈妈说："他给孩子讲大道理，我是成人都不爱听。"

爸爸笑着承认孩子对他说的话不感兴趣。

我说："小孩不爱听这种东西的。"

　　妈妈说爸爸需要改变，不过我也和妈妈讲只是这么说，爸爸是不知道怎么改变的，要让爸爸知道该怎么说。

　　妈妈想拿自己做个示范："我觉得他对孩子还是很好的，花很多时间和孩子玩，可是最后孩子和我建立的感情还是要比他深。原来我和孩子在一起的时间很少，我经常出国，一出国十几天都是他带孩子，那时候孩子还是和他好一些。但是我全职在家以后，孩子依赖我远远要大于他。原来我问他喜欢谁，他肯定是说爸爸、妈妈都喜欢，他不会偏袒任何一方。现在基本上都是说我喜欢妈妈。"

　　帅哥这时候把装说明书的袋子里那一大包东西都拆开了，在沙发上铺了一片。爸爸很合作地递给帅哥袋子里的东西，情绪很好，偶尔会摸摸帅哥的头。帅哥没有什么躲闪的动作，画面十分和谐。

　　我告诉爸爸具体该做些什么："我想你和孩子玩身体游戏，抱抱他，让他骑在你的脖子，他可能会很喜欢。和他解释事情的时候，你给他示范一下（比如像我给帅哥示范什么是充电器），别说那么多。"

　　爸爸笑着说对，并解释自己以前是搞工程的。

　　我笑着说："哦。我记得一个家长说家里来了别的小朋友，她让儿子给人介绍一下玩具是什么样的，她儿子就好像把说明书背了一遍。本来（自闭症小朋友）就有这种倾向，所以你更要小心。"

妈妈说："我有时候看他和孩子说话特别气愤，觉得这什么话啊，要我我都不爱听，一点都不童稚，一点都没有想象力，一点都不好玩。"

我把妈妈的话重新解析了一下："你要说得越土越好，越没技术含量越好。"

爸爸对这个要求的评价是："有点意思。"

我继续要求父母："你们要觉得儿子问你们的问题都很好，虽然他问的其实挺没劲的。无论如何，都要给他回答。你们俩的笑容肯定要保持。"

帅哥站起来，转身对妈妈说："妈妈，我想吃饼干。"

妈妈用手指做出"嘘，不要说话"的动作，小声说："再等一会儿，好吗？"

我马上给妈妈示范："比如像这种情况，他说妈妈我想吃饼干，重复一下说你想吃饼干啦，表明你听见他说的话了，甚至说你是不是饿了呀，去体谅他的感受。你的描述越清楚，你和他越同步、越匹配。所有的语言都是有含义的，他和你说话的时候，是要和你建立一种联系。而你刚才说的话是在解决问题。"

妈妈说："哦，这样啊。"

我说："对，这些都是一些颇具细节性的方面，考验的是父母怎么读懂孩子。刚才玩闹钟的时候，爸爸在教他，其实孩子已经要夺走闹钟了。我不知道你看到还是没看到，那个时候你就应该赶紧送给他，他就会知道你懂他嘛。你硬要教完，觉得这样才完成你要教的程序，他完成了你的要求，但你没完成小朋友的要求。"

妈妈反思说："真是这样，很多时候我是在完成自己的心愿，我自己满意了，实际上他没满意。"

我说："你越能读懂他，他走出来的可能性就越高。"

我把摄像机的记忆卡给爸爸，让他拷到他带来的计算机里，帅哥很认真地在看爸爸的操作。

这期间我和妈妈聊了一下其他家长对训练的看法，妈妈说："一开始，他训练，谁看到他都说训练非常成功。孩子在三岁时完全没有语言，半年之后说得很好，现在基本上很少有人能知道他三四岁不会说话。"

然后我们开始约定下一次咨询的时间，妈妈想对咨询的时间做调整，不想在周三。从她解释的理由中，我得知她在暑期给帅哥找来一个玩伴。

帅哥在我们谈话期间先到我座位的旁边翻我放在地上的书包，玩了一会儿，站起来到门边上，按了灯的开关，然后带着微笑往回走，自己描述自己的行为说："我开灯了。"小朋友能对自身行为有关注并有描述，是巨大的进步。自闭症儿童不仅读不懂其他人，他们对自身的行为也是不太关注的。帅哥说话的时候，我们都看着他，对他笑，给他足够的关注。

然后妈妈说玩伴的事情："我给他找了个玩伴，一个小女孩，现在要上小学了。我觉得一个小孩能和他玩已经很好了。我不知道怎么去引导他们。"

我说："有一个玩伴也不一定是好事情，玩伴本身会增加他的人际压力。重要的是他和你们俩的关系的恢复，他要觉得人际是没风险的。如果一定要有个玩伴的话，那你就要降低你的需求。你儿子不跟别人玩也没关系，各自玩各自的也没关系。你不要想我付出这么多努力，你也不和人家玩。"

妈妈说："我特担心爸爸非要他俩一起玩，那样我会情绪崩溃的。"

我说："他们自己玩自己的就行。"

妈妈问："我用去指导他们怎么玩吗？比如设计一些游戏让他们去玩？"

我建议："你可以设计一些游戏，你和那个小孩玩玩，让你儿子看看也行。小朋友其实最开始的学习是看来的。好多家长认为让孩子和玩伴一起玩才好，要知道我们学很多东西是我们看别人做了什么,我们才学会的。"妈妈点头表示接受,我的建议实际上是在减轻父母的负担,不对自己也不对孩子有过度期待。当然这个建议也是有风险的,后来妈妈报告说,小朋友会因为妒忌妈妈和那个小女孩玩,而攻击那个小女孩。

我强调:"过一两个月看你儿子的表情变好,你就算成功了。"妈妈笑了。我说:"像你现在笑的那个样子。他有变化了,你就没白努力。"

妈妈说她也在变化:"原来我老是让他学很多东西。我把你的博客文章下载下来。精细动作的那篇是《笨鸟先飞》吧!那篇我还是有疑问的。到底是不是该训练他的动作?我担心他以后会更加不好。不过训练的确会给他压力。"

我说:"用不着。我咨询的一个孩子,妈妈天天教他夹玻璃珠,从这边(碗里)夹到那边(碗里)。我说你干什么呢?她说练习精细动作。后来那小孩就没练,两年后自动会拿筷子了。"

妈妈说:"现在他也会拿筷子,但写字歪歪扭扭,包括穿衣服穿得也不像样。我怕练精细动作错过最佳时间了。"

我举反例说:"我们北大的学生有人写字也很难看,那人家也过日子呀,人家也挺好,什么事情都没有。"妈妈笑。

我继续:"你要说运动不好,北大的孩子体育不好的多了。"

妈妈问:"你的理念是不是说如果他做这件事情是没有

压力的，他愿意做，那我可以教给他？比如他现在特别喜欢涂颜色。"

我回应说，"这样是好的，有些小孩偶尔有点压力，可能对他成长是好的，但是你要看压力到底导致的是什么。如果这个压力只是让他变得更退缩了，我觉得就不玩算了。你要读懂他，比如有时候你催他说你去做一下，他做了那就没问题，然后你怎么弄，他都不动，那就算了。"

爸爸拷完录像，把记忆卡拿出来。妈妈教帅哥怎么把记忆卡放到插卡器里面。然后我把插卡器的盖子递给帅哥，妈妈说让他把盖子盖上，他非常合作。

帅哥盖完盖子，转身看爸爸。妈妈把插卡器还给我。帅哥一转身看到插卡器在我手里，要往回要，说："给我。"

我说："这个不能给你，这是阿姨的。下次你来的时候，可以借给你玩，好吗？下周欢迎你再来玩，好吗？"

帅哥在我面前晃了晃，发出一个声音。我说："好啊，我就当听到是好了。"帅哥又去动摄像机包。妈妈担心那包掉地上，大喊一声："帅哥！"

我说："没事，那里面什么都没有。"

咨询结束了，我说："走了，妈妈可以带你去买好吃的了。"

妈妈问帅哥："买什么好吃的啊？"

帅哥说："吃饼干。"

我说："还记得呢。"

帅哥又问妈妈，但眼睛没有看向妈妈："包里有吗？"

妈妈说："没有。出去找个小店好吗？"帅哥说好。

帅哥在出门前站在我面前和我说再见，我夸了他。

●●●●●● **第一次咨询总结** ●●●●●●

我做的所有咨询中，首次咨询含有的信息量是最多的，也是最有挑战性的，基本上第一次咨询可以定下之后咨询的基调。

关于帅哥的首次咨询，后来我发现我的某些感觉是不准确的，比如：在第一次咨询结束的时候，我觉得帅哥这个案例是非常严重的案例，因为虽然帅哥没有看手的刻板动作，但是他不是眼睛向上看，就是经常背对我们，身体一直保持一种避免和父母目光接触的姿势。后来帅哥康复神速，说明我当时的推论不准确。因为要写这本书，我又细看了第一次咨询的录像，发现了很多表明帅哥（包括其家庭）的潜力的迹象。

帅哥早年没有特别明显的创伤性体验。创伤性体验越深刻，康复越困难。即使没有发现帅哥的创伤性体验，我依旧是用治疗心理创伤的基本理念在做治疗，比如让父母注意自己的表情、和帅哥之间的人际距离，不要对孩子有暴力等。

　　帅哥的父母原来的职业很好，估计经济状况不错。基本的经济支撑让父母能够在一定时期维持稳定的状况。从发现孩子有问题之后，父母基本上都不工作（我不觉得这是必需的，因为如果孩子一直没有康复的迹象，父母可能压力越来越大），对孩子的照顾和爱是无须质疑的，虽然在做法上未必得当。

　　在我所做的所有案例中，帅哥的爸爸在咨询过程中几乎是全程参与的，在其他案例中父亲是很难做到这一点的。父亲的参与对于孩子的康复是非常重要的。我在这次咨询中说过父亲不太会和小孩玩，那只是对当时一两个他和帅哥相处的画面的描述，后来的咨询显示帅哥的爸爸是所有爸爸里最会带小孩玩的人之一。帅哥的爸爸一开始担心帅哥碰坏我的摄像机。在我不断安慰之后，帅哥的爸爸的表情明显变轻松了，到后半程，表情非常好，就算妈妈在抱怨爸爸的时候，爸爸的表情也没变坏，能微笑着看着帅哥玩。在帅哥翻出爸爸电脑中的说明书时，爸爸的协助很到位，而且一直慈爱地看着帅哥。那镜头是非常让人感动的，我想帅哥也会慢慢"读"懂爸爸的行为。

　　帅哥的妈妈是个比较外向且表达能力非常强的妈妈，虽然有些情绪化。她在抱怨孩子爸爸的时候，明显情绪有波动，估计在面对帅哥的时候也会有类似的情况。让父母保持比较好的情绪是我们在做咨询时的重点内容，因为这样才会对小朋友的康复有滋养作用。帅哥的妈妈在咨询中表现出非常高的领悟能力，且能够对自己过往的行为进行非常到位的反思，对训练和咨询保持比较开放和比较清醒的态度。在后来的咨询中，帅哥的妈妈告诉我，她每周回去至少会看两遍咨询的录像，还会把需要注意的内容讲给爸爸听。不过她也承认，爸爸仅仅在咨询的过程中就可以基本领悟每次咨询的要点。

关于帅哥的自身特点，我们在咨询中可以看到的是他有很强的好奇心，比如对闹钟、对摄像机、对爸爸包里的说明书等都充满了好奇心。如果很好地利用那些他好奇的东西，我们是可以和他建立起基本的联系的。虽然他依旧不会进行目光对视，但至少他不拒绝接触。

此外，帅哥的破坏性非常大。在我的咨询室里，只有帅哥和另一个自闭症孩子喜欢不停地破坏咨询的录像过程。这两个小朋友是康复中暴力行为比较少的，很少有打人或者自残的行为，可能和这类生活中持续的带有攻击和破坏意味的行为有关。我们可以把这视为一种有效的发泄。

那么我在首次咨询中做了些什么呢？我确认了孩子到底有过什么样的心理创伤，这种创伤是否持续存在，并让家长确保创伤不再发生。因为帅哥的父母没有提供明显的线索，我不需要就以前的创伤做处理。我按照我以前治疗自闭症孩子的基本原理治疗，也就是应对创伤，重新建立安全的依恋关系。

安全体现在各个层面，首先是孩子和父母之间的关系。父母要读懂孩子要求的安全距离是多少。父母要给予孩子微笑，这是亲子交往中最好的催化剂。父母要尽量保持克制，除了表情之外不要做太多不必要的主动接触（那样会吓到孩子），要等孩子主动接触。我在咨询中最开始是让父母少做些什么或者不做些什么。父母有时为了缓解自己的焦虑，总想多做些什么，希望孩子有所改变，结果是弄巧成拙。

家庭治疗中非常重要的内容就是缓解父母的焦虑，这几乎贯穿整个咨询过程。对于我上面的要求，比如距离、微笑等，父母可以在一段时间内做得很好，但是父母内心的焦虑，父母想多做些什么的想法会时不时地冒出来。回到原来的轨迹是父母可能知觉不到的潜在趋向。如果父母不能坚持来咨询，那惯性之大是很多父母无法抵御的。

如果父母又回到原来的轨迹，那么对孩子来说将是巨大的伤害，孩子将再次受到创伤。父母的变化会让孩子以为父母是可信任的、安全的，从自闭的壳中走出来。这时孩子常常很难退回到原初自闭自保的状态。如果父母又回到原来的不良状态，而孩子却无法应对父母，那么我们可以想象那会把孩子置于怎样危险的境地。如果父母不能维持自己改变后的状态,我认为父母最好是不要变。父母从魔鬼到天使再到魔鬼的过程,对孩子将是毁灭性的打击。

在这次咨询中,我不断地对帅哥说没事,这个可以动,那个可以动,看起来是在安慰帅哥,其实也是在安抚家长。从咨询录像中我们可以看到,在咨询的后半段父母基本上很少焦虑地矫正帅哥的行为,整个环境朝着具有养育功能的方向改变。我给父母解释帅哥行为的合理性,比如用空调遥控器之类的东西都和控制感有关,这会在一定程度上让父母接纳孩子的行为,降低焦虑感。

动作有时比语言要有效,比如我给帅哥示范怎么用充电器,几乎没有语言。帅哥可能会明白我是他很好的合作者。我也是在告诉父母怎么和这样的小朋友接触。我一直认为语言不是最重要的康复指标。如果我们在和自闭症孩子接触时做对了什么,孩子的语言基本上都会自行康复的,因为他们有说话的欲望。

我不知道家长平时和自闭症孩子接触时,他们的语言是怎样的,和小朋友说话的频率是怎样的。从这次咨询中可以看出,我平均几分钟会描述一次帅哥的行为,可能是他有行为的转变,他的状态比较特别,他说话了,或者他来找我们了。我不认为时时刻刻盯着他、在他耳边疲劳轰炸,对他的康复有好处。我说的话基本上都不需要帅哥回答，更多的是描述性的语言，这可以让帅哥对自身的行为更有把握，掌握对自身行为的定义。这种交流虽然看起来是单向的，但正是这种没有威胁性的交流最终会起作用。孩子会知觉到和我交往是没有风险的。

第二章　表情会传染

　　在给帅哥做咨询之前，我还有一个咨询，是给一个中学女孩和她的家长做。那次咨询结束前，帅哥和父母就已经到了，他们看里面有人，就去了别的地方。帅哥没有看到前面咨询的人走出来。帅哥和父母回来后，帅哥第一个进入了咨询室，嘴里还嘟囔着："嗯嗯，（他们）还没出来呢？"他还惦记着里面有人，我说："人家已经走了。"

　　妈妈跟在帅哥后面描述说："小姐姐走了。"然后对我说："他刚刚问小姐姐是不是也在屋里动这个（指摄像机）呢？"

　　我赶紧安慰他说："没有，没有，刚才就没有用摄像机。"帅哥本来已经走到沙发那儿了，因为我在边说话边调整摄像机，帅哥走向我并且抬头看我，有了目光对视。

　　爸爸推测帅哥的行为："他想玩这个（摄像机），就以为别人都想玩这个。"

　　我说："小朋友都玩这个。"

　　这是非常重要的康复迹象。帅哥表现出明显的占有欲，我认为这种占有欲是未来分清楚你我他的重要基石。很多自闭症小孩都在语言中分不清你我他，家长总是在语言中纠正他们，但是这件事的关键在于对自身的边界清楚。另外，从我们的这段对话中可以看出帅哥能够根据自己的行为去推测他人的行为。不管出于什么动机，把自己和他人联系起来就意味着某种程度的康复。

帅哥又转向电脑桌上的小闹钟，我描述说："这个是小闹钟。你上次不是玩了吗？你爸爸还教你了。"我管这叫说"废话"的艺术，就是对小朋友的行为进行描述和命名，同时我还把这次的事情和上次的事情建立时间上的联系。帅哥拧了几下闹钟后面的发条，闹钟开始走，帅哥玩了两下就扔下闹钟，走回沙发。

妈妈说："来，坐会儿，要不要把包拿下来呀？"帅哥背了一个特别漂亮的托马斯包。我还是后来听另一个家长说才知道那是托马斯包，好像很有名，小朋友都知道。

帅哥问妈妈："那表怎么走了？"

估计妈妈刚才没看见他拧闹钟，不知道她应该给的回答是他让闹钟走的，妈妈以为他不会弄，但是妈妈对帅哥的回应是很到位的，她说："你拿过来，让爸爸教教你，跟爸爸说你教我一下。"

帅哥和爸爸说："你教我一下。"

爸爸说："你拿过来呀。"

帅哥冲到电脑桌旁，拿起闹钟说："从哪儿开始呀？"

我说："你拿过去给爸爸，他就告诉你了。"

帅哥拿起闹钟走向爸爸，并且大声地说："爸爸，表针怎么走啊？"他去拧表后面的发条，爸爸并没有动手，就是描述了一下："对，就这么一拧，它就走了。'哒哒哒'的，像小马车一样。"帅哥手里握着闹钟不放，并没有递给爸爸，爸爸也没有抢过来，就用语言解释了一下。

爸爸问："我看它走了吗？你给它上弦了吗？"帅哥很无聊地坐下来，一会儿就把小闹钟放到沙发上，又走向我，那时我还没有调好摄像机。我描述他的行为说："走了，不要（小闹钟）了啊？"估计他又想玩摄像机，或者和我建立些联系。爸爸描述说："你又来看这个（指摄像机）了。"这一段对话可以看出父母的描述水平在迅猛提高，而且他们的表情都非常好。

帅哥并没有玩摄像机，而是对我说："我都热死了。"

我进一步解析他的话，问："你的意思是要开空调吗？"

帅哥又转身走回父母那儿，说："有点热热。"

我说："那开空调。你开空调，空调遥控器在那儿呢（我手指向茶几，帅哥在茶几上拿起了遥控器）！你可以开啊！开不开啊？"

帅哥迅速地把遥控器指向空调，按键，结果空调没有反应，帅哥走向离空调更近的位置，试图解决问题。

我发现空调没接上电源，说："没插上（电源），等一会儿，阿姨给你插上。"

爸爸站起来帮忙，妈妈就爸爸的行为给帅哥描述："爸爸帮你，行吗？帅哥，没插电源就不行。帅哥，爸爸帮你插的时候，别按啊！"

爸爸把帅哥的遥控器拿走，说"爸爸来看看"，帅哥对爸爸说："爸爸，给我试试。"

妈妈就对爸爸说："让他按。"

帅哥明显表现出自主性和需要控制感，他和爸爸提出了要求，妈妈帮他强调了一下，把遥控器给了他。妈妈是那个协作者，是可以依赖的脚手架，能够帮助帅哥更好地达成目的。

遥控器又回到帅哥手里，电源插好，爸爸说："按红色的。"

空调终于有了反应。妈妈说："太棒了。"

爸爸指挥帅哥说："帅哥，把温度再降下来一些，小箭头下，下、下、下，好了。"

我们从一开始就是敞着门的。有好多小朋友在咨询的时候不允许关门。我问他："我关门吗，小朋友？"

妈妈又提高了一些音量："帅哥，关门不？"

爸爸在和帅哥争夺遥控器，我说："没事。"我的态度就是让帅哥玩，爸爸还是把遥控器抢走了。

我继续问帅哥："关不关门啊？"

爸爸碰了碰帅哥问："关吗？"

帅哥非常小声地说："关。"

我说："关，能凉快一些。"

爸爸对帅哥说："你来关吧。"于是帅哥走过去关上了门。

他关好门后，没有走向父母，而是又走向摄像机，我描述说："你又去看了。我（把摄像机）往前一点，你去看成吗？"我要表现出支持小朋友的行为，给他提供帮助。

帅哥按摄像机上的按钮，也不管是做什么用的，只一通乱按，而且反复按开关键，我笑着说："小朋友，你都捣腾出什么来了？不能按这个（开关键），按别的东西。"

帅哥指着摄像机的一个部位问我："这个是什么？"我说不知道是什么，然后往回走，边走边笑着描述："好家伙，你真是……"妈妈接着说了一句"捣乱分子"。帅哥依旧在那儿和摄像机"奋战"。

我开始和父母交流："你觉得他最近和你在一起的状态怎么样？"

妈妈回答："挺好的。我一直挺困惑的，第一次咨询完了以后，我就开始你说的那种实践。我觉得前两天他一直在试探我的底线，他干点什么事，都会看看我的脸色，然后发现我不管他以后，就特别肆无忌惮。以前我会约束他的一些行为，他好像知道我几乎不会再约束他了，就这么干下去了。大多数不涉及别人的情况下，我确实没怎么管他。"

帅哥在这段谈话期间不停地按摄像机的开关键。我觉得根本没办法时刻限制他，就选择放弃，开始关注和妈妈的谈话。

看到他这种行为，爸爸终于忍不住对他说："帅哥，看表针在走吗？"帅哥不理。

妈妈说："昨天我带他去科技馆玩。"

我注意到帅哥又要拧摄像机的手柄了，我说："不按那个好不好？这个上次你就给我拧掉了。"

爸爸把闹钟弄响，妈妈说："哟哟哟，这回响了。"然而他们根本没能吸引帅哥的注意，帅哥继续和摄像机奋战。

我说："他才不理你呢！"

当我知道阻止没有任何作用的时候，我就由着小朋友继续折腾我的摄像机了。如果我限制他的行为，很可能会损害他和我之间的关系，他的情绪有可能变化。和我损失某个录像片段比起来，还是保护关系更重要。在很多情况下，治疗师和家长都要面临这样的选择，不断地抉择是限制还是不限制小朋友的不良行为。如果代价是牺牲人与人之间的关系，我们就要小心了。如果不危险，我倾向于不限制这种破坏性行为。当时我手里还有一个数码相机同时在摄像。即使没有这种补救措施，我也宁愿牺牲摄像片段来保护关系。

妈妈继续说："去科技馆的时候，基本上是我在后面跟随他。我发现他跟别的小朋友玩的时候，别的小朋友都会遵守规则，但他不遵守。如果不管的话，别的小朋友就会推开他，就会打他，但他毫无反应。"

讲到这个地方，小朋友突然不玩摄像机了，跑向爸爸，叫了一声"啊"，然后抢走了爸爸手中的瓶装饮料。爸爸说："你坐在这里。"爸爸这时被抢饮料后的表情还是挺平静的。

我猜因为在说他不太好的状况，帅哥可能不太愿意听这个部分，所以妈妈讲到这个部分的时候，他跑过来用行动干扰我们谈话的进程。因为这是很关键的需要处理的事情，所以我们并没有因帅哥的干扰而终止谈话。

妈妈继续说："我就有点不高兴，我说我先下去了，你和别的小朋友解决吧。他便赶快跑过来说'妈妈你是不是生气了'。原来我会跟他说我生气了，但他现在会问'妈妈你是不是生气了'。他会比较注重我的感受。"

我确认了一下："他跟别人玩得不好，然后你就跑掉了？"

妈妈说："你不是说不怎么管，要顺着他的性子嘛！"

我说："是顺着他的性子，但是你要保护他，不准别人欺负他。"

妈妈说："我会说你这么做是不对的，别的小朋友……"

我说："那不叫保护他，那叫指责他。"

妈妈说："啊？但明明是他做得不对啊，我怎么保护他呢？"

我说："你就和别的小朋友说，'我们家小朋友还没学会你会的东西，如果他捣乱了，你别那么生气'。你要解析一下这个过程，让别的小朋友可以容忍，也给你儿子找个台阶下。"

妈妈露出了恍然大悟的表情，说："我常常感觉有时他做得非常不对。我只能说要不我先下去了，要不你自己解决。别的小朋友推他两下，他也就知难而退了。我刚要走他就追出来了，不让我走。"

我建议家长不要限制小朋友，不是不管小朋友。如果在人际上小朋友容易受伤的话，父母要作为监护人在场，协调小朋友之间的关系。依恋关系在危险的时候会受到考验，那个时候才显示出监护人的重要性。监护人应该是保护者，是润滑剂，要让小朋友能待在人群中被接纳，不被伤害。

在妈妈和我的这段对话基本完成之后，帅哥似乎听明白了一些，又开始从沙发上站起来，满地乱转了。

妈妈又转移到了另一个话题上："原来帅哥还有比较好的习惯，睡觉前要洗澡，自从他发现我不怎么管他以后，有天就和我说不洗了，就躺床上睡着了。我想把他弄起来，但并没有那么做。我想先纵容他一天，第二天应该就没事了。我想问问你这些情况怎么解决。"

我说："我觉得像洗澡这种事，偶尔一次也没关系。他会觉得他说话（不洗澡）有时候也是算数的。我觉得大体来说不算有问题。"帅哥又去折腾我的摄像机，把镜头指向了天花板，我说："哟，不行。你给我抬起来了呀？"妈妈想帮忙解决，我安慰妈妈说："不用管，不用管。"我在告诉妈妈我前面说的那段话其实是描述性的废话，不是真的非要解决问题。

我和帅哥商量："小朋友你帮阿姨（把摄像机手柄）抬起来吧？"

帅哥稍微抬起了手柄，妈妈说："真棒。"

结果小朋友根本不给面子，又乱拧回去。

我和妈妈都用语言指挥过他往左往右。帅哥的能力基本上只停留在破坏方面，根本不能修复。帅哥在我们的指挥下折腾了好一会儿，也没成功，我想还是我上场吧，不然一会儿就把他说烦了。

我走向摄像机说："还是我来吧！"

帅哥说："我会。"

我开玩笑地和他说："好家伙，你会，还给我搞成这样子？"

帅哥跑到我的背包处，拿起数码相机的套子问："这是什么东西？"

我给帅哥解释："把它（指着我手里的相机）装这个（又指帅哥手里的相机套）里面的东西。"

我问妈妈说："你觉得他现在变胆大了吗？"从他在咨询室里的表现，他这次比上次更胆大，对我的东西有更多探索的举动，敢去抢爸爸手里的饮料，直视我问问题。

妈妈说："有点，我就感觉他在不断地试探我，看我能容忍他到什么程度。比如，原来我和他说过很多遍不准翻我的包，他基本都不翻。在他觉得我不怎么管他以后，就开始肆无忌惮地翻。在家里也是，所有的东西都拿出来。有一个好的现象是他知道问我是不是该收起来了，我会问他'你说呢？'。"

爸爸提醒妈妈说摔钱包的事，妈妈细说了一下："他知道我不管他了以后，拿出我的钱包，翻出所有的东西，把钱包狠狠地往地上一摔。他有一种'翻身农奴得解放'的感觉，因为我原来最反感他（翻钱包）这一点。"

大概是因为我们说了太长时间或者帅哥不爱听了，他开始打扰我们，"啊"地叫了一声，又开始拧摄像机的手柄。

我说："别再拧了，一会儿弄掉了。"

帅哥根本无视我的话语，继续他的破坏行为，而且有点严肃的脸上开始有明显的坏笑。小朋友在干"坏事"的时候可能都比较兴奋吧！

爸爸已经站起来准备去干预了，我转过去安慰爸爸，笑着说："你别着急，你别着急。"

爸爸还是忍不住走了过去，爸爸接过帅哥手里已经拆下来的手柄进行安装，爸爸描述自己的行为："把它（摄像机）抬起来。"然后继续安装。

我和妈妈说："他是故意的，你没看他在坏笑啊！"

妈妈说："对。"

我转过去和帅哥确认是否有坏笑这回事，说："是吧，小朋友？"我并不指望帅哥回答，只是让他把他的笑和他的行为建立一种联系。

帅哥这时专注地看着爸爸安装摄像机，表情很好。我让妈妈看他的表情，说："这个表情就蛮好，这种笑的感觉如果多起来，就更像正常的小孩，别人就不会排斥他了。你看在头一次的录像中，这样的笑很少，别人一眼就能看出来他有问题。这种笑多起来的话，他的整个状态也就好起来了。看起来他的表情很灵活，你不觉得吗？"

我希望让妈妈能够知觉到孩子的正向变化，这样妈妈在养育中就更有成就感，妈妈的情绪也会更好。

帅哥和爸爸安装完摄像机后走回沙发，爸爸坐下。帅哥在离妈妈两步远的距离对妈妈说："要不要给加热？"

大概我刚刚对妈妈解释帅哥的表情很有效，妈妈看着帅哥，对他说话时的表情别提有多好了！

我问帅哥："你要干什么啊？你冷啦？"

帅哥到妈妈旁边找遥控器，身体都趴在妈妈腿上了。从第一次到现在我还没见到帅哥和妈妈爸爸正面或者侧面拥抱的场景，而这种场景我在其他自闭症小朋友身上时常见到。帅哥拿起遥控器，去空调那边。

妈妈说："他现在在家里特别喜欢空调。"

我解释："小孩变好后，都会有段时间喜欢空调按钮、电梯按钮或者电视遥控器之类的。"

帅哥边遥控边说："风向。"爸爸过去拿走了他的空调遥控器，继续遥控，帅哥的情绪也没有因为被抢了遥控器而变坏，还是带着笑容。

我和妈妈说："快看这种表情啊！"

帅哥在爸爸按空调遥控器的时候问："爸爸你按的是什

么啊？"帅哥开始注意他人的行为，而且能问出和情景匹配的问句。

爸爸说："我按的是小雪花。"他很关注爸爸的行为。

帅哥跟爸爸要空调遥控器，说："给我。"爸爸转身把遥控器藏到了裤兜里，没给帅哥，帅哥也没发飙。

妈妈说："这一个礼拜，我一直在容忍，气得我都不行了！我想是不是原来管他太多了，他自己没有一点主见了。其实他也不知道好与不好。"

帅哥到妈妈旁边翻，问："遥控器呢？"

妈妈说："我也不知道在哪呢。"

我说："遥控器？不是刚才你爸爸拿着的吗？去爸爸身上找，肯定在他身上呢！"

我看到爸爸把它藏在了裤兜里，我要让帅哥对爸爸的身体感兴趣，利用这个机会促进他们身体的接触。帅哥犹豫地转了一圈，还是走向了爸爸，爸爸笑着看向帅哥。

帅哥让爸爸站起来，还说："屁股底下有没有？"

我说："摸摸他兜子里面，有没有？"

帅哥摸向了爸爸的左侧裤兜，说："有。"帅哥伸手从爸爸的兜里拿出了遥控器。

这就是一种身体的接触，是帅哥主动对他人的碰触。我们主要希望他恢复和亲密之人的接触。这里的媒介是遥控器。帅哥非常喜欢遥控器，并不喜欢和爸爸的身体接触，但是为了遥控器，帅哥也是拼了。他指挥爸爸站起来，看爸爸是不是把遥控器藏在屁股底下，然后伸手摸爸爸的兜。这些行为有克服恐惧的作用，估计原先他是害怕爸爸的，也排斥和爸爸的接触，但是爸爸很配合。帅哥应该会飞速进步吧！

帅哥在看从爸爸兜里掏出的其他东西，大概是发票，这时爸爸把遥控器又藏起来了。

帅哥又开始把手伸进爸爸的左侧裤兜里，我知道没有，我担心他一次没找到会有挫败感，赶紧说："没在这个兜，你爸爸又藏起来了。"帅哥又让爸爸站起来了。爸爸从兜里找出了一些纸，递给了帅哥，帅哥分散了注意力，不再找遥控器。

帅哥说："这个是什么？"

爸爸说："发票，你看这个发票好不好？"

帅哥说："好。"

妈妈转移了话题，说："还有比较好的现象。原来我每天逼孩子画一幅画，涂颜色，剪纸。现在他想做就做，不想做就算了。今天我说'你画画吗？'，他说'我不画'。我说'我自己画吧'。我涂颜色，涂了一张，他就过来了。他自己选了四五张，埋头涂起来，然后说'都挂起来吧'，我就给他挂起来了。

我觉得这点他还挺主动的。我要不逼他吧，他还挺有兴趣的。我逼他，他就问我'几张，是不是就一张？'。那天我说'妈妈以后不逼你干事了，高兴就干，不高兴就不干了'。有天游泳，我和他说六点走。玩三个小时，他说'我不高兴'，又玩到了六点半。游完了，他还是说不高兴。但是不高兴我们也得走了，实在是没办法了，不然得耗到十点钟。"

我解释："还会说不高兴了啊？表示情绪的词还能用出来。"

妈妈说："昨天带他看牙，前天就和他说了'明天看牙啊'。昨天早晨他说'我不想去'。我说'你说什么时候去？'，他说'明天'。'明天一定啊？''明天一定。'他说'我紧张'。我说'没事'。今天早晨他还是说不想去，说明天。我说'你答应我了'。结果去了没挂上号，约了个以后的号。他特高兴。"

小朋友对自己的情绪体验的知觉和描述也是非常重要的康复指标，从妈妈的叙事中可以看到帅哥描述了两种体验：高兴和紧张。这是巨大的突破。

我问帅哥："牙到底疼不疼啊？"

妈妈解释："没到疼的时候，浅龋。"

我问妈妈："那牙是不是将来可以换掉啊？"

妈妈说："可以。但我也怕触及神经。原来治过一次，把他绑起来。他肯定有过紧张的经历。"

我问："那是什么时候？"

妈妈说："四个多月前。事前我已经做了很多次模拟，但他还是害怕。脸色都不对了。"

看起来妈妈认为害怕是不能接受的情感，而我要让这种情感正常化，我用理论来解释："有人专门研究口腔科的焦虑的。不单是小孩，就算大人去了也哆嗦。光听钻在那儿响，直接就哆嗦了。"

帅哥一直在鼓捣我的摄像机，我已经有一段时间没有关注他了。我找到一个谈话的空间，转过去对他说："小朋友我是不是什么都没照到啊？坏笑啊（描述他的表情）。这是什么啊？这（摄像机屏幕一片空白）是怎么回事啊？"

帅哥说："我给弄了。"帅哥对于做的坏事敢于承担责任。

我问："怎么没人了？"我试了一会儿也没找出问题。帅哥压根儿就没怕是否问题大了，继续一脸坏笑，并没有感觉环境不安全。在我的咨询室里，小朋友还真的是"安全感爆棚"。

我说了好几遍（摄像机里）"怎么还没有人呢？"。

帅哥说："是我给关了。"

我终于找到了问题所在，是他把焦距调到了最大。

我说："不可以再按了，再按就坏了，好吗？"

帅哥说："是我给调了。"帅哥估计真是觉得我没风险，还不断承认自己做的坏事情呢！

我说："你去坐会吧！"

妈妈说："你坐到这里来。"

对于我们的指令帅哥根本无视，还笑着从我手里抢回了对摄像机的控制权，我退让了。

帅哥又开始拧摄像机的手柄，我站在旁边试着用手阻挡了他几次，帅哥笑着就把我的手给扒拉开了，对环境的控制感非常好。

爸爸说："这个房子小，不然可以像电视一样（把摄像机）吊到顶上。"

妈妈说："他特别愿意来这儿，就为了调这个（摄像机）。"

爸爸补充："刚才没让他进来前，他说是不是小姐姐正在玩摄像机呢？"我们三个大人一起笑了。

终于帅哥把手柄拧了下来，"啪"一声掉在了地上。

我笑着说："完了，完了。"

帅哥那个表情，那种笑容，值得我用摄像机交换。

爸爸主动提出："爸爸给修理一下吧！"爸爸的处理也越来越到位，越来越平静。

爸爸过来帮帅哥修理的时候，我开始正向解释这种行为，让孩子和父母都觉得这种破坏行为没什么关系，降低他们的焦虑："这是第二个在我这倒腾的（妈妈笑出了声），别人也会弄，但是没这么兴奋，他这太兴奋了。你带电脑来了吧？拷下这个录像，回去你看他的表情，整体比上一回的表情要好。"

帅哥在爸爸安装的时候，仍旧来回按开关键，这时帅哥打了一个嗝。为了让他的身体和他的语言建立联系，我说："都打嗝了。"

妈妈接话："乐的。"

我又把话题转回到翻包的事情上："他爱翻别人的包，尤其是翻你的包。在咨询室里，我们发现小朋友变胆大了，愿意翻东西了，其实是好奇心的一种表现。对关门、开关感兴趣，实际上是控制感在增加。他希望对生活是有控制感的。这种事情是象征性的。就让他控制一下嘛！其他小孩也会有这种表现。我认识一个小孩，家长说她四五岁的时候，喜欢玩家里的光碟机，推进去拿出来，也不知道是DVD还是音响。她妈妈说，那个时候，那个东西还很贵呢！她妈妈就让她玩，坏就坏了。据说那东西挺结实的，怎么玩都没坏。一般人认为这东西可不能玩坏了，这东西可不能乱动。"

我说话的时候，帅哥扑到爸爸的怀里，让爸爸把他抱了起来，他想在更高的位置上去看摄像机的屏幕，以前他看屏幕是要仰着头的。这一系列动作极其自然，这种身体上的亲密接触是非常值得鼓励的，尤其当这个亲密接触的发起者是小朋友时。

妈妈解释她现在对帅哥的态度："现在我基本上也是这样，只要不涉及特大的东西、特贵的东西。要是特贵的东西，我就锁起来，他也玩不了。我能忍受的，就是这样。包括我们出去让他叫人，他爱叫就叫，不叫就算了。我以前就扭着他，告诉他得叫阿姨。前一段时间我发现，他特别爱叫我们的电梯工，因为电梯工身上写着莫尼克电梯。他每次跑过去都会说莫尼克电梯，然后叫声阿姨，就这样。"

帅哥在爸爸身上待了半天，在更高的位置上玩了一会儿，然后从爸爸身上滑下来，和爸爸说："爸爸，我想去厕所。"

爸爸说："那就去厕所啊，走。"

他们出去后，我和妈妈感慨了一下："他的语言表达能力多好啊！"

妈妈说："还行，语言还凑合吧！"

我说："不是每个孩子都可以做得好的。"我要和妈妈确认她的孩子的优势，这样她就会对她的孩子在心理上更为接纳。

我跑过去看摄像机的状态，模式好像是夜晚的模式。我从来都不知道还有这种状态，我说："这怎么黑天白天都不对了？"

妈妈开始细数帅哥在调遥控器方面的能耐："我们家的遥控

器，他了如指掌。就那个电视遥控器，他只要按一个按钮，就不知道什么样了，然后我们谁也弄不回来。只要叫帅哥弄，他按一个按钮就回来了，每次都是这个结果。"

我还在调摄像机，说："颜色都不对了，他怎么按的呢？"

妈妈说："他什么都敢按。"

我没调整回来，就放弃了，回到座位上，和妈妈说："按就按吧，反正这东西也不值钱，买的时候就很便宜。这东西还挺结实，有一天有个小朋友把摄像机绊倒了，它还能用。"

我是在安慰父母不用担心我的摄像机，也是在示范对于小朋友的破坏行为，我们在心理上要承担得起。我接着把话题又转回到帅哥的行为："你能看出来小朋友的变化。你放松下来，他整体的行为是会变好的。"

妈妈讲出了她的担忧："会不会发生不合情理的东西，比如和别的小朋友发生冲突？"

我追问："比如，发生什么冲突呢？"

妈妈说："比如昨天我们挤牛奶，挤的是假牛，他把另一个小朋友一把推到边上去，自己伸手去挤。别的妈妈就过去了，很不高兴，说'干什么你'。我想这是违反社会规则呀！"

我说："你就去解释一下，说不好意思，我们小朋友抢了你们的东西。别把这太当回事。如果真的是他抢人家的，你就过去把他抱走，说该人家玩了。当时需要你的反应能力，要考虑怎么能保住你儿子的面子，让他基本上不受伤害。你人在那儿，那人呵斥他，也不会真的对他怎么样。包括和人打招呼，你可以和儿子说你应该和人打招呼，他要是不打（招呼），你就说我帮你打好了。他可以不做，但是那个过程还是要体现。他知道社会规则是什么，习惯了，慢慢状态变好了，就会打招呼了。我这边一般不逼小孩。"

妈妈笑着说："我就觉得你的理念特别好。我发现他现在情绪也不错，就是担心他压抑。我是觉得他这个礼拜肯定有很大的变化。他老是在试探我，在试探我的底线。他把钱包拿出来后，会看我一眼，我通常不理他。原来他刚一翻我的包，我说'干什么你'，他'嘣'地一下，就把包给扔了。他爸爸说'你看他现在在表达呢，在释放感情呢'。"

我追问妈妈这种态度背后的逻辑理念："为什么你那么害怕他碰你的包呢？"

妈妈说："烦，我就怕他去碰别人的包。我还做了个小课件，写上'不能碰别人的包，这是没礼貌的行为'。"

我解释："一般来说小孩会动自己的包，会动家里人的包。有的时候他是不会动别人的包的。如果他会动，说明他的心理年龄没到那个时间，你怎么处理都没用。什么时候才是到时候了呢？他开始知道这个东西是我的，这个东西不分给别人吃，怕别人抢，能分清你、我、他。他知道我们家的东西是我们家的，和'别人'是能分开的。如果他还没到这个阶段，你怎么教都没用，你写一百条也没用，要靠他自己的成长。这种成长和什么有关呢？你要对他笑。笑的时间长了，他开始对自己有关注，对你有关注，对人群有关注，自然你、我、他就分清了。你、我、他不是表面的意义，很多人说，是不是孩子会说你、我、他就可以了？我说他可以不会说你、我、他，他说得不清楚都没关系，但他要能分清这是'我家的东西'，别人不可以拿走。"

妈妈提出了疑问："我家里现在是宽松的环境，大家都对他笑，那到外面怎么办呀？"

我说："我们管不了别人，我们只管自己。如果你作为父母可以对他笑的话，他会认为他最亲近的人是安全的。其他人对他不好，他是可以忍受的。如果可以的话，提醒一下老师，让老师对他笑一笑，不要总管着他。他做不好也没关系。我经常教家长怎样和老师打交道，打交道的方式就是尽可能缓解老师的压力，跟老师说我们没要求，我们没说要你教会我们学点什么。学会拉提琴、写字，这些都不需要。"

妈妈确认："到幼儿园也不对他有什么要求？其实，在幼儿园我和老师就说过在认知方面不要要求他，画画、写字都不用要求他。老师对他的要求更多是规矩方面的，就是说我们现在上课了，你要跟着上好课，比如画画、讲课的时间你要坐在那儿。这种要求都不需要吗？"

小朋友上厕所回来了，从沙发上拿来遥控器，又准备开始折腾。

我和妈妈说上课的事情："有的时候（坐在那儿）也不是特别需要，你孩子还能坐住，有的小孩根本坐不住，就到处跑的，都是游荡的。那就让他游荡呗。"

妈妈说："就怕他又回到特别游离的状态，自己干自己的事儿。"

小朋友拿着遥控器对着空调乱按一通，空调没反应，他的表情已经有点不耐烦了。

我说："你是不是按错啦？要按那个红色的钮吧。"

帅哥把遥控器拿到眼前看了看，转过来问我："按时钟就怎么了？"

我说："时钟是定时的。阿姨不会用。"

我边说边给他指指红色的按钮："你按红的就会关了，再按就开了，有反应了。你不就是要有反应吗？"我让我的语言和具体的情形匹配，小朋友按对了开关。

我基本上是优先关注小朋友的需求。即使和父母的谈话谈到重要的地方，我也会先迁就小朋友。我把话题又拉了回来："我觉得小朋友有的时候游荡也没关系。很多人很害怕这点，说自闭症小孩游荡，想自己的东西，一定要把他拉出来。我一般要求家长不要把他拉出来。那时候也许就是他自己想逃避的时候，你又没有什么好方法可以让他很舒服，就让他逃一会儿嘛！"

妈妈的总结很到位："给他点自闭时间。"

我说："对，给他点自闭时间。你会发现你经常对他笑，他看你的次数也会增加，就会挤压那部分（自闭）时间。不好的时间你要容忍，你又没有什么办法，你为什么要和他对抗呢？"

帅哥打断我们的谈话："怎么按？"

爸爸说："怎么按都行。"

我问："你想怎么按？"

帅哥问："一按这个怎么了？"

我说："你试试嘛！"

妈妈说："要是没变化就是没变化了。"

帅哥按了某个按钮，空调没什么反应，我说："那就是没什么用。"

帅哥走回父母身边，对着妈妈说："哪个就加热了，按什么就加热了？"

妈妈说："有可能是橘色。"

爸爸说："为什么加热？"

我说："现在是大热天，还加热啊？洗桑拿啊，小朋友？"我估计他也听不懂洗桑拿是什么意思，但是他应该可以听出语气中的调侃，知道我没有恶意。

这段对话是小朋友起的头，他打断了我和他父母的对话。什么是以儿童为中心，就是他说话了，我们就会转移话题关注他。我们也会不断问他话，有时我们自己答，有时根本不需要回答，这样小朋友和我们交流的时候，他的压力就会变小，就更愿意交流。

妈妈又有了别的担心："像他现在在家里很放松，但就怕在幼儿园有小朋友欺负他。以前幼儿园有小朋友打他，他现在特别不愿意和我们说这种事情。"

我说："你让老师和小朋友说'陪他玩才是好行为'。老师说两句话就有用了，你去处理小朋友是没戏的（老师才是那个环境里比较有影响力的）。我认为如果可能，他要有陪读；如果没有陪读的话，让老师和别的小朋友说'他就是这样的'。"

妈妈说："我们这方面做得很多了。老师挺好的，但觉得还是差点什么。老师对他的要求很多。老师觉得对他提要求了，他今天达到了，比如和其他小朋友一起做操，是不是我们就满意了。其实我更需要的是小朋友对他的理解，比如老师说有次他在班里晃，也不会画画，别的小朋友给他画了一张，他就在上面涂颜色。我觉得这个经历很好啊！我们带他出去玩，会给别的小朋友发些东西。类似的都有做。"

我说："我觉得你们要求的东西不准确。在和老师交流的时候，你的要求一定要清晰。你只要求两点，第一对孩子笑，第二没人欺负孩子。其他不要要求太多，包括他和小朋友的关系也是一样的。不远不近，即使不一起玩也没关系的，他只要知觉到环境是安全的，将来就有机会突破。他本来现在状态就不好，你让谁处理也处理不好的。小朋友觉得和他不是一伙的，他是一个外人，都没关系。他要觉得别人是没有风险的。如果你特别提醒老师，那老师觉得我必须给你做什么。而我们希望的是让她不做什么。只要对他笑笑，保护他不被别人欺负，其他的都没关系。你的要求越简单，要求越清楚越好。你知道老师有时候多帮你一下，多给你做了一些什么事情，回过头来这小孩没有什么太大变化，老师会有挫败感的，有可能会反过来攻击小朋友的，所以你们还是要小心的。"

妈妈说："和老师打交道一年半了，但感觉他还是越来越不爱去幼儿园，老问我什么时候放假啊？"

我说："问题是我觉得大部分小朋友都不爱上幼儿园。正常小孩也不爱上幼儿园。"

帅哥在摄像机那儿玩够了，跑掉后，我跑过去看摄像机，说："这是什么啊？"

妈妈问帅哥："你又给易老师弄出什么了？"

帅哥答非所问："是风向。"

我找到了问题所在，说："是按的这个啊？我在录像啊，你不能干扰我录像啊！（小朋友接着又去开关摄像机。）你是不是一定要把这个搞没影了才行？你看你这个（坏）笑啊，小朋友。"

帅哥指着摄像机的某处说："怎么关啊？"

我说："这是装电池的。"

帅哥又一脸高兴，要拧掉手柄，爸爸说："又开始拧这个了。"

帅哥笑出声来："呵呵。"

我问帅哥："你现在怎么这么爱笑啊？"

爸爸替帅哥回答："多自由啊。"我们大家都笑。

我和帅哥说："你又把他拧掉了啊？一会儿让爸爸来修吧，我不修了。"

妈妈继续发出其他的疑问："比如，我带他去游泳，他要玩到几点就到几点？"

我说："那不是，人家游泳馆关门了你也不能玩，那结束就结束呗！你如果要结束，跟他说'我们要结束了，要不要再玩几分钟？再玩几分钟就不能玩了'。一般你要提前提醒他两三次，大部分小孩是可以理解的，不行就抓着他跑吧！不是什么都要纵容他。你只要稍微宽容一点，给他一些选择和控制，其实就可以了。"

帅哥把摄像机手柄弄掉之后，爸爸去善后。帅哥跑到沙发处，翻爸爸的手提电脑包，妈妈问他："你要找什么呀？"妈妈协助他翻包。

他从电脑包里找到了几张像发票的东西，好像上面还有名字，其中一张上面是爸爸的名字。妈妈打开另一张给帅哥，上面估计有帅哥的名字。帅哥认识字，妈妈问："这是谁啊？"

帅哥答："是我。"

我评价了一下："这答得还挺好的嘛！"

帅哥继续翻包，妈妈问："拼拼图要不要？给你个小拼图，要吗？"

帅哥没理妈妈的问话，又从包里掏出来几张纸，漫无目的地扔给妈妈，显得很无聊的样子。

我觉得帅哥已经有和外界失去联络的意思了，就对他的行为描述了一下："你又要干什么了？"

爸爸接着和帅哥确认："你要翻什么了？"

帅哥拍了拍其中一个已经翻过的夹层袋子，也许他真的有些进入恍惚状态了。

妈妈说："这个你刚才不是已经打开了吗？"爸爸又帮他打开了一下，让他看了看，说："没有东西了。"帅哥又打开了一个拉锁，看了看，爸爸描述："还是什么都没有。"帅哥把包立起来，翻另一侧的夹层，爸爸从里面摸出了一个小东西，问帅哥："这是什么呀？"

帅哥答："夹子。"帅哥接过夹子之后直接扔到了沙发上。

爸爸说："你怎么给扔了？"

我解释："没让他满意呗！"

爸爸说："没找到合适的东西。你想要找什么呢？你觉得里面应该有什么啊？"

我问帅哥："好吃的吗？"

爸爸继续问："是吃的还是玩的啊？"

帅哥说："玩的。"

妈妈伸手到包里拿出了几张拼图，问："有个小拼图，你要不要？要不看这个拼图？"

爸爸问："拼图看吗？"

帅哥不理，指着一个夹层说："这里？"

爸爸说："这里面你看看吧！"

后来妈妈拍拍最中间的部分，打开，应该是装电脑的，拿出了说明书。妈妈说："说明书。"

帅哥指着装了一包说明书的袋子问："什么叫说明书啊？"

妈妈解释："说明书，就是告诉你东西怎么用。"

帅哥对着爸爸说："爸爸怎么用？"

妈妈说："爸爸怎么用啊？"

我补充了一下："爸爸教你怎么用。"

帅哥说："爸爸你来教教我。"

爸爸笑着说："帅哥，你说爸爸的大巴掌是用来干什么的呢？"

妈妈很不满意爸爸的回答，说："他老这样。"

估计是帅哥学会了这句话，又说了一遍："爸爸你教教我怎么用。"

我问："你要用什么，电脑吗？"

妈妈也问："是要用电脑吗？"

帅哥拿起电脑发票扔到一边，又说了一遍："爸爸你教教我怎么用。"

爸爸问："你要用什么啊？"

帅哥拿起了一张类似证书的东西，问："这个怎么用？"

爸爸解释："这就是看看，说明书。"

帅哥又问："什么叫说明书啊？"

爸爸说："教你怎么用电脑。"

这时帅哥已经进入了一种混乱状态，不知要干什么。也许他希望通过翻包之类的行为和父母建立一种联系，但是似乎完全没有技巧。我们所有人都在帮他不断确认他要做什么，保证他没有进入不耐烦的状态。

妈妈想摆脱这种情景，转移他的注意力，问："拼图好不好啊？"

爸爸又问："拼图好不好？"

帅哥不为所动，我替帅哥笑着说："不好。就在那儿乱翻。"

妈妈又开始了相关的咨询话题："他经常这样。哎哟，家里乱得不行。因为他的玩具很多很多，一地都是。现在我无所谓了，但有个问题是他现在玩儿完不收了，只能我自己收。我问帅哥要不要一起收？他说'不要，我有点累'。经常干这事。"我笑。

爸爸补充："弄完了，说'你帮我收一下吧'。"

我安慰父母："行啊，终于发现你是有用的。"

妈妈笑着承认说："对，就这点。"

我接续解释："当小朋友发现父母是有用的时候，他会和你关系好的。你想他要是吃饭饿了，就得找你，所以你有用；乱七八糟的东西你帮他收，所以你有用；看不见（摄像机画面）的时候，你能抱起他，让他看，所以你有用。"

帅哥找到一张行李牌的纸，问："这是什么啊？"

爸爸说："行李牌。撕了，这上面就再也没有行李牌了。"

帅哥这时的动作是面对爸爸，背部靠在妈妈的大腿上。我和妈妈解释："他现在的动作里面是靠着你的，背靠着你，这个状态还不够好，但已经在试探了。其实，正面面对你，你和他有更多的亲密行为，才是最好的。我觉得你儿子这方面的行为少。"

妈妈说："对，你上次说了，我也感觉是这样。我有时候觉得我亲手毁了这段关系，早期的情况还是挺好的。有时我觉得我应该对他好，他好了一段时间，跟我很亲密了，突然一件事情让我暴怒了，就又不行了，就这样子。"

我解释："一般这样的小孩都是先和父母建立亲密关系的。和你们建立，然后和其他的大人，别指望和小朋友先建立。"

妈妈问："同龄人是最难建立的？"

我解释："昨天一个家长和我讲，孩子一个中考完的表哥和一个高考完的表哥过来陪他玩。那两人陪他玩得很好，因为他们能猜出他有什么需求。同龄人凭什么猜你呀？他自己还糊里糊涂的。期望其他同龄小孩有那么高的心理水平是不现实的。"

　　小朋友拿着一张大拼图在地上走了半天，玩够了，站起来，哼哼唧唧，在我旁边晃。我问他："你要干什么了？又要翻我的东西啦？"帅哥有点不好意思，转了一下走回了爸爸妈妈坐的沙发。妈妈冲着他笑。

　　我又回到康复的话题："基本上他的康复不能靠和小孩玩，你给他找玩伴也不要有过高的期望。我觉得效果应该不会特别好。"

　　妈妈说："那天你和我说过，我也觉得确实不能期望太多。（玩伴）和他在一起有时候能缓解我的压力，我也不用没完没了地和他玩，需要我和他玩就玩一会儿，需要别人玩和别人玩一会儿，如果不需要，自己玩也可以。"

　　我说："我一般和家长说能雇人就雇大学生，当家教一样陪他玩。"

　　这时帅哥找到一本儿童画报，打断了我们的对话，把画报递给妈妈说："妈妈，给我讲故事吧？"

　　妈妈表情夸张地说："真的，什么故事？"

　　帅哥指着封面说："这个。"其实他没有确定是哪个故事。

　　妈妈说："你给我翻一页，你最喜欢哪个故事？"

　　帅哥翻了翻，妈妈问："哪个故事？"

　　帅哥说："什么都不想看。"

　　这段对话说明妈妈的要求有些高了。在一本故事里让帅哥挑一个，直接打击了帅哥的积极性，帅哥回避并拒绝了这次交流。

　　爸爸回到了与人交往的话题，问："是不是逐渐和一个一个群体相处正常？"

　　我答："对。他先和你们相处正常，然后和大龄的群体相处正常，最后和幼龄的群体相处正常。那时候他的心理水平已经很高了。"

　　妈妈问："雇大学生，怎么和他玩啊？在家里玩玩具还是……？"

　　我说："玩玩具、给他讲故事或者出去陪他跑，什么都行。你看那个人会什么，帅哥喜欢什么，只要能调动他的积极性，比如抱抱他，转两圈。雇个男生，体育好的或者其他方面好的。不一定每个大学生都合适，可能十个里才有一个是你想要的。"

　　妈妈说："试探一下？"

　　我说："对，试探一下，那些人起码会猜你儿子想干什么，那个时候你可以放松一下。你可以让自己空闲下来。人家拿了你的钱，态度会比较好。小朋友就不太靠谱，你指挥不动。"

　　妈妈说："我觉得也是。让小孩陪他玩，也要多方贿赂啊！买点东西给人家小孩，但我觉得效果不一定好，也让孩子很累。"

我说："可以让大学生试探一下小朋友愿意和他玩哪些东西，然后让他就这么陪着小朋友玩就可以了。有时候有人陪你聊聊天，小朋友都会抢你们的注意力。大学生没什么事陪你聊聊，和你说说学校怎么样，小朋友可能就过来说你陪我玩。如果你和儿子整天待在一起无所事事，大眼瞪小眼，可能就成问题了。"

妈妈说："对，我现在觉得在家特别累。他找我，大多数时候我能回应，但我确实累死了，不想动了。我知道那个时候他确实需要我。我就想怎么办呀？"

我们又谈了些关于找陪玩的事情，其实和好多家长谈，一般由于找人比较麻烦，很多家长最终都没有找陪玩的人，帅哥家也没找。

帅哥翻开了画报小声嘟囔着："小女孩想喝水，妈妈没在家。"

我赶紧把话题转到帅哥，说："我听到了，'小女孩想喝水，妈妈没在家'，就自己去接。是这么回事吧？我听的对吧？"

爸爸用手指着某个图画问帅哥："然后呢？"帅哥没有反应。

妈妈对爸爸说："别管他，让他自己读。"

这种情况下爸爸的参与会对小朋友造成压力。我的叙述只是陈述我听到了帅哥说的话，但是我不要帅哥回答。爸爸的问话容易让帅哥产生必须回答的压力，这种对话会成为交往中的负担。爸爸可以指着画报，问"然后呢"，再自问自答。当然干扰小朋友的自发过程也不是太好，有时给小朋友一些空间也是比较重要的。

我继续向妈妈解释陪伴的事情："雇个大点的人，至少能分担掉一小半东西。"

妈妈说："我原来想找个会体育的大男生，和他跑跑。举一举他，开开心心的挺好。他不就喜欢这种简单的嘛，但我现在已经没这劲儿了。"

我说："那种身体游戏其实蛮有意思的。"

妈妈说："他特喜欢人家抱他、弄他、吓他两下。"

帅哥一直在翻画报，在我们说话的间隙他用手揉了一下眼睛。

我开始关注帅哥："怎么了？眼睛难受了，小朋友？"

帅哥"嗯"了一声。

一般小朋友有行为变化或者某些动作的时候，我会尽量不失时机地描述一下，让小朋友将行为和语言建立联系，让他对自身更为敏感、更为关注。

爸爸以为帅哥揉眼睛是困了，就说："他早晨起来早，中午不睡觉。"

我说："好像小朋友都不喜欢午睡的。"

妈妈说："对。"

我说："小朋友上幼儿园最讨厌的就是午睡。"

妈妈说："正常孩子也有这问题，可能没他这么突出。别人不午睡，不说话，他叨叨。"

我讲了一个别的孩子的故事："有个孩子说不午睡就得不到大拇指（大拇指相当于小红花之类的奖励），得不到五个大拇指就要降班。问他是不是降班就不用午睡了？他说还要午睡。"大家都笑，只有帅哥好像游离在我们谈话之外，无动于衷。

妈妈解释她自己对午睡的态度："关于午睡，我也没怎么逼过他。因为我小时候也特别不喜欢午睡，我特理解那种感觉，躺在床上烦死了。特理解他。基本上他不想午睡就算了。"

我经常在咨询中再次提到关于笑容的部分，只要有机会就会强化父母的笑容。我对妈妈说："你还要接着练你的笑容。"

妈妈笑着说："其实，我挺爱笑的。我看了那个录像，我还问他（爸爸）我有那么不爱笑吗？我原来也挺喜欢笑的。"

我说："一般来说自己是不知道自己的表情的，尤其是你到静态的环境里面的时候，没有什么诱惑你的东西，大家的表情都会变得比较沉闷。有人问我'你什么样啊'，我估计表情也不会多好。但是我现在要练，对小朋友要笑，这样小朋友才愿意来，他才觉得我没威胁。"

妈妈说："是，你给他创造一个这么宽松的环境，那个（妈妈指着摄像机）都可以动。他一个礼拜都想着这事呢！今天说'我不睡觉了，我要走了，下午我要见易老师'。一般我们带他去任何地方，都从来没这么放松过。谁会让他乱动这些东西啊？"

我说："这样的小朋友很聪明的，你总觉得他没在听你说话，其实他在听。他会知道我们在这里布置的任务对他是没有威胁的。如果知道有威胁，他就不来了。对他没要求，是对他好。他也在试探你到底给他一个什么样的环境。"

妈妈提了自己的担心："那就像你说的，我把他周围的环境弄得对他来讲没有威胁，会不会以后他就真的没有规矩了？"

我认为："基本上不会的。理论上来说他还算是一个胆小的孩子，这样的孩子是相对比较胆小的。只有足够胆小的孩子，才会在你对他露出不好表情的时候，采取这种回避状态，完全回避。"

帅哥沉浸在画报中几分钟后，又活跃起来，拿着画报指着某处问爸爸："这是什么指标啊？爸爸给我指指吧！"帅哥嘟着嘴，懒懒的语气，像撒娇。

爸爸拿走画报，帅哥伸手去指："这个是什么东西？"

爸爸用手指着他要讲的地方说："这是一个目录，汉字记忆，这个呢，是理解能力。"帅哥打了一个哈欠。

帅哥又指了另一处："这是什么？"

爸爸说："这是一个小说明啊！是四五岁的宝宝看的，是要具备什么能力的说明。"

帅哥想了想，问："我呢？"

爸爸说："都有了。你又会说话，又会唱歌，是吧？"

帅哥问："我看几岁的？"

爸爸说："你看五岁以上的。"

妈妈说："你可以看五六岁的。"

我说："你是大小孩了。"

妈妈说："你五岁多一点点了。"

帅哥直视妈妈问："我是不是五岁半了？"

妈妈说："还差一点，还差四个月。"

这段对话可以显示帅哥对自身是有知觉的，他知道了画报的参照系后，就把自己往上面靠，了解自己所处的位置。我们几个大人所做的工作就是维护他的自尊，让他对自己更为接受。帅哥状况还好，有些能力和同龄孩子是匹配的。如果不是的话，我们会说，"你五岁了，虽然有些你不会啊，但是你慢慢肯定能赶上的"。

帅哥拿过他的一盒小拼图，用手把东西抓出来，然后撒了一地，我们也不管他。

我回到规矩的问题："很多家长怕小孩没规矩。"

我还没说两句，帅哥站起来又跑去玩我的摄像机了，我迅速描述他的行为："你又去玩了？"要随时保持对帅哥行为的高度关注。

我再回到原来的话题："原来他是比较退缩的，我们经常做这些（指给他更大的自由和空间），会做过头的。做过头以后，他才能体会到安全。他安全以后，再往回调，其实很容易。你把他从这样的状态调成刚刚好的状态，很难，能启动的话很难，但你从那个过分的状态往回收一收很容易。很多家长就说我是不是管不了他了？你俩是大人，买吃的得你俩买，买玩具得你俩买，电脑还不得你俩开嘛！他有求着你的、用得到你的地方，饭要你做他才能吃到。很多家长害怕失控，但不会真的失控的。我还真没看到过这样的情况。有时小孩做得真的很过分，你家孩子做得肯定不是最过分的。"

妈妈问："昨天他就拿一个铲子，一个特尖的铲子，捅他姥爷的肚子，捅了一个大印，给我气得！"

我说："哦，我忘了说了，我们做这些事情时有几个规则。第一，你一定是不可以伤人的，不可以伤害别人。这种情况一定是要制止的。他真的伤害别人时，你可能就要处理了。可以和他说'你不可以这么做',或者惩罚他,不给他买雪糕,告诉他是不可以打人的。第二,不可以伤害自己,很多这样的小孩会打自己。因为情绪上来了,他不知道怎么控制。看起来你儿子没有这样的问题。第三,不能随便破坏财物。在我这儿,小孩动就动了。有些财物是不可以破坏的。比如公家的一些东西。"

妈妈问:"有时候在家他'哐当'一声就把遥控器扔地上了,是不是也要制止啊?"

我说:"那东西扔就扔了。比如,你算一下一百块以内是你能赔得起的(妈妈笑),你就当没这个事。我经常和别人讲,多少钱之内是你能容忍的?在那个范围内的……"

妈妈说:"尽最大能力给他宽松的环境。"

我说:"除非他故意去破坏一些东西。比如,在娱乐场所,他故意破坏一些东西,那时候你只能抱他走了,告诉他'你不能玩了,你要破坏那个是不行的'。没什么太大的危险,就容忍了。遥控器这种小东西玩坏就玩坏吧。你想你给他治病,那要花多少钱呢?我觉得这个钱(破坏小东西)家长该花。"

妈妈笑着说:"真的,我有时候也这么觉得,你一说就特明白,我就想你玩儿呗,顶多我累点给收拾收拾。这星期我心情调整好了,他爱干什么就干什么,大不了玩儿完以后再收拾。其实也没事。"

帅哥已经破坏完一轮我的摄像机，爸爸帮忙把摄像机又安好了，帅哥把注意力从摄像机又转回到爸爸的电脑包上。

我接着和妈妈回忆了一下刚刚帅哥让爸爸讲图片的过程，这个提醒可以让父母回头细读他们的录像："他之前转过去让爸爸讲什么东西，他看了爸爸一眼。"

帅哥从电脑包里拿出一个鼠标，问爸爸："这是什么呀？"

爸爸回答："这不是鼠标嘛，电脑的鼠标。"

帅哥使劲向两头拽鼠标线，爸爸说："坏了就没法玩了。我们以后还要拿它看'大头小头'。"帅哥放弃了破坏鼠标的活动。

我对爸爸刚才的解释进行了正性的评述："刚才爸爸讲的就蛮好的。不让他破坏的时候，得让他有动机不破坏。"

爸爸的领悟是："是要和他自己有联系？"

我说："对，对。以前有个小朋友，把他家里的光盘有用的那一面朝地面放着，他要都看着，扫地也不让扫。我正好那天看到了，说这样还能看吗？我拿了放在地上的其中一张光碟放到播放器中，真的不能看了。我说'这还是收起来吧，真的不能看了，你以后这些都看不了了'，他就收了。要让他吃亏，或者提前告诉他可能要吃亏，他才听。就像刚才爸爸说你以后就不能看《大头儿子小头爸爸》了，他就觉得这个东西还是有用的。在这种情况下，他要有动机才好使。没有动机你直接禁止他，他不理你，他也记不住。他只记住你的情绪了。"

帅哥在我们谈话的过程中，朝着我们的方向用手比了一下把摄像机的镜头压下去的动作，爸爸就走过去帮忙了，后来帅哥去玩咨询室的门，一会儿开一会儿关，爸爸一直在旁边看着。

帅哥无聊地走了回来，打了个哈欠，转了一圈，我描述："困了？"帅哥没理我们又走回了摄像机旁。

我和爸爸"翻旧账"，回到之前他和儿子看图的那一段："刚才他让你看画册后面的解释时，看了你一眼，我没有注意你看没看他。但我觉得他那一眼看得蛮认真的，你回头看录像，看看你有没有看他，你看他的时候有没有笑容，及时还是不及时。在他每次看你的时候，你要能把握住。及时给他微笑就是强化，会强化他不断地看你。刚才你在那个地方还抱了他一下，我觉得挺好，他还是很愿意让你抱的，看起来挺亲密的。这种身体的亲密行为越多越好。我感觉他很少往你身上蹭、让你抱。我不知道在家会不会有。这种行为越多越好。像他背靠着你的时候，你可以在他背后摸摸。他的身体在大部分情况下是过敏的，靠着你时整个身体是不排斥的。"

帅哥自己开门要去上厕所，爸爸追了出去。

妈妈又说了一个新的问题："帅哥有一个问题，不知道为什么他很害怕中央电视台半边天那个节目，那个节目有水滴一滴一滴滴下来的镜头。他看完以后脸色惨白，从此不让看电视了。姥姥姥爷看电视，他就喊'电视关上'，就闹，一定要把门关上，特别害怕。其实这都快有一年时间了。现在只能看38台的那个频道，看喜洋洋，别的都不能看。"

帅哥估计没到厕所就回来了，我问："你干什么了？"

帅哥的笑容真是灿烂，没回答我，直接笑着跑向了妈妈。

我接续："你在外边解决了呀？你看这个笑啊！"

妈妈说："你是不是给树浇水啦？"帅哥笑呵呵地看着妈妈，妈妈笑容满面地看着帅哥。妈妈问："那树是不是不渴啊？你给人家浇水。"

爸爸说："坏蛋。"

帅哥还是："呵呵。"

我说："这个表情就很好，就像正常的小朋友。这种表情越多，他就看起来越正常。在我们不知道小朋友害怕的原因的时候，有可能的话，尽量避免提及他害怕的东西。要是爷爷、奶奶、姥爷、姥姥谁想看的时候，就跟他说'我们先躲开，让他们看一会儿行不行'。"

妈妈说她采取的策略是："现在尽量不看，或者那时候我抱他睡觉了。"

我说："或者和他商量一下我们去别的屋玩，让他们看一会儿电视。"

妈妈说："都行。"

我说："对，目前只能是这样。有时候你对他越宽容越好。你可以跟他说，'我们要不要躲开呀，他们要看电视了'。我把录像给你，你可以一次一次对比，可以看到你儿子的整体表情的变化。实际上他今天的状态蛮好的。"

爸爸去拿沙发上的电脑包，帅哥把头和上身枕在了电脑包上，妈妈用拼图的一小片吸引帅哥的注意，问他："这个还要不要了？"帅哥抬起身答："不要了。"爸爸趁势将电脑包从帅哥背后拿出来。

妈妈诱惑帅哥捡起来扔在地上的拼图碎片，帅哥本来要去爸爸那儿看电脑凑热闹，后来注意力被吸引，开始捡拼图碎片。

我和帅哥说："你趴下看看，地上还有没有啊？"

帅哥蹲在地上，嘴里说着让妈妈看《老友记》（爸爸的电脑里有张光盘是《老友记》），妈妈和他说"现在不看，回家再看"。

妈妈让帅哥把地上的碎片捡起来放在妈妈手上的盒子里，帅哥边捡边问："你回家看《老友记》吗？"妈妈说："看。"帅哥重复了一遍："《老友记》。"

帅哥动作很慢，捡了几个拼图碎片扔在妈妈手上的盒子里。

我提醒他们看看沙发底下，别落下了。

妈妈低下头捡了几个说："我都捡了三个了，你捡了几个？"

帅哥捡了一把，一个一个往盒子里塞，妈妈数："一个，两个……"

帅哥数到五，妈妈问："比我捡的多几个？"帅哥根本没听进去妈妈的减法，还沉浸在自己的计数中，笑着把小手张开，说："五个。"

我说："还有。"帅哥又捡到了一个，妈妈问："太棒了，你捡了六个，我捡了两个，一共是几个呀？"

这回估计是加法，帅哥看着妈妈，大声地说："八个。"

在地上又发现了两个，帅哥说："我捡了九个，我捡了十个。"帅哥是在八个的基础上加上这两个的，他已经遗忘了八个里面有两个是妈妈捡的。这些都是小事情，我们无须提醒和矫正。

妈妈说："我才捡了两个，我怎么比你少这么多啊？"

我说："他刚才有看你。"

妈妈问："他刚才看我啦？"

帅哥问："我比妈妈捡的多吗？"他的眼睛直视着妈妈，妈妈看着他说："多，很多。"

我提醒妈妈："刚才他捡东西数数的时候，看了你好几次。"

妈妈笑着问我："你发现啦？"

我说："对，这时候你的警觉性要高，随时要注意他有没有看你。"

妈妈问："是不是现在我主要需要做的是他看我的时候，我要对他微笑？他有求于我的时候，我一定要回应？"

我说："对。要是能答应就尽量答应。"

帅哥玩了一会儿空调遥控器，转过去对妈妈说："拿个玩具。"

妈妈重复："拿个玩具呀？"妈妈赶紧给帅哥找。（帅哥布置的任务要摆在第一位。）

妈妈翻自己的包帮帅哥找玩具。帅哥看向包里，发现了一瓶口香糖，注意力转移到口香糖上，把口香糖拿了出来。

帅哥打开口香糖的瓶盖，问妈妈："你吃两个吧？"

妈妈说："我就吃一个。"

估计帅哥是想自己吃两个，我说："你可以自己吃两个。"

爸爸问帅哥："给我也吃一个吧？"

我问："给不给呀？"

爸爸说："我嘴张得很大。"帅哥自己先吃完了两个之后，递给了爸爸一个口香糖，爸爸说："谢谢你。"

帅哥晃回妈妈身边，妈妈张开了嘴，帅哥没有动作，我描述了一下："妈妈张嘴了。"帅哥从瓶子里拿出了一个，送进了妈妈的嘴里。妈妈说："谢谢。"

帅哥对着妈妈说："我吃了两个。"像示威一样。

妈妈夸张地说："你吃了两个，比我多吃了一个呀？"

爸爸问："帅哥，还有谁没吃到糖呢？"

我问："给不给阿姨吃啊？不给没关系。哈哈。给不给？不给？"帅哥把瓶子盖上了，我们都笑。

基本上有机会我就会鼓励小朋友护着自己的东西，不给别人，而不是先教他们分享，只有能分清自己的东西和别人的东西，才能建立真正的你我他概念，才能懂得人际的界线。

我说："不给没关系。"

妈妈笑话他："抠门。"

帅哥转过头笑着看妈妈，然后对自己的行为进行概括："自私？"

妈妈说："有一点。"

我说："没关系，自私也可以的，你不愿意给别人就可以不给别人的。阿姨说的。"

帅哥打开瓶盖，拿出了一个，有向我抛过来的举动，说："一个。"

我问："真给啊？"

帅哥真的做了要抛的动作，估计是不愿意近距离给我，这个过程是让他不舒服的。我和爸爸都喊"唉，唉"，阻止他。

爸爸说："这样给对吗？是有礼貌的好孩子吗？"

这时帅哥已经拿着那个口香糖递到了我手里。

我赶紧给帅哥台阶下，保护帅哥的自尊，让帅哥有面子："他不会那样，只是做个样子。谢谢（帅哥）。"

帅哥跑到爸爸旁边晃动口香糖的瓶子，爸爸说："刚才帅哥很乖。"

我评论爸爸的教育方法："爸爸刚才的教育方法很像中国传统的教育方法。这样对吗？你可以说'你是不是和阿姨闹着玩啊？其实没有真的要扔啊'。他会知道那个行为背后是什么，别扣帽子（不礼貌）。"

帅哥把图画书递给妈妈说："妈妈给我看看吧？"

帅哥的问话有些句法上的问题，妈妈没有纠正，只是把正确的说了："行啊！你是让我给你讲，是吗？想听哪个啊？"

帅哥没有回答，我给妈妈解释："你这个样子，会让他动机变弱。"因为在一本书里，让小朋友做大范围的选择，小朋友可能就不选了，就会结束这轮交流和互动。

妈妈赶紧找了一页，对帅哥说："书是谁撕的？讲这个好吗？"

帅哥很兴奋，说："好。"

妈妈开始讲故事："两个小朋友在抢一本书。谁也不让谁，一个小朋友说'是我的'，一个说'是我先拿的'，书撕破了，两个人都很生气。老师来了告诉小朋友'你们应该爱护书'，小朋友相互谦让再也不争抢了。"

帅哥看着妈妈说："妈妈，我谦让你。"

妈妈说："谢谢。你给我口香糖了，是不是？你谦让我了，让我也吃到口香糖了，对吧？"

帅哥说："我肚子饿，你饿吗？"

妈妈说："有点饿。"

我说："一会儿就结束了。你们就可以出去买好吃的了。"

帅哥说要买饼干。妈妈问："有五块饼干，给我吃几块？"

帅哥说："五块。"

妈妈惊讶地说："五块都给我啊？"

我问帅哥："那你自己不饿啊？"

妈妈说："你太好了。"

我解释说："刚才，他说讲故事，你说'讲哪个啊'，经常小朋友就会不做反应了。你最好句子简单点，选择疑问句，比如说'讲第一个呀？还是讲第二个呀？'。让他选择时，最简单，这样他更愿意和你交往。这么一大本子（让他挑），他可能就晕了。"

　　妈妈总结我们之间的差异："你呢，是想将事情简单化，我呢，是想开发他的能力。"

　　我问："你是要把事情搞复杂了吧？"

　　妈妈笑着说："对，是要把事情搞复杂了，给他点难度，让他不断挑战自我。我现在就是这种想法。"我和妈妈都笑。

　　我说："他现在的能力不足以做这样的事情。"

　　帅哥到我边上拿了个插卡器，说："妈妈，我要插上。"

　　我接话："你要插上啊？插什么上？"

　　帅哥看着我说："插笔记本上。"

　　我说："笔记本都收起来了，回家找你家的插。"

　　我接着给妈妈解释："你和他交往的时候，要让他觉得没负担，有获益。尤其在语言上尽量不要让他有负担。你让他选择'是什么'，他就不说话了。你要让他选择一或二，比如'你要吃土豆还是吃茄子'。你要是问他到底想吃什么菜，就很难。"

　　妈妈笑着说："我是想锻炼他的能力，不能降低要求。（笑）老是这种想法。"

　　我说："你稍微降低要求，让他的生活变得简单，你的负担也会变轻。"

　　妈妈说："我原来是想不能让他自闭，弄得我自己也怪累的。"

我解释："你总是在说话，你给他的信息太多，就过载了，超过他实际的承受能力。如果他自闭的话，他的承受能力是很低的。"

帅哥跑到我旁边的电源插线板，要动。爸爸走过来说："小心，不行。"

我说："那是一定不可以的。（我吓唬他）你连看牙科都不敢，你碰一下比去看牙科还可怕呢，那结局就惨了呀！"

（我要贯彻我们定下的基本原则，那就是不能伤害到别人，不能伤害到自己。帅哥想动电源线是危险的，所以要让他有恐惧感，不然他会伤到自己。类比的方式效果最好，看牙科他最害怕，所以告诉他动电源插线板比看牙科还吓人。我们看起来在咨询室里基本上都说"是"，那是因为大部分都是非原则性问题。当原则性问题出现时，要坚决制止。）

帅哥走回妈妈身边，我说"今天就这样"，准备结束咨询。估计帅哥潜意识里不想结束，他把书递给了妈妈，说："再给我讲一个。"反正在他们后面我也没有咨询，索性就由着他继续。

妈妈说："好。"妈妈翻开书，问："你是想听'关心妈妈'？还是想听'烫手了'？"帅哥看着妈妈没反应。

我帮帅哥说："那就再挑一个。"

妈妈继续："想听'把小象送回家''做完事再玩'，还是

‘书是谁撕的’？"

帅哥说："1—90（可能是故事的编码）。"

妈妈翻到了某页："‘换衣服的故事’。先给芭比娃娃穿上蓝色的裙子，再给芭比娃娃换上紫色的衣服，效果怎么样？太棒了，真漂亮！"帅哥在妈妈讲的时候一直将注意力保持在书上。

帅哥指着书上的图问："这是什么颜色啊？"

妈妈说："蓝色的，蓝色的裙子。你要不要换上裙子？"

帅哥坚定地说："不要。"

妈妈问："为什么？"

我帮帅哥说："因为你是男生。"我拉长了声音说"男生"，表示强调。

帅哥给了我们出乎意料的回答："我不是女生。"我们笑。

我解释："刚才你说要看这个？还是要看那个？他其实一直都在盯着那个书。"

妈妈说："啊，注意力更好了？"

我说："对。但是你问得很宽泛，就没戏了。"

妈妈说："讲到细节了，‘细节成大事’。"

帅哥到垃圾筐那儿把嘴里的口香糖吐出来，扔了。然后打开盒子，走到妈妈边上，坐在沙发上，坏笑着准备把手里一大把的口香糖放嘴里。

妈妈问："干什么呢？"

我说："你看他那个笑啊！"

妈妈说："嘴里都吃了四五块了。你这个'坏包'。"

我让他们回去看录像，并且说："今天的对视，比上次多太多了。"

妈妈说："那是！"

爸爸和帅哥走到门口，拍拍帅哥的头，说："和易老师再见吧！"

帅哥转过来说："易老师再见。"帅哥转过身来后没有和我产生高质量的目光对视。帅哥说出了"再见"。如果小朋友不太会说，一般我都赶紧打圆场，说'不用说再见的'。

我说："再见。欢迎你下次再来。"

帅哥背上他的托马斯包，抬起头看着妈妈问："为什么，为什么说'再见'呢？"

我解释："下次好再来见一次呀！"

爸爸说："因为游戏时间结束了。"

送他们出了门之后，我又和帅哥彼此"byebye"了一下。

●●●●●● **第二次咨询总结** ●●●●●●

　　此次咨询和上次相比，最大的改变就是目光对视，帅哥有很多次主动的目光对视，而且面露笑容，没有第一次和他人接触时的犹豫和无措。帅哥的这种表情变化，应该归功于他父母的表情变化。帅哥父母的笑容真的可以作为范本，值得其他父母效仿。帅哥父母看着帅哥会流露出喜欢、慈爱、关注等，会向帅哥传递他是被接纳的信息。

　　帅哥的语言能力也明显有了提高，他经常会插进我们的谈话。如果大家细读文中的对话，可以发现我们是以儿童为中心的。只要帅哥说话，我们都会优先关注他，基本上其他话题都会停止，和他至少保持一轮对话之后，再重新回到原来的话题。帅哥偶尔会蹦出惊人之语，比如他不给我口香糖的时候，妈妈说他"抠门"，他说出了"自私"，我说他是男生（不穿蓝色裙子），他说他不是女生。对于词语的灵活运用是语言能力发展的标志之一。

　　在第一次咨询中，帅哥基本上不愿意和人正面接触。这一次，他有很多正面接触，但是身体接触还比较少。我利用了爸爸把遥控器藏在裤兜里的机会，鼓励帅哥去翻爸爸的裤兜。这是一种身体接触，而且是帅哥主动出击探索他人的身体，有助于他获得对自身的控制感。是他先探索别人，而不是别人随意探索他。他握有主动权，可以决定探索的深浅。第二次身体接触是他让爸爸把他抱起来看摄像机，动作一气呵成，非常自然，而且也是帅哥主动发起的。

儿童的康复不取决于我们对他的好行为的接纳，更多取决于我们对他看起来不太好的行为的接纳，比如他没去厕所，尿到大树上，坏笑，我们觉得他很好玩；他玩我的摄像机，我阻止他时他能笑着理直气壮地把我的手扒拉开，完全无视我的存在，因为他知道他是安全的，可以破坏我的摄像机；他不分给我口香糖，我其实是鼓励的。自私本身就是人性的一部分。承认这些每个人身上都存在的不好的一面，可以让小朋友对自身更为接纳。

最后是最基本的原则。要定好哪些是孩子不能做的。第一，不可以伤害他人；第二，不可以伤害自己；第三，不能随便破坏财物，主要指重要的财物。除此之外的很多事情，大部分都应当允许孩子做。

第三章　蹭爸爸一身油渣渣

在咨询室的门口，我看到帅哥穿了一套橘红色的T恤和短裤，还在门口摆了几个像武打的姿势。我只看到了帅哥和妈妈，就问帅哥："爸爸在哪儿啊？"帅哥没回答，妈妈转过头去喊爸爸的名字。

帅哥和我先进了屋子，我在安装摄像机，还给帅哥解释："那个姐姐没玩这个东西。"

上次帅哥表现出对前面来咨询的小姐姐的嫉妒，担心她玩摄像机，所以我和他确认只有他玩，姐姐没玩。当然如果那个姐姐玩了摄像机，我也会和他说真话的，告诉他在这个咨询时间，摄像机都归他玩。

帅哥先一屁股坐在我平时咨询坐的单人沙发上，非常高兴且得意地表达他坐了我的位置："是我坐了。"

我说："啊，是你坐了呀？"我没有赶他走的意思，反而非常欢迎小朋友做出类似这样的探索，但是帅哥一下子就站起来离开了我的专属座位，坐到他平时坐的长沙发上。

妈妈进来后说："哎呀，真凉快啊。舒服不？"这些都是我们常常说的"废话"，不需要帅哥的回答，是对环境的描述。帅哥的爸爸妈妈学得很快，描述得越来越有感觉了。

帅哥拿出吃的，妈妈问："这是什么意思啊？"

帅哥说："想吃了。"

妈妈说："打开吧！"

我安装完摄像机，估计帅哥看出来了，我还没走回座位，帅哥说："易老师的相机。"

我问帅哥："你又要玩了是吗？"

帅哥放弃了吃饼干，直接走向摄像机，妈妈还想吸引他的注意力："你不先吃东西呀？"

爸爸威胁帅哥："帅哥，吃的没了啊，我当小老鼠。"

妈妈接力："帅哥，你爸都给吃了唉！"

爸爸说："我当小老鼠了。"

妈妈说："快来，爸爸已经吃了五块了。还剩多少块？没了。"

我问："不要了啊？他们吃了啊？"一般情况下，我并不赞成家长威胁小朋友。

帅哥不理，开始拆摄像机，我说："你又开始做了啊？我觉得你就像破坏狂一样。"我们都笑。

妈妈说帅哥："小坏包。"

爸爸说："来这儿，就惦记倒腾这个摄像机呢。"

我转向咨询的正题："现在怎么样？"

妈妈说："他呀，我觉得还行，挺好的这段时间，情绪也还挺稳定的。"

爸爸骗帅哥："帅哥，我这有摄像机。"帅哥根本没理爸爸，估计也知道没有，仍旧在拧我的摄像机。

妈妈评价爸爸："他老这样，永远也改不了。"

妈妈说完，我笑，直接和爸爸说："不准骗人，有就有，没有就没有。"

妈妈说："说好几遍了。"

这个地方要特别注意：在依恋期，最重要的部分是信任，要让孩子对依恋的对象产生信任，而信任的基础是诚实，所以父母尽量不要欺骗孩子，否则的话，小朋友很容易对父母的话产生怀疑，这是对信任最大的破坏。

小朋友又把三脚架的摇柄给卸下来了，摇柄掉到地上，爸爸走向他说："砸脚了啊？"

我说："没事，他不在乎砸脚。我觉得砸一下也没太大的事。"

爸爸去修摄像机，帅哥离开那个位置，在电脑桌上翻了一下，找到了空调遥控器。

帅哥拿着遥控器指向空调，爸爸说："这个不行，今天太热。"

我说："没事，弄也没事。"

爸爸又说了一遍："今天太热。"

帅哥没有按遥控器，很落寞地把遥控器放回到电脑桌上。这次帅哥选择了妥协，而我认为在这种情况下还是让帅哥有控制感更好。

帅哥跑回妈妈身边吃饼干。

妈妈讲最近发生的事情："上次和你讲过，他和一个小女孩在一起，跟她玩了几天。我们这两天回来，就是昨天看牙，不太高兴，因为给他绑在小床上了，特别委屈，特别伤心。没有办法，还要去，这两天一直问我，'是不是不看牙了？是不是不绑小床了？'。"

我问："那他的牙到底怎么回事啊？"

妈妈说："上次补了个牙……"

妈妈刚要说，帅哥起身走到电脑桌旁，拿起遥控器，我说："你又来了哦！"爸爸迅速站起来跑到帅哥旁边。帅哥调了两下，爸爸就把遥控器抢走了。我说："给帅哥。"

帅哥走到妈妈的对面问："高不高？"

妈妈说："好像有点高，热了。（帅哥走到插线板的对面，愣愣地看着。）宝贝那个是不能动的。"

我接着说："那个是有电的啊！"

妈妈转回补牙的话题："上次补过一个牙，有个龋齿，医生给补了，补完肿了，牙根还是坏了，下次要杀神经。"

我说："那个是挺难受的。小朋友应该忍不住吧？"

妈妈说："要全麻。我觉得有可能要全麻，全麻还可以吧？"

我说："全麻还好点吧！"

爸爸说："以前把他绑床上，特可怜。"

帅哥在自己玩闹钟，我对帅哥的状态进行了分析："我觉得他的表情有变好，行为稳定性也有提升。以前也动，但是是很焦躁的感觉，而现在看着很平稳。"

妈妈说："刚才特别逗，我问他'去不去以前几个训练机构的老师那里'，他说'不去、不去、不去'。'易老师那儿去不去'？'去'。"

帅哥跑到灯的开关那儿，把灯打开了，我说："谢谢。"

妈妈说："这儿真是没人管你啊，不过我说易老师这儿是所有地方里一个玩具都没有的，什么好玩意儿都没有。"

妈妈正说着，帅哥又去玩摄像机了，爸爸说："就这个好玩意儿。"

帅哥又准备开始拆卸，我安慰家长："没关系，基本上小朋友都这样。又开始卸了，爸爸又要帮你弄，这个笑啊。"后半句是我对帅哥的行为的描述。

爸爸对帅哥的笑进行了定义："他的笑充满了坏。"

我说："对，对。"

帅哥这时已经把手柄拧下来了，很认真地看了看，想把手柄拧回去。我描述了当时的情景："还挺认真地拔下来，你给安上吗？"由于帅哥的能力所限，他无法完成，最后他把手柄和小螺丝帽直接扔到地上。

爸爸很自然地走过去，准备安装，还对帅哥说："安不上了吧？帅哥。"我笑出了声，帅哥满脸堆笑，跑向妈妈。

我问帅哥："你是不是每次干完坏事都特高兴啊？特有幸福感，是不是？"帅哥已经跑回去坐到沙发上吃饼干，这种对话是不需要帅哥回答的。

爸爸边安装边说："在家里，他给我们关门，把我们锁在外边。要是成功地把我锁在外边，他就特别乐，高兴着呢。"

我问："然后呢？最后他给你开门吗？"

妈妈说："会开，开是肯定会开的。我们说帅哥过来开门，他就开了，但他特别享受那个过程。"

爸爸安装完坐回到帅哥旁边，继续说："使坏以后，就非常高兴。"

帅哥因为爸爸逗了他一下，转过身冲着爸爸胸前的T恤把油油的小嘴蹭了上去。

爸爸："哎哟，蹭油，我也蹭你的身上。我往你身上蹭个渣、蹭个油。渣全抹在腿上，油抹到脸上。"爸爸的手碰触到帅哥的身体和脸，帅哥笑着跑掉了。看起来帅哥还是很喜欢和爸爸的这种触碰游戏的。这个互动看起来很有爱，但是因为爸爸的动作幅度比较大，所以帅哥只在爸爸身上蹭了两下就结束了。当然这个时候做这样的解释太早，会影响咨询师和父母的关系，所以这个解释拖到了这次咨询的最后才说。在什么时候做什么样的解释是一种艺术，咨询师要有感觉，包括解释的深浅。

帅哥笑着从我面前跑过，我说："你好可爱啊。"

帅哥到了灯的开关处，关灯，爸爸"唉"了一声，想阻止。我说："没事，没事，没问题。"

帅哥玩了两下，就走回了沙发，我和爸爸妈妈说："我觉得你们俩的表情真的在变好，这个训练还是有效的。"

爸爸幽默了一把，解释他的笑容："活生生地把嘴巴拉向两边。"

妈妈说："我们俩互相监督呢，你看你又皱眉头了，老得提醒。"

我说："对呀，所以你儿子的表情在变好。"

妈妈说："我自己感觉他放松了好多。放松了好多以后呢，就干了很多坏事。"笑。

我说："我觉得他干坏事好像都是故意的，他知道他在干坏事。"

妈妈说："我也觉得他是故意的。"

我和爸爸说："还有，刚才你和他玩得特好。你往他身上抹东西，他往你身上蹭，其实都算一种亲密行为。有人说这种自闭的小孩是最怕别人碰他的，他和人是疏远的，他觉得人际交往是有风险的，但你和他玩的时候就很好。"

爸爸说："一般情况下，他不愿意让我抱着、拉着。"

我说："所以你趁着可以玩这种游戏的时候，多和他产生身体接触。慢慢地，扩展到其他类型的身体接触，他都愿意。他又要来一轮（拆卸手柄）了。"

帅哥走到摄像机那儿，爸爸逗他说："帅哥，我可抹油去了。"

帅哥冲着我们这边缩了缩肩膀，笑着说："呵呵。"

爸爸说："我可来了，我蹭油啦。"爸爸走向帅哥，在中途还伸出手，帅哥看着爸爸。

爸爸走到帅哥面前，帅哥说："我不抹。"身体有躲闪。

爸爸试探地伸伸手，说："我碰你一下。"帅哥边闪躲，边推开爸爸。帅哥最后蹲在了地上，估计怕爸爸触碰他。

妈妈特聪明，建议帅哥："你往他身上蹭，把嘴都蹭到他身上。"帅哥真的听了妈妈的话，把嘴蹭在爸爸腰部的衣服上。

爸爸用手摸摸帅哥的头，帅哥有闪躲，爸爸说："我把渣抹在这，蹭油。"然后爸爸就回来了。

我和爸爸说："你先不用管他，等他完全卸掉了，你再去安装。我觉得他很喜欢，他一定要完成。你知道小朋友有那个未完成情结。这个事他是要完成的，你让他全做完，他就会心满意足，这个事就完了。你觉得他自闭，什么事都不让他做完，觉得他这种行为是重复行为，不让他做，最后对他来说就变成未完成事件，他老想做。"

妈妈说："他老想着？"

帅哥这回拆得有点费劲，表情严肃，我描述："还挺认真的，这表情连笑都没了。"

帅哥终于拆掉手柄，手柄啪的一声掉在地上。他笑得异常灿烂，往妈妈那边跑。大家都冲他笑。

帅哥坐在沙发上，背靠妈妈的腿，面对爸爸。爸爸伸手摸他，他推开爸爸的手。

爸爸认真地看着帅哥说："干完了。"帅哥以为爸爸要抹油，帅哥使劲把爸爸的手推回去。

帅哥又开始用脸在爸爸腿上蹭，之后又蹭身上。爸爸把脸往帅哥脸上蹭，手摸帅哥的脸，当爸爸的手在帅哥胸前抹了两下之后，帅哥从沙发上顺着妈妈的小腿滑到地上坐着了。爸爸做的动作可能太大了，富有侵略性，这样会导致亲密行为过早地结束。

帅哥坐在地上还不忘拿沙发上的饼干吃，爸爸把饼干盒子拿走，逗帅哥。

妈妈还不忘了说帅哥："坏包。"

爸爸逗帅哥，说长条盒子里的饼干像开火车一样开到了嘴里。帅哥看着不知道该做何反应。

我问帅哥说："给不给他吃呀？快抢回来，你说那是我的。"

妈妈也说："给我，是我的。"

帅哥终于抢了爸爸手里的饼干，大声说："这是我的，给我！"

我表扬帅哥："说得好。"

妈妈问："要吃几块？"

爸爸说："往我嘴里放块饼干吧？"

我问："不给啊？"其实我在暗示他可以不给，我要在咨询中把这种自私的感觉调动出来，这样才会让他有人际的界限。不过帅哥还是很高兴地放到爸爸嘴里一块饼干。

我去修摄像机，这时帅哥已经背靠在妈妈的胸前，非常亲密的感觉，妈妈把饼干喂到帅哥的嘴里。妈妈问："香香不香香？给爸爸吃一小渣，行吗？给吗？"

帅哥说："给。"

妈妈说："扔嘴里，哟，你真大方。"

爸爸说："谢谢。"

我问："好吃吗？很享受的感觉。"

帅哥把一块饼干放在了妈妈的嘴里，妈妈说："谢谢。"

我说："我觉得他现在正面面对你们的情况还是很多的。你们第一次来的时候，我第一担心的是他看人的状态很迷茫，那个最吓人了。你看他现在这个表情。他看你的眼神就很好。"

妈妈说："其实我也觉得他现在看人的次数在增多，确实是这样的。而且他要求也多，他对别人会有要求和关注，比如老问谁回来了。我说明天爸爸生日，我们要去吃饭，他高兴得不行了，说我们去给爸爸买蛋糕去，给爸爸买生日礼物，叨叨了很长时间。"在进行这段对话时，帅哥靠在妈妈的胸前，抬起腿搭在爸爸的腿上，这姿势看着很舒服，很享受。

帅哥问爸爸："你想吃吗？"

爸爸回答："你说呢？"

帅哥问："你想买礼物吗？"

爸爸反问："你说呢？"

帅哥答："买。"

爸爸问："谁给我买礼物啊？"

帅哥大声答："我。"

爸爸问："你给我买什么礼物啊？"

帅哥："蛋糕。"

我问："是你爸爸想吃，还是你想吃啊？"

妈妈问："谁吃，蛋糕给谁吃啊？"

帅哥答："给爸爸。"

爸爸问："那你吃吗？"

帅哥答："嗯。"我们大家都笑。

爸爸问："你有钱吗？"这里要注意尽量不要挤兑小朋友，尤其是质疑小朋友的能力，因为我们一直在试图提升他的自尊，让他感觉有控制感。

帅哥不回答了，妈妈的解围很好："你说我妈妈有啊，妈妈给买呀。"

帅哥和爸爸玩了两轮往爸爸嘴里扔饼干的小互动，还挺和谐的。

妈妈接着讲和小孩玩的事情："他和另一个小孩在家里玩两个人的游戏，比如下棋。我们家特别多那种东西，他玩得特别好。那孩子特别高兴，他也特别尽兴。但其他两个人一起玩的游戏，他就不行。互动方面的东西都不行。我觉得只要有我在，他们俩都很开心。比如我给他们俩搭个帐篷，让他们睡在帐篷里。每天中午他最幸福的事情就是两个人在一起，睡在帐篷里，然后互相呵呵地笑，嘀嘀咕咕地也不知道说什么。我让他俩背对背，一会儿他又说和我面对面。"

帅哥"享受"完的妈妈怀抱之后，跳起来，右手拿着饼干，到摄像机那儿用左手拆摄像机，以前他都是用右手的，或者两手合作。我描述："又过去了。"

我听了妈妈描述的那些帅哥说的话，说："语言方面也会变好。"

妈妈说："对，语言方面好了很多。他和那个小孩说话，有时候会前言不搭后语，有时候我会稍微纠正一下。我没说你不该这么说，就是重复一下他说的话。"

我说："就是这样的。"

妈妈补充："用他的语气说。"

我说："不一定是他的语气说，比如你说'是不是这个意思啊'，这样也可以。因为有时候他是在模仿你。不全是你在模仿他。"

帅哥已经拆完了摄像机，我问："怎么样？干完坏事什么感觉啊？"

这时帅哥在电脑桌上拿起照相机的套子，我问："干什么啊？"

帅哥拿着套子往门口走，准备开门，边走边说："我给你扔了。"

帅哥打开门，把套子扔到了门外，关上了门，背对着我们，没有转过来。

我们可以猜到他的表情。爸爸说："看他的表情。"帅哥转身往沙发处跑，一脸得意，坏笑。

我问："再帮阿姨捡回来好不好？不管了啊？那爸爸拣了。"

在这个部分，我会告诉帅哥规则。理论上谁扔就要谁捡回来，但是帅哥不捡，也不能僵持在那里，就需要有备选方案。我们几个成年之间选一下，我一般会选择帅哥的爸爸，一个原因是妈妈经常和我说话，一个原因是这是帅哥和爸爸建立关系的好机会。作为依恋的对象，爸爸妈妈就是给孩子收拾烂摊子的人。

妈妈说："被人给捡走了，快去给捡回来。"

帅哥干完坏事就坐到沙发上吃饼干了。

我和帅哥说："阿姨还要的，你可以扔一下，扔完再捡回来。"

我和爸爸说："你再帮我安回去。"

帅哥妈妈说："你这是遛你爸爸呢。"

我说："小朋友就是在遛父母呢。他在不断地考验你，就好像在说'我折腾完，你生气了吗？'。"

帅哥站起来，从我面前走过，我问："你又干什么啊？"

他站到了插线板处，想伸手，我说："那可不能按，按完了到时候过电了。"估计帅哥也没想真的按，就是试探一下我们的底线。我们还是坚持基本原则，危及生命的坚决制止。爸爸过来轻轻推着他的后背把他带走了。

帅哥又改去拿遥控器对准空调，但是无效。爸爸偷偷告诉妈妈他把电池给卸下来了，妈妈说："干吗？你把电池卸下来了。"

我和帅哥说："你去找你爸，他把电池拿下来了，让他把电池安进去。"

妈妈给帅哥示范："说'爸爸你怎么回事？'。"这句太难，帅哥没有反应。

帅哥面对父母，打开了遥控器的后盖，妈妈问："缺什么？"

帅哥答："缺了一个电池。"

妈妈说："找他要，说给我。"

帅哥在离爸爸有两米的距离说："给我。"帅哥恢复得还不够好，不然就会直接上身去摸、去抢。

爸爸问："给你什么啊？"

帅哥答："电池。"

爸爸示范帮帅哥把电池安好了。

爸爸把电池卸掉，估计是不太愿意让帅哥玩，怕坏了。我说："没关系，我觉得这个东西玩不坏。"

妈妈说："我有一个问题，那就是他和那个小女孩玩，有时候有不当的语言。上次那小女孩说他笨蛋。这种情况应该怎么办？"

帅哥插进来说遥控器上的数字，他说："妈妈，都十二点零零了。"这个插话可能是因为他不想听妈妈说的话题。

回到原话题，我说："这种情况你可以有无数种反应。你会生气吗？"

妈妈说："我？我没什么可生气的，但我怕伤害他。我和那小女孩说以后不许说这种话，小朋友之间都不说这种话。"

我说："一般我不会对那个小孩说这种话的。真的出现这种情况，你想干预，你可以当他俩的面说'你怎么发现他是笨蛋啊？他根本就不笨嘛，我儿子很聪明，你再证实一下'。你很难限制小朋友激动的时候说什么话，你也限制不住你儿子，要是你儿子真说，你能限制住吗？你限制那个小朋友也很难，如果限制起作用，有可能会伤害那个小朋友。她就是激动了瞎说，但你可以让她的话不起作用。现在我们还说小朋友干坏事呢，说他小坏蛋，也没什么太大的事情，别想得那么可怕。大部分是家长的体验不好，好多人遇到这种情况，自己就创伤了。你不觉得他笨，他怎么都不是笨的。"

帅哥在这段时间里已经把摄像机的手柄拆下来了，手柄掉在地上。这回他蹲在地上，捡起来又让手里的东西掉到地上。因为那是金属的，砸在地上，会发出"叮叮"的声音，帅哥说："叮叮。"

我问帅哥："要不你给我们安回去？"帅哥拿着东西站起来，不小心手里的东西又掉地上了。我给了另一个选择："要不让爸爸教你试试？"

爸爸问："要帮忙吗？帅哥？"

帅哥可能想自己做，但是他围着摄像机转了半圈，估计无从下手，表情已经变得紧张。这时候父母就别问要不要帮忙了，我说："赶紧帮。表情都这样了。"

爸爸赶紧走过去帮忙，帅哥大概无处泄愤，把摄像机插电源的线给拔掉了，然后就有了笑容。

帅哥笑着说："我给拔了。"

爸爸在修摄像机，我给妈妈解释："'我给拔了'是描述性语言。你也没问话，他自动就描述了。"

妈妈说："上次让那个小孩和他一起玩，那个小孩问'他怎么总问为什么？他总问问题'。那小孩挺尖锐的，我都没觉得。我回家和他爷爷、奶奶、姥姥、姥爷说以后我们别总问他。姥姥、姥爷也老是说'你说这是什么'，弄得他也总问'是什么'。"

帅哥又想去玩摄像机，在屋子的中间爸爸伸手拦住他，说："老鹰捉小鸡。"帅哥往左，爸爸就往左，帅哥往右，爸爸就往右。帅哥两次退回到妈妈的旁边，还呵呵地笑着。

帅哥和妈妈说："不捉小鸡。"

妈妈没听清，问："什么捉小鸡啊？"

帅哥又起身，准备冲破爸爸的阻挡，但是距离爸爸至少有一米远，基本上不近身。

帅哥坐回到沙发上，拍拍沙发，说："爸爸，你过来。"

爸爸冲过来，抓住帅哥的身体。帅哥有一个蜷缩的动作，显然他并不是很喜欢这种情况，虽然他带着笑。

我和爸爸说："他是让你过来他好走吧。"

帅哥对我的表述很不满意，也许是我拆穿了他，有点恼羞成怒，他把空调遥控器扔向我，当然也没用力扔。

我接到遥控器后说："别把这个摔坏了。摔坏了就按不了了。"

帅哥大概被我戳破了，暂时没有离开沙发，他问妈妈："妈妈，给我喝点饮料吧。"

妈妈给了他一瓶紫色的葡萄饮料。

我感叹地说："哇，我觉得这个句子在加长。"

妈妈说："他原来也能说很长的句子，但很少、很少，就这种状态。"

我说："刚才他说妈妈给我喝点饮料吧。"

爸爸接茬："要求很明确。"

我说："是要求很明确，还是喝点饮料。"我在"喝点"处强调了一下。

妈妈给我示范，伸出手给帅哥看："我的手怎么弄的？你描述一下吧，怎么了？"

帅哥犹豫了一下，我以为他不回答了，结果很让人惊喜，他右手像刀一样切向左手手掌，嘴里说："切报纸。"

妈妈问："结果呢？"

帅哥说："削手了。"

妈妈说："后来呢，姥爷怎么了？"

帅哥从妈妈手里拿回饮料，说："姥爷拿个创可贴。"

妈妈说："他现在什么都愿意让我描述一遍。现在他老做好事，比如我们渴了，他给我们每人倒杯茶，然后说妈妈'我怎么了'，让我描述一下。我说我们都渴了，渴得嗓子直冒烟，然后帅哥看我们渴了，主动给我们倒杯茶，帅哥真是好孩子。每天都这么描述。"

妈妈在描述亲社会行为，帅哥把这种行为扩展到我身上，他递给我他手中的饮料，我说："我不喝。谢谢，谢谢。好可爱。"

拒绝帅哥，是在表明他分享饮料的行为是在家庭内部的。在几次咨询之后，基本上帅哥和父母分享的时候不用顾及我的感受。本来就是他们三个人是最亲密的，我只是一个外人。

妈妈说："'今天我想切报纸，不小心切妈妈手上了'，他自己还描述。"

我问："真的啊？"

妈妈说："真的，他想拿刀，那就让他拿吧。我觉得易老师的指导思想是想干什么就干什么。咔嚓一下，就切我手上了。我说行了，这怎么着？我说应该怎么办啊？拿创可贴，行吗？"

我问帅哥："出血没有啊？小朋友？"

妈妈重复："出血了吗？"

帅哥说："嗯。"

妈妈问："妈妈怎么啦，后来？"

我问："妈妈哭了吗？"

妈妈又说了一遍："妈妈怎么了？妈妈哭了吗？"

帅哥说："哭了。"

妈妈惊讶地说："啊？妈妈那么不坚强啊？"

爸爸说："你和易老师讲讲今天为什么穿这套衣服？"

说到这个话题，妈妈特兴奋，说："这事也得和你说一下。"

我问："为什么？"

爸爸劝帅哥："说说。"

我问："漂亮是吗？"

帅哥又跑去关灯，妈妈解释："今天早晨我给他拿了上面这件橘色的衣服和一个小短裤。我说你自己穿啊，然后我就到别的地方去了。过一会儿他就穿这身过来了。"

估计是说到这段帅哥有些不好意思，就在那儿不停地开关灯。

我说："哎哟，闪得我们眼睛都难受了。"

帅哥问："你怎么了？"

爸爸说："眼睛难受了。"

我说："你要么开，要么关。"帅哥玩够了，往回走。

妈妈继续："过一会儿就穿了这一身过来了，问我'你看好看吗？我穿的是一身橘色'，还说自己像火烈鸟。现在都是自己选衣服了。特逗。"

我问："他自己搭配是吗？"

妈妈说："自己搭配。"

帅哥又跑到了摄像机那儿，这回拧的时候有点暴力，我说："你又开始干坏事了？"

帅哥："呵呵。"

我说："还笑得挺高兴嘛。"这回他没卸完就往回跑，我提醒他："唉，你还没干完呢？不干了？"

帅哥跑回来，把嘴往爸爸胳膊处的布料上蹭。爸爸说："蹭油来了？我也蹭你。我的嘴上也有渣，我来了。我蹭你油。"爸爸的动作还没深入，帅哥躲闪的动作已经很过度了，倒在地上，但是很高兴，呵呵地笑着。我觉得如果爸爸不做动作吓唬帅哥，帅哥往爸爸身上蹭的时间会更长些。

爸爸伸手去碰帅哥，帅哥不断向后躲，差点撞到电脑桌。

我提醒："小心，别碰到桌子。"

帅哥哼了两句不知什么调的歌，我们劝他唱个歌，他没理我们。

帅哥又拿到遥控器对着空调乱调了一顿，调完后，直视我，问：“高不高？我给调高了。”

我问：“你真给调高了？调多少度啊？”

帅哥笑着说：“30。”

我吃惊地说：“啊，你还知道30啊，你好牛啊。”

帅哥问：“什么是30？”

我答：“30度就是好热了。16度就好凉快了。”

帅哥问：“0度就怎么？”

我说：“那就冻死了，你就要穿羽绒服了。”

帅哥问：“什么服？”

我改通俗版：“冬天穿的厚厚的衣服。”

帅哥对语言的敏感表现出来了：“羽绒服。”这种语言模仿是很重要的。

我说：“对呀。”

帅哥又重复了一遍，“羽绒服。”语言的练习效应。

我离开座位去看摄像机。帅哥坐在我的座位上，翻滚了两次，东张西望，没找到空调遥控器，抬头直视我，笑容满面地问我：“空调遥控器呢？”

我问："空调遥控器哪去了？"

帅哥问我："在你兜里呢？"

我告诉他："真的没有在我兜里啊。在爸爸那吧？"诚实是非常重要的，我反复强调这是依恋期产生信任的基础。

帅哥去问爸爸："有吗？"

爸爸反问："在我这吗？"

帅哥懒懒地说："给我找找。"帅哥在沙发上爬向妈妈求助。

妈妈说："我没有，在你爸爸那儿。你翻翻他的兜。"

帅哥伸手要去摸爸爸的兜，爸爸从沙发上站起来，面对帅哥，向后退开，就好像帅哥在攻击，爸爸逃了。这时帅哥笑容满面，身体也是比较放松的。

爸爸指着帅哥，逗他说："你这坏蛋又想干什么？"帅哥"嘻嘻"地笑，然后仰头喝了一大口饮料，帅哥喝了之后，把饮料递给妈妈，妈妈说："谢谢，我不喝。给盖上盖子。"

帅哥边盖盖子，边抬头看着爸爸，问："你喝不喝？"

爸爸说："我不喝。留着点你喝吧？"

帅哥又打开盖，开始喝，妈妈想让他喝慢点："待会儿没了啊，没了了。"帅哥很配合地不喝了，盖上了盖子。

妈妈转移了话题："你要不看会儿书？你拿的是《在公园》

（书名），还是在什么？"

帅哥在妈妈说这些话的时候，很自然地把头转过去看妈妈，说出了书名："《在超市》。"

这是极其自然的人际接触技巧，就是看着说话的人。这样的沟通才会让说话的人感觉被尊重。帅哥在两次咨询后很快就能做到这一点，这完全归功于父母对自己表情的修正、对帅哥行为的关注，这种示范对帅哥是有用的。此外，家庭提供的安全氛围，也让帅哥感觉看爸爸妈妈的脸、眼睛是安全的。

妈妈指着爸爸的电脑包，让他去找。帅哥对于妈妈发出的类似指令的话语反应非常迅速，转身就去找了。

帅哥嘴里还兴奋地发出了"喵喵喵"的声音，拉开了电脑包。

爸爸问："放在哪儿了？"一般爸爸的这种问话属于我们定义的"废话"，其实是不需要回答的。如果小朋友不回答，我们会自己圆个场，自问自答。

帅哥迅速回应："电脑包。"

帅哥没找对地方，爸爸用语言指挥："没在里边，看边上有没有？"这时小朋友已经开始走神了，他对语言的解读还没那么好，他开始看电脑包旁边的沙发缝隙，回避以摆脱他的困惑。

最后爸爸动手帮他找到了书，帅哥说："有。"

帅哥把书从包里拿出来，妈妈说："你看会儿书吧。"

我和家长说："我再提点建议。他往你身上蹭的时候，你尽量少做大动作。比如刚才你马上反馈给他之后，会让他蹭你的动作变小、变少。你稍微控制一点你的节奏，尽可能让他蹭你的次数增加。"

爸爸说："啊，让他多蹭。"

我说："对，让他多蹭。你碰他的时候，力度尽量小一些，别把他弄跑了，这样亲密行为才会增加。你们那是近身接触嘛！你的动作稍微大了，他很高兴，但是你的近身接触没了。"

帅哥把书翻到他想让妈妈讲的那一页，他趴在沙发上，抬头看妈妈，手还拍拍画册，说："妈妈讲这个《在超市》。"

在上次咨询的时候，帅哥拿出小画书让妈妈讲，但是不知道选择哪个故事，感觉选择困难。这次帅哥进步的地方在于迅速做出了自己的决定，而且能对父母发出准确的指令。

妈妈重复："《在超市》呀。"

帅哥懒懒地说："妈妈帮帮我。"

帅哥从趴在沙发上变为坐在沙发上，看着妈妈说："拉拉是怎么做的？"

妈妈给帅哥讲小画册："拉拉跟妈妈一起去超市，特别高兴。拉拉大喊，妈妈你快点，妈妈说嘘，不要大声喊叫。瞧，拉拉把鱼竿堆成小山了，妈妈瞧我在哪里，拉拉不要淘气。拉拉怎么了？"

帅哥迅速回答："把鱼竿堆成小山了。"

妈妈继续讲："拉拉把熊太太篮子里的面条拿出来了，拉拉把所有的帽子都往头上戴（帅哥笑着重复了一下了这句）。不好了，拉拉和小狗打起来了，拉拉，怎么可以打架呢？拉拉改变主意，不准备要方便面了，但没有把它放回原来的地方。为什么大家都不愿意看到拉拉呢。你为什么不做得好一些呢？大家都不喜欢我，我只好把自己遮起来了。拉拉又做了什么不该做的事？"

帅哥说："没有付钱。妈妈，那我想吃呢？"

妈妈问："在超市拿了棒棒糖，你想吃，要怎么样呢？"

帅哥说："付了钱才可以吃。"

妈妈想结束了，把书合上，放到沙发上，说："行了。"

帅哥把身子移向妈妈，用手翻书："米娜的故事。"

妈妈翻书继续，帅哥的眼睛一直都在跟随妈妈正在讲的那一页，非常认真。妈妈说："小兔米娜在超市干什么来着？米娜和妈妈一起去超市，妈妈最放心了，米娜总是为别人着想。这是拉拉最爱吃的东西。豆豆，巧克力只剩下最后一盒了，给你。袋鼠妈妈拎不动了，米娜赶紧来帮忙。袋鼠妈妈，我来帮你。刚出炉的面包好香啊，米娜去哪了？我去排队。在超市小老鼠拿了可乐就喝，（米娜说）付了钱才可以喝。兔妈妈钱不够了，米娜怎么办啊？她把自己最爱吃的放回原位，下次再来买。"

这根本就是一个弗洛伊德关于"超我"的故事，我们要关注小朋友的"本我"，让"本我"以恰当的方式为社会所接受。千万不要过度道德化。

帅哥联想到了自己，伸手指向其中的一幅图，估计是个西瓜，帅哥问："要是我想吃这个西瓜呢？"

妈妈问帅哥："没钱怎么办啊？比如有一瓶醋和一个西瓜，那咱们买两个钱不够，怎么办？"帅哥认真在想，很纠结。能把自己带入一种想象的情景，帅哥的状态恢复得不是一般的好。

我说："买西瓜呗。"

帅哥说："放回去。"帅哥抬头看看妈妈，表情有些漠然。

妈妈问："把什么放回去？"

帅哥说："把西瓜。"帅哥迅速把头扭向了另一侧，不再和妈妈有对视了。估计他潜意识里并不喜欢这个答案，但是这是满足社会期待的答案。

妈妈问："然后呢？"

我以不赞同的语气说："买醋啊？"

帅哥看看妈妈，说："买醋。"

妈妈问："那西瓜怎么办啊？我要想吃西瓜怎么办啊？"

帅哥说："不够钱。"帅哥不再直视妈妈，转移视线看手中的书。

妈妈继续追问："那怎么办啊？回家拿了钱再来买，行不行啊？"

帅哥对这个答案也没有多满意，便没有回答，他问了另一个问题："带了几本书？"

妈妈说："我就带了一本，你就看看画吧。"

爸爸边修摄像机边说："他现在问题特别多，老问为什么。今天中午问我半天，火车烧什么油，飞机烧什么油，汽车烧什么油。火车用汽油行不行？乱七八糟的问题，都和他没什么太大关系的。"

帅哥又拿画册给妈妈："妈妈，我想看这个。"

妈妈又继续讲了些，问："为什么米娜和妈妈去超市，妈妈最放心呢？"

帅哥抬起头看妈妈，认真地答："为别人着想。"

妈妈说："真棒。小老鼠拿起超市货架上的可乐就喝。米娜怎么批评他的啊？（帅哥没有及时回答，妈妈变成自问自答。）没付钱呢，不能喝。妈妈钱不够，米娜怎么办？"

帅哥没有回答妈妈，转过头看妈妈："但是我想吃西瓜。"

妈妈终于明白并顺从了帅哥的意思："那就买西瓜呗，回家拿钱，再买醋。行吗？"

帅哥问："要是钱不够呢？"

妈妈说："那就先买一样，回家拿钱再来买，行吗？"帅哥两手拿书抖动，不回答，还在纠结中。

我说："先买西瓜吧，既然爱吃西瓜的话。"我和妈妈笑。

我们要转移话题，帅哥看着妈妈说："再给我讲会儿吧。"妈妈没有太大的热情，帅哥转身去翻爸爸的电脑包了。

妈妈说："上星期带他和那个小孩去玩，得了个教训。当时我们上高速公路，山里有隧道，他特别愿意钻，但我们决定去一个小溪边上，没从隧道走，他就不高兴了。（帅哥此时背对着我们翻包。爸爸的角度是可以看到帅哥的表情的，爸爸用手指指帅哥，用口型说他现在不高兴了。）回来后我问他怎么了，他和我们说'没去隧道'。下午我们带他开车重新钻了隧道，钻了七个，他开心得不行了。下次要先钻隧道。"

对于小朋友看起来重复刻板的行为，如果没有危险，我们应该尊重小朋友，因为这会增加他们的控制感。他喜欢走哪条路，就让他走哪条路。有的时候家长觉得这是自闭症的一个症状，所以会坚决制止，或者让小朋友反着做，不让小朋友满意，结果让小朋友产生了一系列的情绪问题。能让小朋友情绪愉悦的事情，还是尽量让他完成。

妈妈又讲了一件有意思的事情："我告诉他，如果对我说的事情不高兴了，就说'嘘'。现在他一说'嘘'，我就不说话了。"妈妈这招还是很高明的，告诉帅哥怎样可以控制妈妈说话，应对不良情绪。

帅哥从电脑包里找到了一个标签，问："黄的是什么？"

爸爸说："黄的说明机票里有个行李，是行李的标签。"

帅哥又问："这是什么？"

爸爸说："也是标签。"

我总结："你看，这回人家说话了吧？"

妈妈说："还说得特多。"

我说："我原来就说，说话不是训练出来的。一定是他觉得安全才会说的。我觉得小孩一紧张，控制语言的大脑区域就可能受阻。当他感到绝对安全之后，自动就会蹦出话来。"

妈妈问："有时候他总说些无关紧要的话，怎么办呀？他会说很多不着边际的话，我需要回答他吗？"

我答："你要是时间够，你就陪他玩呗，当作一种语言练习了，其实那也算一种亲密行为。他愿意跟你说，又不知道怎么说，于是就找些他熟悉的话题反复地说。他会度过那个时间的。原来他不说的时候，你不也提心吊胆的。他现在说了，你又紧张了。"

爸爸说："就怕他老说不靠谱的话。"

妈妈说："对，让人觉得匪夷所思。我们和那个小女孩说话，他突然就冒出别的话了。"

我说："你对儿子太关注。你觉得别的小孩不说匪夷所思的话吗？可能也说，假如那个小女孩也说，你可能根本不会在乎的。那根本不会进入你大脑加工的过程。"

妈妈对我的解释表示认同："有件事特逗，他俩不是在一个床上睡午觉嘛，帅哥就没完没了地自言自语，结果到最后，那小孩也开始自言自语。那小孩比他大六个月。"

我说："这也是我不赞成有问题的小孩集中训练的原因，他们会互相学习不好的东西。好的很难学，不好的很容易学。比如有的小孩本来不会玩手指，有的小孩本来不会转圈，因为玩手指和转圈可以逃避外界，他们可能很快就学会了。这就是有问题的小孩在一起的负效应。"

帅哥翻包，和爸爸交流了什么，爸爸帮他把电脑拿到沙发上，电脑的电源也拿出来了。

妈妈说："那天他把我们家所有的插销都往电脑上插，哎哟，开心的不行，还把所有（移动）硬盘往我们家的台式机上插，然后自己乐，乐半天，高兴。"

帅哥拿了一个蓝色的卡说："这个卡真好玩。"

爸爸说："那就玩吧。"

帅哥问："这是什么？"

妈妈说："VIP卡。"

帅哥问："什么叫VIP啊？"

妈妈说："就是重要的人才有这个卡。"

帅哥问："那我有重要吗？"帅哥开始关注"我"在人群中的位置。

妈妈说："那你特别重要，就拿这卡呗。"

因为那张卡是爸爸的，我说："现在是你爸爸特别重要。"

帅哥问："妈妈，这卡能刷吗？"

妈妈说："这卡不能刷。"

爸爸说："总想刷。"

我问："当钱用，是吧？我觉得你儿子康复真快。"

妈妈问："是吗？"

我没过多解释这件事，但其实很多迹象都表明这种康复，比如视觉对视、小朋友的面部表情、小朋友语言的发展。

妈妈自己解释原因："我感觉他不上幼儿园以后，就马上放松了。原来我定特大的计划，比如暑假要干什么。结果你一说放松，我什么也不让他干了，爱干什么就干什么，他一下子也放松了。我说爱洗澡就洗，不洗就算了，他就真的开始很放松、很放松了。原来他总担心'妈妈是不是我得做完这个，妈妈我是不是得做完那个'。现在我都不大逼他，但是他现在老让我陪他玩，玩这个、玩那个，我累得要死。是不是都应该响应啊？"

我说："我觉得能响应就尽量响应吧，实在不行，你就说我累了、我困了、我先待会儿，其实也没关系。那样你也会带动他的感觉，他也会疲惫呀。有时候他处在亢奋状态，不太知觉自己的状态，所以你可以告诉他你自己现在有什么体验，比如说'能不能让妈妈先睡一会儿啊？'。你可以和他商量商量，不行，那就陪着玩呗。"

妈妈说："他熟悉的东西，老玩，可能在心理上也是一种安慰吧。比如交通棋，一玩，玩十几次。他和那小孩玩的时候，我原来一直怕他输了打人家，结果不是，他特能接受输赢。那小孩输了三次，哭了，哎呀，就不干了。以前我觉得人家孩子都挺好的，就他激动。结果我发现那孩子更激动，比他还激动，我就放心了。以后他再怎么激动，我也觉得理所当然了，确实该对他更宽容点。"

我说："听完你说，我觉得你是我目前见过的家长里面最放得开的。一般情况下，我跟家长说你要放松，他们基本是听一半，还会很紧张地干预。"

妈妈说："学习我也不逼他，爱干什么就干什么。本来我想让他把小学一年级的课都上了，后来觉得算了。我确实觉得'死填'不行。他接受能力差，最后我们俩的关系闹得特别不好，面部表情都是紧张的。他现在算术已经学得很好了。我们俩玩买东西的游戏，他给我多少钱，没有一次不准的。英语记词也都没问题。社交是最重要的，那天见到一个十三岁孩子的妈妈，她说你要能把孩子的社交弄上来，其他的东西都是能补上来的。"

我说："他现在的社交情况在变好，比如他看你的时候状态就很好，而且大多数时候，他都是有笑容的。这样的小孩最怕长大以后面部表情都是紧张僵硬的，那才吓人。看一下，你就知道这小孩是有问题的。你儿子对人一笑，坏坏地笑一下，人家还会觉得这小孩好可爱啊。"

妈妈说："那天他和那小孩玩面部表情的游戏，我说大笑，他哈哈大笑，那小孩觉得特好玩。就是特简单的游戏，俩人玩得高兴。说哭，他就做出哭的表情，原来他总是乱叫乱哭，我们觉得不要这样（不想让孩子哭）。现在我们就让他这么玩，小孩在家里说笑就笑。他喜欢，那小孩也喜欢。哎呀，玩得都疯了。"

帅哥这时已经安静地玩了很长时间的电脑，中间问了我们些关于颜色的问题。

妈妈说："现在这小朋友连玩电脑的自主权都有了。家里还有什么不让他动的吗？现在基本都让他动了。"

爸爸说:"基本都让他动了。"

我问爸爸:"爸爸觉得,现在和你儿子交往,有乐趣了吗?"

爸爸说:"有乐趣,也经常被他折腾。"

妈妈说:"原来我们对他的教育还是有框的,我老觉得你别弄乱了,就老想限制他点什么。当时我没觉得不好,就觉得给他立规矩很重要。咱中国人不都讲规矩嘛。"

儿童在三岁左右开始社会化,父母也开始给他立规矩。父母都会觉得立规矩才是教育,但是立规矩之前的亲密感必须建立。没有良好的依恋关系,父母立规矩就是不断给儿童制造创伤的过程。每次立规矩之后,损害的亲子关系还是需要修复的。

我说:"像这种小孩,要求控制感,要求特别强,比其他小孩的感觉和知觉更强烈。他就要求那种绝对的控制感。以你的方法养正常小孩肯定没问题,但是你养他,就……"

妈妈接过这个话题:"真的,我什么也没做,那小女孩和我在一起,爱我爱得不行了,管我叫妈妈,问阿姨你能不能和我爸爸说我在你们家待着不走了。我天天就这么和儿子玩,我儿子也没爱我爱成那样。"

我说:"以后他会爱你爱成那样的,他现在可能还处在试探期,还在折腾呢。他现在五岁,前面那么多年他一直处在挣扎的过程里。"

妈妈问："你觉得这恢复是不是需要很长时间？对父母的依赖？"

我反问："我觉得你儿子恢复是不是有点太快了？太好了？"

爸爸指着妈妈说："他现在对她很依赖。她不在家的话，老问妈妈呢。"

妈妈也说了帅哥对爸爸的依赖："对爸爸也是。现在门一响，帅哥就说是不是爸爸回来了。我原来没觉得他那么想他爸爸。今年四月我们俩同时出差，我特别担心他，我给我爸爸打电话，我爸爸说他连问都没问，郁闷之极。"妈妈自嘲地笑。

我说："现在才叫康复嘛，我看你们俩玩的状态，就能看出康复其实很明显了。父子俩的亲子游戏，就是身体游戏。像抱抱啊，蹭蹭啊，把他举起来啊，都是类似的游戏，特别能增加小孩的自信，让他觉得亲密关系是有好处的。"

这是帅哥把电脑屏幕都弄黑了，他问："爸爸，这是什么呀？"

我说："怎么全黑了？"

妈妈说："哇，怎么弄的呀？弄点别的颜色吧？"

我说："以后我要教别人向你们学习，要完全放松，胆要足够大。"

妈妈说："我决定把那个框卸了。费那么多劲儿,还是走错路了,走了弯路。"

爸爸总结:"那么做你感觉省事,实际上费心!你放不下的东西,忽然要放下,真是挺难受的。"

我说"对呀。"

爸爸说:"不像你想象的那么容易。"

妈妈说:"我从你这儿走的第一个礼拜,真是挣扎啊。孩子弄东西我心里面气呀!我原来都是(把东西)装到套子里的。我什么东西都会分好类再放。他全倒出来了,我再分。最后,我拿了个大号的整理箱,所有的玩具都扔里面,从小的到大的。他爱怎么着,我也不收拾了,都倒进去,挺好。我放松了,你爱怎么弄怎么弄。"

帅哥叫妈妈:"没有颜色了,怎么办?"

妈妈说:"哟,没有颜色了。"妈妈试着帮忙弄电脑,估计无效,建议帅哥:"爸爸呢?你问爸爸去,这怎么弄的?"

我说:"快,求助爸爸。"

爸爸问:"你要干什么啊?"爸爸来帮忙。

我和妈妈说:"你刚才帮忙的时候就有点紧张,你那个速度太快。"

妈妈说:"要慢一点?要掌握速度。"

我说："不是掌握速度。你的快是在体现你的焦虑，你想把事情摆平。你的内心要有种感觉，坏就坏了，能出来就出来，出不来拉倒。"

妈妈说："要给他也有这种感觉？"

我说："对，因为你那种紧张，他在意识层面不自觉，在无意识层面可能知觉到了。回头你自己去看录像。有时候家长会传递一些这样的信息。"

爸爸一直没把电脑弄好，不知说了句什么。帅哥这时候坦承："是我弄的。"

我安慰帅哥："是你弄的也没关系。电脑一般玩不坏，现在这东西还是很结实的。我记得以前都得给电脑安个空调，现在谁还给电脑安空调啊？"

妈妈很认同："对。"我要降低小朋友和父母对损坏东西的心理压力。

妈妈说："现在我们比较放松。不值钱的东西，就让他弄。和家里人也说，遥控器就让他弄，一个遥控器才多少钱啊？也就二十元钱。他的破坏性也是太强。真的，什么新的玩具，经常拧拧，啊，就碎了。"

我说："那没办法，就认了吧。要这么想，这东西才多少钱啊？把他送训练机构那儿费用更高，而且不一定能教会你什么东西。"

妈妈换了话题："他和那小女孩在一起，做的都是他比较喜欢的项目。他现在特别有自信。和那小孩在一起他会感到自信，涂颜色比那小孩还好，那小孩最后说你能不能把你的画送给我。"

帅哥爸爸还在修电脑，帅哥估计觉得没劲儿了，走到摄像机那边。

我想把他的注意力转移到爸爸那儿："你看爸爸是不是弄好了？"帅哥没搭理我，他想干的事情一定要达到目的。

妈妈笑着说："最后一次。"咨询时间快到了，估计是本次咨询最后一次破坏了。

妈妈说："我们就是老当消防员的感觉，他弄完，我们去救火。"

我说："我给家长讲，在其他人的行为干预中，你是主导者；在我的咨询中，你是陪伴者，做好陪伴的工作就好了。实际上你就是收拾乱摊子的人。能接受他，这样就挺好了。看看那个修好没？"帅哥已经把摄像机拆完了，蹦蹦跳跳地跑回电脑旁。

爸爸说："帅哥，你来看，修好没？"

我说："今天处理两个事情就行，一个是你（指妈妈）不要那么紧张。一个是爸爸的动作别太大，尽量欢迎他来碰你，来蹭你。然后你也偶尔蹭他一下，让他再蹭你，这个动作持续时间越长越好。"

因为要把录像拷贝下来，妈妈开始整理电脑，把一张本来放在光驱里的光盘放回光驱。帅哥以为要看电影，说："不想看。"

妈妈说："不是看，这个放在这个（光驱）里面。"

帅哥说："不想。"帅哥的语气已经有些不高兴和不耐烦了。

我说："让爸爸拷进去。什么啊？"

妈妈说："《老友记》。他睡觉了我们俩就看这个。"

爸爸说："爸爸把这里面的图像存里面你就可以接着玩了。"

妈妈迅速妥协："拿出来吧，那就算了，拿出来吧。"

爸爸也说："拿出来吧。"

爸爸给帅哥解释要做什么："把这里（记忆卡）的内容存在电脑里，之后你就可以接着玩了。"

帅哥认真地看着电脑屏幕，我说："还很认真。"妈妈转过我这边点了点头。

帅哥说了句："不保存。"

因为保存录像很重要，我们就选择忽视了他这个要求。爸爸给帅哥讲解怎么把卡插到电脑里，帅哥认真在听在看演示。

我和妈妈接着说别的："他的语言能力，好到什么程度呢？刚才我说羽绒服，他会问什么是羽绒服，我讲冬天穿什么衣服，他会重复你的语言。这就是小朋友学语言的主动性。很明显，他有。他不知道，就会问你。他会非常主动地自我训练。所以我说不需要特别在语言上下功夫。"

帅哥到妈妈这边来拿他那瓶饮料，打开之后还说："我给爸爸分一点。"

妈妈感慨了一下："还给爸爸分一点，哎哟。"

爸爸看了看帅哥说："你喝吧，爸爸谢谢你。"

妈妈说："真是好孩子。"

我说："不用分了，自己喝吧。"

帅哥喝了两口，转头对妈妈说："妈妈，有人要进来。"

妈妈说："对，有人要进来，和你穿同样颜色衣服的大哥哥，是吧？"

帅哥喝完饮料，手里拿着空瓶子，妈妈用手指着垃圾桶的方向说："你帮我扔垃圾筒里。"

帅哥听到妈妈的指令，迅速站起身，向垃圾桶走去，把空瓶子扔到垃圾桶。

妈妈说，"谢谢，帅哥。"

我评述："这听指令还听得挺好的。"

妈妈笑着说："让他干点活没事，让他学习就完了。"

帅哥把一包带瓶盖的果冻放到了爸爸的手里。

爸爸逗帅哥："是让我喝的吗？"

帅哥说："是给我喝。"

爸爸问："那为啥在我手里。"

帅哥答："因为我打不开。"

爸爸边给他打开，边问："那叫我声好听的。"

帅哥大声叫了一下："爸爸。"然后想了下，又说，"我打不开。"

妈妈说："干什么啊，喝点东西那么费劲。"

我附和："就是。"然后和帅哥说："和他（爸爸）说我喝（点东西）太费劲了。"

很多家长都会在孩子求助的时候挤兑孩子。如果孩子语言功能尚好，那无所谓。孩子语言功能不是那么好，可能就会让孩子出现情绪问题。孩子的妈妈和我都在帮孩子表达攻击性，向帅哥示范怎么表达不满。

妈妈问："是多和他外出活动，对他有好处，还是多和小孩接触？"

我说："其实无所谓，我觉得主要是让他放松。他其实在试探你们俩好不好，其他人都是排在后边的。最主要的是和你们俩的关系。我说你们俩的表情都很好，比第一次好的不是一点半点的。"

妈妈说："那时候我真的挺绝望的，因为两年了嘛。我觉得一年前还是进步挺快的，一年以后就完全不进步了。在幼儿园我觉得他越来越不好。"

爸爸拷贝完了录像，让帅哥把记忆卡还给我，帅哥转身把卡递给了我。

我说："这是还给我的，谢谢。"

帅哥问："是不是结束了？"

我说："结束了。"

帅哥站起来，把头快凑到我面前了，大声说："易老师再见。"我们所有人都大笑。

爸爸解释："他等着去吃饭，吃蛋糕呢。"

我就对训练的态度和妈妈做了个总结："很多人来咨询，半信不信。大多数人做一半，又给孩子训练，两头折腾，状态也不是很好。指导的人员其实也挺郁闷的。敢全部交给我的，我还没见过，你们是第一个。"

妈妈说："我赞同你的理念。我觉得我能做到这一点，尽量做到。"

爸爸说："我第一次来咨询，你说他和我交流是因为他有需求建立联系，我觉得这个非常有道理。我觉得照这个执行，肯定没问题。"

妈妈说："对，他第一次跟我来的时候，他还不愿意呢！他也不爱来，第一次以后就爱来了。关键是我们的孩子在放松。其实我们送孩子去机构上了三个月，就不去了，因为我觉得机构对孩子太束缚了。我看老师对孩子那样，恨不得要吼他，就觉得特生气。"

我对父母说："回家接着对他笑，这一点要记住。他看你的时候，要能把握细节。好啦，小朋友，欢迎你下次再来。"

帅哥出门后，大声说："易老师再见。"

我说："再见，帅哥。"

我回到咨询室，还听到屋外帅哥问妈妈什么是帅哥呀。

●●●●●● **第三次咨询总结** ●●●●●●

从录像中看，这次咨询和第一次咨询比起来发生了质的变化，那就是父母的表情变好了。在咨询的一个小时里父母的表情都很好，基本都是有笑容的。第三次咨询可以看成整个咨询历程的重要转折点。

帅哥的表现

目光对视：帅哥偶尔会看向父母和咨询师，明显比第一次的状态要好。

亲密行为：最明显的是帅哥把嘴上吃饼干弄的油和渣渣往爸爸身上蹭，带有小小的攻击性。他在用这种攻击在掩盖实质的亲密。这是帅哥向爸爸发出的主动亲密行为，而在第一次咨询中帅哥是明显回避和爸爸的正面接触的。当然这其中爸爸还有改进的地方，爸爸会在帅哥蹭渣的时候反击，动作幅度有点大，结果帅哥蹭渣的动作没两下就被吓跑了。我们要解决的问题是怎么能让这个动作持续时间更长。爸爸要做的是让反击成为象征性的，基本上不出手，邀请帅哥继续做。爸爸非常聪明。在之后的咨询中，我们会发现爸爸如何用象征性的动作来回应这种带有攻击性的亲密互动。

语言变化：帅哥可以和父母进行很多轮的对话。虽然很多对话极为简单，帅哥的很多回答也就一两个字，但是对话还是能够在一条主线上一问一答的。另外帅哥开始对各种词汇敏感，问什么、为什么之类的，这是主动掌握词汇的先兆。帅哥进入了语言敏感期。帅哥说的一些语言表达方面的句子的复杂程度在增加。帅哥会主动描述自己的行为，不需要我们帮他描述了。

父母的表现

父母的表情变好。

父母能够尊重帅哥的一些选择，比如钻隧道，能够按照帅哥的要求做，而不是反着做。

父母能够根据帅哥的语言水平和帅哥有问有答，对帅哥的知觉和理解还是非常到位的。

在每一次咨询中我们都在不断和父母确认哪些攻击是可以接受的，哪些是不可以接受的，比如在这次咨询中，妈妈说在家里被小朋友不小心用刀划伤了。虽然我们强调对小朋友要宽容，但是必要的限制还是要有的。不伤害自己、不伤害他人的原则还是要坚决执行的。在小朋友控制刀具的能力不是很好的情况下，要限制他们使用，或者是让他用替代性、象征性的刀具。

这次咨询结束后发生了一件非常有意思的事情，因为帅哥总是玩空调遥控器，爸爸就把遥控器藏在自己的电脑包里了。他们走了好久，我才发现遥控器没了。我给他们打电话，半个小时左右他们回来了，是帅哥推门主动把遥控器送进来的，他嘴里还嘟囔着"爸爸把遥控器偷走了"，非常可爱。

第四章 爱我你就亲亲我

我打开咨询室的门，帅哥在门外。他对我说："那我可进了。"

我觉得爸爸妈妈可能没听到这句，就把他的话学给爸爸妈妈听："人家说那我可进了。"这种做法在咨询中也很常见。重复来咨询的人的话，是一种尊重和共情。

我对帅哥说："进来吧。"

妈妈对帅哥说："说易老师好。"

帅哥说："易老师好。"最后的"好"是一种怪音。

我说："帅哥，你好可爱呀。"

帅哥拿到了遥控器，把后盖拿了下来，将后盖那块板扔向了妈妈。

妈妈问："这是什么呀？"

我问："什么呀？"

妈妈捡起那个东西说："把（空调遥控器的）盖拿下来了。上次我们不是把这个（遥控器）拿走了嘛！哎哟，一路上他就让我给他叙述整个事件。乐的，说爸爸是小偷。"

　　因为上次爸爸总担心他玩空调遥控器，就把咨询室的空调遥控器藏在自己的电脑包里了。我咨询结束20多分钟后才发现，就给帅哥父母打电话，他们说开车调头回来给我送遥控器。我等了一阵子，是帅哥一个人摇摇晃晃地推门给我送的遥控器。他把遥控器给我的时候，嘴里说着："爸爸把你的遥控器偷走了。"

　　帅哥想打开电脑包："妈妈，这个怎么打开？"帅哥开始干扰我们谈遥控器的话题，可能他觉得尴尬。

　　妈妈说："你想想？实在不行我就帮你。"

　　帅哥说："我实在不行。"看这句子模仿得多好！妈妈笑。

　　爸爸说："还没试呢，你就实在不行啦？"

　　妈妈从包里拿出一盒薯片，问帅哥："这是什么啊？"

　　就听到帅哥拉长的童音："薯片。"

　　爸爸说："小坏蛋。"

　　我说："小朋友好可爱啊！上次他问'帅哥是什么意思呀'，我就回去想。帅哥就是漂亮的小朋友、好看的小朋友。我觉得你儿子当时的反应挺好的。"帅哥看起来没有在听我们的谈话，但是我相信即使他没有留心，也会无意间听进去的。我说这段话的目的是希望提升帅哥的自尊，让他觉得自己很好。父母和他熟悉的成人，都是他生活中的重要他人，而这些人对他的接纳程度的高低，直接影响到他对自身的接纳。

妈妈说："他现在老爱问这个、那个。"这说明的是帅哥的语言发展。他开始要求妈妈对一些东西进行定义，为自己掌握更多词汇做准备。

我说："那天他特别兴奋，自己主动推门，然后说'爸爸把你的遥控器偷走了'。"

妈妈讲她看上次的录像："看上次的录像，我发现他拿着我们给他买的饼干的盒子，甩来甩去，特别可爱。我看了好几次录像，觉得特别好玩。那天他情绪特别好。"

爸爸问："帅哥，今天怎么样啊？"

妈妈说："今天情绪好不好？"

帅哥正在翻爸爸电脑包中的一堆说明书，有气无力地答道："好。"

妈妈问："开心吗？帅哥。"帅哥靠在沙发上看着手里的发票，没有理我们的意思。

爸爸说："今天睡了一大觉。"

妈妈说："好几天中午不睡觉。我每天带他出去玩，就今天睡觉。我说'我实在太累了，你中午睡觉吧'，中午他自己就真的睡着了。我还挺高兴的，都一个多月没睡午觉了。"这个现象可能说明帅哥的睡眠质量在变好。

帅哥噘着嘴，很落寞地翻着电脑包。

我说："上次他说的话里面（'爸爸把你的遥控器偷走了'）其实是有多层含义的，比如他很兴奋，他不断地让你们讲你们都犯了什么错误。像这样的小孩，其实特别害怕自己犯错误。"本来我应该顺着父母的讨论继续，但是我和父母的话题在两条线上。我要把我要讲的说完。我认为这很重要，尤其对于看起来有些尴尬的事件。父母可能对孩子关于偷遥控器的说法产生了防御，试图转变话题，但是这个话题有积极意义，所以我坚持回到了我的解释轨道。

妈妈点头附和："对对对，我也觉得是。"

我解释："你犯了错误以后的表现，对他其实是有示范效果的。他发现天没塌下来。"

帅哥插话说："要吃的。"帅哥似乎在干扰"偷遥控器"这个话题。

我说："那就吃。"

妈妈说："吃吧，宝贝。"

妈妈还不忘主题，说："你接着说。"妈妈想继续了解"偷遥控器"这个话题背后的深意，终于我们谈到一起了。

我说："他在反复地让你讲这些故事的时候，就会觉得别人也会犯错误，那我犯错误其实也没有那么可怕。"

妈妈说："哦，这样啊。所以如果有谁犯了一个错误，他就老让我们讲。讲的时候他会偷着乐，就像看笑话一样。然后就一遍、一遍地讲。那天我们一起回来给你送遥控器，这件事他让我讲了十几遍。他就不断地跟我说，'再讲一遍，再讲一遍'。"

我说："这就像有恐惧感的小朋友在做系统脱敏。他在不断地脱敏，告诉自己'将来我要犯错误的时候，天不会塌下来了'。"我在给家长做心理教育，让父母更加接纳小朋友关于"爸爸偷了遥控器"的说法，不然如何父母觉得自己被攻击了，可能会不舒服、愤怒、尴尬，转而攻击小朋友。这是在安抚家长，让他们以积极的心态来应对小朋友的小小攻击。

帅哥很无聊，在地上转了一圈，去电脑桌的摄像机包包那儿看了看，然后往回走。

爸爸和帅哥说："帅哥，给爸爸吃一块，我也想吃一块。"

帅哥先笑着递给了妈妈一块，妈妈说："会先给我。"

帅哥表情特别好，转身递给了我一块，我说："谢谢。"

最后送到爸爸嘴里一块，爸爸说："谢谢。"

帅哥送东西的顺序带有攻击性，涉及弗洛伊德说的俄狄浦斯情结。帅哥把最先和他要东西的爸爸排在了最后面，其实潜意识里是要看爸爸的反应，判断爸爸是否会因此伤害他。爸爸的反应还挺好，微笑着接受自己排在最后一位的结果，还是非常有风度的。

妈妈说："他现在特逗，他爸爸说'亲我一下'，他就先亲我一下。觉得别让妈妈嫉妒。"

我笑着问："他自己说的吗？"

妈妈说："没有，我跟他说的，'你要再不亲我，我就嫉妒了'。他问我什么是嫉妒？我说比如你亲了爸爸，没亲我，我就会不高兴，我就嫉妒了。他就知道了，现在特逗。"

这个部分提示帅哥的语言康复情况。他开始对词汇非常敏感，要求父母对一些关键词汇做出定义，而且他在掌握后会善加利用。

爸爸又诱惑帅哥说："帅哥，亲我一下。"

帅哥把手里的橘子水递给了爸爸，没去亲爸爸。这个地方帅哥反应非常快，爸爸说了话，帅哥就做了相应的反应，只不过他的反应不对。他没有亲爸爸，而是做出了和爸爸要求无关的行为。这里说明帅哥对语言的反应是及时的，但是对语言的反应的正确性还有问题。不过这也是巨大的进步了。第一次来诊时，我让他把闹钟拿给爸爸，说好多次他都没反应。现在的反应堪称奇迹。

爸爸说："你先亲我一下，我再喝。"爸爸说话的同时用手指指自己的脸。爸爸需要做这样的辅助，帅哥才能把爸爸的语言和实际需求联系起来，说明帅哥对语言的知觉和理解还是不够到位。但是爸爸了解他的语言水平，在他的语言水平上和他交流。

帅哥上前亲了爸爸一下，笑着，转身就去亲了一下妈妈的脸。

帅哥转身问爸爸："你要亲几下？"

爸爸说："八下。我还缺七下。"

帅哥用口水在爸爸脸上洗脸式地亲了好多下。妈妈笑着逗他："哎呀，亲多了。"

在建立依恋关系这个主体框架下，我们最希望看到的就是这种身体的亲密。亲吻是亲密关系中非常重要的指标。帅哥不排斥，而且是主动出击，笑着亲吻爸爸妈妈，这和他第一次来咨询室的时候有很大区别。第一次来咨询的时候，他基本上不看爸爸妈妈，和爸爸妈妈基本上没有身体接触，而且他在把闹钟拿给爸爸的时候，他做出了一个远离爸爸的动作。在第四次咨询中，他开始出现这种高质量的亲密行为，是我没想到的。

爸爸在喝水，还没喝两口，帅哥就往回抢，说："给我。"帅哥抢回来自己仰头开始喝。

妈妈做戏："哼，哼，我生气了，我不高兴了，为什么啊？"

帅哥把正在喝的橘子水递给妈妈。帅哥再次对妈妈的话语做出了迅速反应，但是他的应对是不符合妈妈的期待的，好像爸爸妈妈不管说什么，他都会自动做出递水的动作。

妈妈对他的反应假装不满意，说："我不想喝，没人亲我，我嫉妒了。"

帅哥倾身向前，很自然地亲了妈妈，两个人对视，而且表情都特别好。帅哥亲完，身体向后退，和妈妈面对面，对着妈妈吐了一下小舌头。

妈妈说："就（亲）一下啊。（帅哥要拿薯片，妈妈帮忙。）慢点，你自己拿吧。（帅哥拿来一片给妈妈。）谢谢，我不吃了，谢谢你。"

爸爸说："我吃。"

帅哥依旧不理爸爸，先递给我，我说："我不吃了，给爸爸吃吧。"

帅哥手里有一大片和一小片，在录像里几乎看不到一小片的存在。爸爸张大了嘴，帅哥把一小片薯片扔到了爸爸的嘴里。不让爸爸满意，攻击爸爸，是帅哥从不厌烦的游戏。

爸爸张嘴"啊"的一声接住帅哥给的薯片，然后说："谢谢。"

妈妈说："上次从你这儿走了以后，有段时间他情绪不好，我不知道为什么。哦，是和小女孩一块玩的时候。一块玩的时候，我觉得出现问题了。我当时认为挺好的，后来……"

我问："他嫉妒了？"

估计这段对话，帅哥不愿意听，突然毫无原因地在爸爸的膝盖处打了一巴掌，然后又去亲了爸爸的脸一下，转身又去亲了妈妈一下。

妈妈说："没有，他没有嫉妒。那个女孩一开始不好意思说他什么，一旦两个人熟悉了以后，她就不能对他宽容了，有时候根本不理他。那个女孩玩的时候，只想和我在一起。当时我想打电话问你，特苦恼。那几天他特别具有破坏性。人家小孩一来，他就把本子给撕了，要么就把东西扔得很远。玩打针，他就使劲掐那个女孩，掐得那个女孩叫。我觉得他攻击性怎么那么大！我以为他不喜欢她，我每次我问他想不想见她，他都说想。我很难解读他的这种心理是什么。"

我说："我还想呢！上次他跑回来说'爸爸把遥控器偷走了'，其实是蛮有攻击性的。"我还是揪住这件事，我认为帅哥对这件事的表述说明了他的攻击性在提升，可以预示他在其他地方的攻击性也会提升。虽然看起来家长不太喜欢这个话题，我还是反复提及了。我比较鼓励帅哥通过语言进行攻击，但是不鼓励他有身体攻击，比如他掐那个女孩。因为他处在攻击性比较高的状态，所以要限制他的攻击，防止他攻击他人的情况出现。

这时帅哥又在拆我的摄像机手柄了。"啪"的一声，那个东西掉下来了。我说："哎哟，又掉了。"我会定时对他的关键行为进行描述，以表示对他的关注。爸爸自觉地去修理了，帅哥连蹦带跳，高兴地哼着就回来了。帅哥去拿妈妈手中盒子里的薯片。

我笑着说："他来就是为了拆我的东西。"从我的语音、语调能够听出我是接纳他拆摄像机的行为的。

妈妈用帅哥的语气说："妈妈，我是不是又可以动什么了啊？"

我说："拆摄像机其实是有一定的破坏性的。当他说爸爸偷东西的时候，也有一定的攻击性，但是这些都有一些游戏的成分在里面。其他小孩也会像你儿子一样表现出攻击性的，这是正常现象。我还想他是不是在用这种创造性的方式来避免其他更有破坏性的攻击行为。"在这里，我和他们一家在探讨哪些攻击行为是值得期待和鼓励的。有些攻击性需要有释放的出口，但是不能以破坏性的方式。我反复强调不能伤害自己，不能伤害他人，不能破坏贵重财物。我在大量咨询时间里都是围绕这个主题展开话题的。

妈妈说："但是我觉得上个礼拜我也挺苦恼的，就他和那个孩子在一起的时候。"

帅哥走到插线板旁，手臂伸直了，指着那个插线板，转头非常认真地看着我。这是在刺探我们。他根本就没想动，只是想等我们说不行。

爸爸说："帅哥，那个不能动，有电。"

我也肯定地说："那个不能动哦。"他微微摇了摇头，背对我们走开了。电是有危险的，这个是会伤害自己，所以不能动。他知道基本原则，但是他还是会试探我们，"邀请"我们说不。

帅哥抱着薯片又去卸摄像机。我看到地上的插线板的位置不太好，提醒帅哥："你把那踢到边上成吗？别把自己绊倒了。"后来我还是自己去把地上的插线板移开了。保证小朋友的安全是成年人的责任。不是光提醒就可以的，要尽量创造安全的环境。

妈妈说："那几天我是很不好受的，他总是和那个小女孩有冲突。人家一来他就把人家的书撕掉，就打人家。我也不知道问什么，我以为他不喜欢和她玩了，我就说不玩了。回到这边来，他又天天想，我说'你愿意和她玩吗'，他说'愿意'。老是这种状态，我也不知道该怎么办了。"

我建议："我觉得稍微减少一点这种游戏，比如你自己带另外一个小孩的话，你很难做到公平。这是很现实的。我觉得像这样的小孩还是需要跟年龄比他大的人玩。找个家教，那个人能陪他玩，能让着他。"

帅哥去撕另一个小女孩的书，打人家，这都违反我们的基本原则。他是不可以伤害他人的，而这个时候，妈妈一个人带两个孩子，根本无法兼顾两个孩子，尤其这个时候帅哥处在攻击性比较强的状态，一时半会儿帅哥的攻击性都不会减少，那就要减少他和那个小女孩的相处时间。如果那个小女孩有爸爸妈妈在，帅哥还不一定会攻击那个小女孩。他也知道人家的爸爸妈妈会保护自己的孩子，但是那个小女孩落单了，他的攻击性会爆棚。所以不要给他制造这种环境，强化他的攻击。这对另一个孩子也是不公平的。

帅哥又破坏完一轮摄像机，我说："破坏完了？很兴奋地就破坏完了。爸爸修就成了。"我继续进行语言描述，而且描述谁来对他的破坏承担修复的责任。

爸爸接话："修理工。"

帅哥把装薯片的圆筒中的一个塑料的东西拿出来，看了看，就扔地上去了。

妈妈说："在家总这样，把什么都'啪'的一扔。原来也有这种现象。现在他比以前放松了，'啪'的就把东西往那儿一扔，笑嘻嘻的。也不知道他自己觉得他完成了什么事。"小朋友一般做完坏事都比较兴奋。

帅哥跳起来，走过爸爸面前。爸爸逗帅哥："我把你扔垃坂筐啊。"帅哥对着爸爸乐。爸爸又说: "我要把帅哥扔到垃圾筐。"帅哥坐到妈妈的一侧,离爸爸比较远的一侧,笑着看爸爸,还轻轻摇了摇头。大家都在笑,除了帅哥没笑,他拿起妈妈手中的水,背靠妈妈的腿开始喝。

妈妈说: "我觉得他也是波动的,咨询完了有那么四五天他状态不太好,结果现在又趋于平稳。我觉得这段时间不错啊。挺好的,他有很多地方变得出乎我的意料。"

帅哥拿起一个笔筒,笔筒里有一堆笔。他带着一点坏笑,在地上转了一圈,把笔筒往我和他妈妈之间的空地一抛。

我说: "那东西摔了会坏的。"实际上我是用语言暗示他不可以摔那个笔筒。

爸爸顺势把帅哥抱起来,逗他: "我把这没用的小孩扔垃圾筐里。"帅哥脸上的笑容十分灿烂。爸爸做出了一个把帅哥扔了的动作,说: "小坏蛋。"帅哥从爸爸身上下来后还在笑。

妈妈说: "他今天在我包里翻出了口香糖。他爸说'给我吃一个',然后我说'帅哥你给爸爸吧'。他爸爸正在开车(手腾不出来拿口香糖)。他居然和他爸爸说'啊'。他示范'啊',然后把糖放他爸嘴里。我从来没教过他这件事,原来他就硬往嘴里塞。这让我觉得特别好。"这表明帅哥的进步是非语言方面的,他可以用动作等示范达到交流的目的。

爸爸说："给爸爸吃一个吧。"

帅哥把糖往爸爸嘴里送，爸爸根本不配合张嘴。

帅哥很不耐烦地发声："啊。"爸爸张嘴，帅哥完成任务。

妈妈说："给我，给我，几个呀？"

帅哥顺手从盒子里拿出一个口香糖塞到了妈妈的嘴里。妈妈说刚刚自己还张着嘴做着"啊"的口型，但是没发音。

我说："太可爱了。"

妈妈开始捡地上的东西，我说："没关系，我回头再捡。"

妈妈说："那天去游泳池，我们想让他潜水，带着潜水镜想让他潜到水下，他不下水。我把挂在胳膊上的钥匙扔水里了，水特浅，到帅哥的腰那儿，然后他也不潜水。我们也没逼他，他就用脚（在水里）那么一勾，就拿上来了。我觉得还算挺聪明的，没教过他这个。"这里提示帅哥的动作协调能力在提升。虽然没进行感统训练，但他的感觉统合还挺好的。我一直坚信当依恋关系变好，小朋友开始喜欢看人、看自己时，他的动作协调能力会自动提升。

帅哥听到了我们说他聪明那段，面露微笑。大概是说得他有点不好意思了，他又从沙发上起来，跑去把什么东西扔到垃圾筐中。

我说："没关系，待会儿再捡。"帅哥回去从说明书那一堆东西中拿出了一个光盘，也扔到了垃圾筐中。

我问："都扔了啊？"我们所有人都在笑。一般这种小破坏、小攻击行为是可以接受的。虽然他扔了，但是我们都能捡回来。他发出的只是一个象征性的扔的行为而已。

妈妈问："把你塞垃圾筐里行不行？"

爸爸说："我可要扔小孩了。"

帅哥前仰后合地笑："呵呵。"

爸爸说："像《大头儿子小头爸爸》里那样，扔垃圾桶。"帅哥高兴得都笑出声了。爸爸说："还得盖上盖。"帅哥犹豫了一会儿，没有看向爸爸，拿着卡的那个手打向了爸爸的腿。估计这里爸爸说的内容帅哥不喜欢，打爸爸是对爸爸威胁他的报复。他打爸爸的强度比较小，基本上可以忽略不计。这种攻击行为比较中性，我们不支持也不反对。

然后帅哥站起来走向摄像机后面的窗户旁。

妈妈说："他现在特别奇怪。以前他看到玩具的时候，我说不行，他非要买，现在他看到玩具，会说'什么都不要，咱们走吧，不要了，不要了'，但实际上他想要。我说'真的吗？你是不是想买什么东西啊？'，他就不好意思了。他现在就这样啦，不会直接说我想要什么东西，他会说'你猜猜，你帮我说吧'。比如今天我说'你想去哪啊？'，他说'你帮我说'。每次就猜猜，其实我知道他想去哪儿，最后我说这样行不行，他就'嗯'。他自己不说，我说'你说吧，你想干什么？'，他就不说，就得让我猜。我不知道他是什么心理。"

他从地上捡到一支笔，跑去扔到垃圾筐，我问："又扔进去了。扔吧。像这种没有破坏性的行为就没关系，要砸人就不行。"帅哥笑着跑回到沙发上坐下。在妈妈说话的时候，如果帅哥有动作，我会优先关注帅哥。在这种竞争的情境下我会让帅哥赢。我对帅哥说的这段话也是对帅哥的行为标定界限，告诉他什么程度的行为可以，什么程度的行为不可以。儿童了解这个规则也会让儿童在和其他人的交往中更加安全。

爸爸问："他小时候不说话，是不是因为我们猜他的想法猜太多？"

我说："也不是。有时候他害怕你拒绝他，所以最开始他会用一种很强势的方式去说。他觉得我一定要这个东西，死活我也得要来。"

帅哥跑到我坐的沙发的旁边，对着我的包包，很想翻，但是没有立刻动手。

爸爸说："易老师的包不能动，妈妈的包可以动。"爸爸开始给帅哥设定界限，我觉得做得很好，而且还给了他替代的选择。当然后期我和帅哥达成的协议是他可以翻我的包包，但是不可以翻其他人的包包。

帅哥听了爸爸的话，没动我的包，跑回到沙发上，做了一个把身体摔在沙发上的可爱动作。

我说："他转着弯儿提要求。小孩其实是害怕被拒绝的。有时候一定要跟你要某个东西，后来他发现这种被拒绝的感受不好的时候，就会转着弯儿提要求。一般女性容易采取这种方式。女性会说'我觉得那个东西挺好看的'，她不说'我想要'。"

妈妈问："那我现在是应该顺着他的做法，还是……？我现在就是鼓励他说，'你说吧，你想要什么'，他说麦当劳，我就说去，就这样。我就怕他磨磨叽叽，有什么事都不好意思说了。"这期间帅哥已经拿东西往垃圾筐里扔了好几次。

我说："有的时候，比如去某个地方，他说'我们什么都不买了'，你可以说'原来我准备给你买一样东西的，我有多少钱，可以买这个金额范围内的'，他可能就会挑了。你还是要给他一些限制的，因为有可能他的要求是无限制的。"

帅哥已经扔了一堆东西，包括刚刚他扔在地上的几支笔。他告诉爸爸，像示威一样："我把好多笔扔到垃圾桶了。"干了坏事还能如此理直气壮。

帅哥发现妈妈捡起的笔盒里面还有一些笔，于是他把一盒东西都拿起来准备扔到垃圾桶。

我问："你都要倒里面啊？全倒进去了？高兴了？"从我的语音、语调可以听出，我实际上是允许他扔的，这样的行为是被鼓励的。

帅哥把一盒笔都倒入垃圾桶中，笔盒放了旁边的电脑桌上，转身对我笑："呵呵。"

帅哥把我旁边的一张记录纸也拿起来扔到垃圾筐里，爸爸帮忙去捡，边捡边说："坏包。"

帅哥从沙发上跳起来，蹦了两下，走到窗户的地方站着，指着上面的一个吊绳，转身看着我问："这是什么呀？"在整个咨询中，一般他和谁说话就会看向谁，而且是高质量的注视，这是自闭症康复过程中非常重要的指标。目光对视的情况，和第一次咨询比起来，有了质的飞跃。

我说："那是纱窗，你往下拽一下（纱窗就可以下来了），使劲。"

妈妈说："我们家的窗帘就是这样的，使劲儿，加油，太棒了。"

帅哥在我们的鼓励下把纱窗拽了下来，但纱窗只下到一半的位置，就被窗户的把手挡住了，无法再下行。

我说："下不去了，把手在那儿。要把窗户打开吗？"我发现他做不到。为了防止他感到挫败，我走过去帮忙，说："我把窗户打开，你就能拽下来了。"我半开了窗户，帅哥可以自由上下拽窗帘了。我回到座位，说："这叫什么？协作精神。"

帅哥把纱窗拽到最下面，突然一松手，纱窗"啪"的一声就弹回去了，爸爸过去帮忙把纱窗拉到最下面扣住，然后帅哥就蹦蹦跳跳往回走了。

帅哥又过来动我的包，我说："你要把我的包拎哪儿去呀？"估计是想扔垃圾筐中，结果因为我说话了，他就把包搁在半途了，爸爸把包给我放回了原处。

帅哥开始去关灯，我说："关灯没关系。"开关和控制感有关，一般我都是允许、鼓励这种情况的，比如帅哥一直用遥控器开关空调，虽然很热，但我们也忍着。

帅哥笑出声："呵呵。"

我说："你把我们的眼睛闪晕了。"

爸爸走向他旁边，他跑回沙发坐着。妈妈说："坏包。"

我接着刚才断开的话题说："对他这种要求，你要表明哪些是你不会拒绝的，比如跟他说'今天带你来肯定是可以给你买一样东西的'。"

妈妈确认："提前告诉他。我现在也有给他空间，让他放松，但也不是完全满足。我们从你这儿走后，他好几天情绪都不好。还有一件事特别重要。我们家用的是坐便器，冲水的那种，他一直上厕所都没问题。有一天他说想拉屎。姥爷就把他抱到那个上面去了，结果没抱好，歪了一下，按到冲水那个按钮了。他一听那个声音，就害怕了。然后那天就不上厕所了，后来上厕所就坚决不去。"妈妈说到这一段时，帅哥基本上表情漠然。

我问妈妈："那怎么办啊？去哪儿？"

妈妈说："去外边。这件事让我们特别苦恼。其实我们刚才说的时候他也在想这个事情。要是在以前，我们死也要把他按在那儿，然后再给他点好吃的。我们鼓励他撒尿没事。拉屎他现在还是没解决，两个礼拜了。"

我问："那拉屎不可以买个尿盆什么的吗？"

妈妈说："可以是可以，但就觉得又倒退了。关键是姥姥、姥爷心里不甘，觉得这怎么退步了，原来从来没这样过呀。"

我说："我觉得无所谓，你就给他便盆，在他没缓解之前，你让他心里舒服一些。坐便器也不是按小孩的结构设计的，对于小孩来说还是比较危险的。"大小便是和控制感密切相关的。如果让小朋友在大小便上失控，是非常有问题的。变通地解决孩子的大小便问题是目前急需的，就算孩子有点退步，也比憋出病来要好得多。

妈妈说："当时那个水喷出来，他确实挺害怕的，所以我也没逼他。"妈妈在描述帅哥当时害怕的情景时，对帅哥是有一定的治疗作用的，因为这是对他的感觉的确认。我们谈他可以用便盆，也会让他未来对这件事情的处理有基本的把握。对未来能够预测也会增加孩子的安全感。

爸爸说："几年都是用坐便器。"

妈妈说："用两年了。"

为什么是这个时间出现害怕坐便器的问题？这可能和帅哥的康复有关。他的判断力在提高。他能够判断那个坐便器可能是有危险的。帅哥这种行为上的退行也在考验父母对他的接纳程度。自闭症儿童的康复过程就是他们不断出难题，让父母去答，而且必须要答对。

帅哥又想去玩纱窗，他说："这窗户怎么关上了？"他要先把窗户打开，才能不让窗户的把手阻挡纱窗。帅哥试图自己打开窗户的把手，但是他的能力有限。我还用语言指挥了他两下："你开开，往上扭。"我发现这是他不可能完成的任务后，上前帮忙，说："我帮帮你忙，等一下，等一下，我帮你忙，好，推吧。"我并不是把窗户拧开，直接把窗户打开，而是让他打开窗户。这个动作他能做到，他能做到的就让他做，要让他有成就感和可控感。

帅哥把窗户推开，用手指指纱窗，说"我要把这个（纱窗）弄下来。"

　　帅哥的父母担心他弄坏了，我安慰父母说："没事，坏就坏，无所谓，反正夏天快过去了。"在我的咨询室里，我是接受某些范围内的损失的，这个纱窗就当玩具了。很多玩具的成本都比纱窗贵。玩玩纱窗不是大事，就当我这里提供的游戏治疗的道具好了。游戏治疗的道具也是有耗损的。

　　帅哥把纱窗拉下来，但是他不会把纱窗卡在最下面的地方。他回头大喊："爸爸。"

　　爸爸一路小跑，说："来了，来了，干吗呀你想？"这里我要求父母对孩子的语言有即刻反应。只要孩子有要求，不违法基本原则的都要答应，这样小朋友才更愿意说话。他知道说话是有好处的。

　　帅哥说："弄这个。"

　　妈妈说："给卡住了。"

　　爸爸帮忙给卡住了，帅哥笑着就跑回来了。

　　我问："高兴了？"对小朋友的情绪的描述，能帮助小朋友定义对自己的情绪，建立事件和情绪的联系。

　　帅哥说："黑咕隆咚的。"

　　我问："什么意思，是想去开灯吗？去开吧。"

　　帅哥站起来跑向电灯开关，他打开灯，我说谢谢。结果他不是要打开灯，而是来回按开关，闪我们的眼睛，最后他还是以关灯结束，跑回去。我说："这不还是黑咕隆咚，帮我们开开。"
帅哥又跑去来回开了几次，最后以开灯结束，跑回来了。

爸爸在帅哥开关灯的时候吓唬他："我把（你的）薯片都吃
了啊。"爸爸可能希望通过吓唬他的方式，阻止他不再关灯，但
是这种方法不好，就好像帅哥保不住自己的食物。小朋友能保住
自己的东西是底线之一，他需要设立安全的疆界。

我说："别吓唬他。"

等帅哥开完灯回来，爸爸说："爸爸不吃（薯片），都给你
留着。"爸爸非常聪明，我制止了之后，爸爸迅速改变了说法，
说没动他的薯片。

妈妈说："上次我看录像，就在思索一件事，你说我动那个
东西紧张了。我就在想，很多事情我都在给他传递紧张。是不是
处理任何事情都应该平和？"

帅哥在妈妈说话期间送到我嘴里一个薯片，我说"啊。
谢谢。"

帅哥看着爸爸说："给易老师了。"

爸爸表扬他说："好孩子。"

我和妈妈接续讲紧张的话题："有时候是不太能确定的，
尤其是紧急情况发生的时候，尽量（平和）吧。做不到也就做不
到，能减少一部分就可以了。太想成为完美的母亲，你的压力会

很大，你可能出的问题更多。那样你成天都是紧张的。你就在知觉到自己有这种情况的时候，稍微放松一下就行了。"我只是要求妈妈适当降低焦虑的强度，并不是要求妈妈把焦虑减到没有，因为遇到紧急情况，本来就应该有一定的焦虑感。

帅哥打开门，跑出门外逛了一圈，爸爸把他拉回来了。

帅哥走到我身边，拿起我的MP3问："这个是什么？"

我说："这个是MP3呀，可以听歌的呀。"

帅哥说："那我可听了。"

我说："等一下，这个没耳机听不了。"

帅哥问："耳机在哪里呀？"

我说："耳机没带来。"

帅哥又问："耳机在哪里呀？"

我再回答："耳机我没带来，听不了。还啥都好奇呢。"

帅哥又去把开关给关了，然后面朝着我们，脸上都乐开了花。

我说："又给我们关了。我看你是关了才更感兴趣，不是开了才感兴趣。"

妈妈对他说："黑咕隆咚的。"帅哥躺回沙发上，伸伸小舌头，笑。

我逗他玩，说："这样（黑着）才好是吧？"

妈妈描述他的表情："瞧，这小样。"

帅哥问："你喜欢吗？"

妈妈说："我喜欢亮点。"

爸爸说："我喜欢把小孩扔垃圾桶里。黑咕隆咚的。"

帅哥大概听到了爸爸说"扔"这个字，到电脑桌边，把他放在电脑桌上的笔筒也扔到了垃圾筐中。

我说："你终于把这个也扔进去了，把能扔的都扔进去了。"帅哥笑。

爸爸说："没什么就扔小孩了。"

帅哥看我的摄像机包，我说："没啦，没什么可以扔的啦，这个（录像带的小盒）也扔进去了。"

帅哥很兴奋地坐回沙发后，大声说"扔垃圾桶"。

妈妈说："我们第一次来咨询（到现在）都快一个月了，那时候是他刚开始学游泳，本来和你说我们想教他姿势，后来我们没有逼他，他现在基本会游了。"

我问："是吗？"

妈妈说："带着臂漂都能到深水区了。"

我说："你儿子还是比别人胆大。"

爸爸说："那个臂漂就是矿泉水瓶子那么大，一边一个（绑在胳膊上的）就行了。"

妈妈说："而且丝毫不害怕。你的指导思想是不要逼他，他想去就去，他不想去就不去，他想跳水就让他跳水。结果有一天他就说我也去那边（深水区）转一圈去。"

爸爸说："跳水也有进步，原来他跳水总是跑到池子边，顿住，才下去。现在会特别快地跑到池边，还不会错步，两个脚跳起来，跳得特别远，能跳到池子里面去。"

我说："好牛啊。"

妈妈说："他游泳，也就十次吧。"

爸爸说："他有一个循环吧。不管不顾，直接去深水区。在深水区可能呛了一下水，又不敢去了。自己又去了几次，觉得能漂起来了，又去深水区。"父母对帅哥的游泳水平的描述说明帅哥的运动能力在提升。

帅哥在谈话期间把薯片桶递给我，我说我不要，递给妈妈，妈妈也摆手说不要，最后把薯片桶递给爸爸，爸爸帮忙拿着。帅哥从地上捡了一点点薯片渣，打开门出去，说："我给动物喂。"

我问："有动物吗？"

爸爸说："行，一会儿小鸟就来了，快（回）来吧。"

帅哥还在关门，背对着我们。

这时妈妈吓唬帅哥："帅哥，爸爸偷吃你的薯片。"

爸爸说："好吃。"

我说："快看，快抢回来，那是我的。"我要教帅哥怎样维护自己的权益，怎么标定自己的界限，保住自己的东西。

帅哥从爸爸手里抢回来，笑："呵呵，那我可吃了。"

帅哥把手里的薯片递给爸爸（估计剩的都是薯片的碎渣）。

爸爸说："都是碎的我不吃。"

妈妈帮帅哥说："你要我还不给呢。"

帅哥又站起来往门外走："给小动物吃。"帅哥的灵活性还不错。爸爸不要，那就给别人呗，给小动物就好了。

我问："都给动物了？"

妈妈说："应该是，那天我带他去北海，见一个佛就要拜，拜完就要塞钱，兜里的钱都快没了，先开始是一毛的、一块的，然后是五块的。我说宝贝十块的不行，结果全给我塞进去了，特喜欢塞到募捐箱里。"

帅哥还在往门外撒薯片的渣。

爸爸说："你还是给爸爸吃吧。小动物今天没在。休息了，爸爸的嘴还馋着呢。"

帅哥问："为什么没在啊？小鸟在哪呢？"帅哥可以用语言表达自己的好奇心。

妈妈说："小鸟在树上呢？"

爸爸说："小鸟上班去了，勤劳的小鸟全都上班去了。"

我说："小鸟也不知道你要给它吃东西啊。"

爸爸说："你回家先给小鸟写封信，打个电话告诉小鸟你送吃的来了。"

说到了电话，引起了妈妈的联想："对，现在还特别爱打电话，动不动就打电话。"

我问："给谁打啊？"

妈妈说："给他奶奶，然后给那个小女孩。他打得还真挺好的。'喂，我是帅哥，你赶快来吧。'就这样，特逗。得益于前段时间没人管他，你想打电话就打，反正就我们家这几个人嘛，我们都知道怎么回事。每天打好多，他自己的水平就上来了。原来拨通电话，不知道说什么话，就挂了。现在我是谁，我找谁，现在一天能打十个电话。"这个部分说明帅哥的语言能力提升到很高的水平，但是妈妈解释的因果关系并不一定成立，有可能是帅哥语言变好才爱打电话和人聊，这是基础。当然和人多聊也会促进语言的发展，进而进入语言练习的良性循环。

爸爸说："原来打电话最后结束时什么都不说，现在知道说再见了。说'我挂了，再见'。"

帅哥吃完薯片，把装薯片的圆筒也扔到了垃圾筐中，又去喝果汁，把装果汁的瓶子也扔了。这是自己家的瓶子，不是一次性的瓶子，爸爸捡回来说："这个可不行，不能扔。"帅哥笑，又去扔了一个别的东西。

妈妈说帅哥："就是精力极其充沛。昨天我带他从人民大学到天坛。天坛多大啊！玩了一圈，又去另一个地方溜达了两个小时，回到家他爸爸带他游了三个小时泳，回来晚上九点睡的觉。"

我说："这体力也太好了吧。"正面肯定帅哥的状态。很多被训练过的自闭症小朋友都比较被动，有的时候处于类似抑郁的状态，特别懒的感觉。帅哥的整体情绪非常积极，表情也好，也没有很累的样子，基本上没有什么问题。

妈妈说："我觉得是不是亢奋状态？"我不觉得有什么问题，所以也没有给任何的建议。让家长表达完，这个话题就结束了。

帅哥又把家里喝水的瓶子扔到垃圾筐中，嘴里还唱着"啦啦啦"。他看到有一包面巾纸，他拿着到垃圾筐处，从里面一张一张抽出来，往里扔。爸爸过去阻止，把那包面巾纸拿走了。

帅哥开始翻妈妈的包，把里面的东西拿出来，我说："你的东西，他也要扔。"

妈妈说："没事，再捡回来。"

帅哥拿着妈妈的交通卡扔了，嘴来还说："把交通卡给扔了。"

妈妈说，"那个交通卡，能充值，我们带他充了多少次了！那一个卡里好多钱了，他特别喜欢干这事。"

我问："为什么？"

爸爸说："要发票。"

妈妈说："昨天给他买了个账本。他不是爱写发票嘛，爱开收据嘛！我去批发市场给他买本收据让他开，正好锻炼他的精细动作了。描红不爱干，就爱干这个。"

帅哥没一刻是闲着的，又注意到了口香糖，说："我吃了。"

妈妈说："行。"

他把糖盒举到我面前，好像要给我，我说："你吃吧。"

爸爸挤兑他说："都扔了吧。"

我说："那不能扔，还得吃呢。"有的时候，我觉得小朋友不一定会应对得很好的时候，我会帮助小朋友说话。这是示范，以后小朋友就有了模仿的范本，知道在这种情况下可以做什么样的反应。

帅哥笑着对妈妈说："那我可吃三块了。"

妈妈说："吃三块，那牙可坏了啊，宝贝。"妈妈也没真阻止他吃多少。

爸爸扳过帅哥的身子，对他说："那你不成垃圾桶了嘛。"帅哥笑。

妈妈说："那次去看牙，要把他绑床上，他死也不上。哎哟，特别可怜。我和他说有不疼药，他说没有不疼药。我们俩心都碎了。得了，我说不看了。跟医生说，半年以后吧，还登记了。全麻，当时特可怜。'没有不疼药，你们骗我！'那感觉，特可怜。"

我说："你儿子的语言能力这一个月真是突飞猛进。"

妈妈说："我觉得他话特多。就像你说的，他一紧张语言马上就受限制，有时候吭哧吭哧说不出一句话，特着急。"

爸爸说："原来有什么急事，不知道怎么着就叫姥爷，甭管谁都叫姥爷。"这个事情已经过去了，如果还存在这种情况的话，我会建议家长尽快解决孩子的事情，而且要描述发生了什么，然后保证能解决，包括简要说明解决方法。

帅哥跳起来，往门那边走，我问："你又要干什么去了？"

帅哥去把灯打开了，这次就按了一下。

妈妈说："谢谢。"

爸爸说："哦，你表现又好啦？"

他把一本16开的论文也扔进垃圾筐，我说："那也扔了？放不下了。"

　　帅哥又这么来回折腾了一阵子，坐在沙发上，看着妈妈问："什么是关节中心？"

　　妈妈说："张不开嘴，就去关节中心呗。"

　　我问："怎么还有关节中心？"

　　妈妈说："口腔医院有个关节中心。他问我怎么回事，我说嘴张不开了，关节张不开了，你就去关节中心。"帅哥认真地看着妈妈解释。

　　帅哥指指自己下颌关节处，问妈妈："这是什么？"妈妈说："是扁桃体。"帅哥又把手往下指了指："这儿？"妈妈说："那是脖子。"帅哥左手指了指右侧的肩膀，妈妈说："肩胛骨。"

　　帅哥做这些动作的时候，眼睛一直是直视妈妈的，注意力极好。妈妈解释完，不太确定，指指我，说："不知道对不对，易老师是专家。"帅哥听完妈妈说，害羞似的用小手捂着脸，翻身趴在了沙发上，妈妈说："不好意思了。"帅哥趴了一小会儿，抬起身，用手狠狠地拍了两下沙发。

　　我回到攻击性的话题："我们转回来再说攻击性的事情。像这样的小孩发展到一定的阶段，攻击性就会起来的。正常小孩也有这种攻击性，他们会试探他们发起的破坏行为，哪些是可接受的，哪些是不可接受的。你儿子以游戏性的方式逗你玩，在试探这些，我觉得这是比较好的。很多孩子采用的方式是极具破坏性的，像他打小朋友，破坏性就更大一些。我们说的几个原则是不能打别人，不能打自己。你儿子没这种现象，有的小孩会有自残的现象。不能随便破坏财物，当然财物不重要就算了。"

爸爸上手抢帅哥手里的口香糖瓶子，帅哥很迅速地躲开了，然后还跟了一句，说："干吗？"这个反应速度说明帅哥的大脑加工速度在加快。自闭症儿童康复的一个指标就是反应速度，比如眼神感觉不那么木木的。

帅哥躺在沙发上，伸脚试探性地去踹爸爸，我说："不可以拿脚踹爸爸哦。"这是原则，不可以打别人，不可以伤害别人。

妈妈指着爸爸的裤子，说："你看，你看（帅哥真的去看），把他裤子都踹成那样了，怎么办？"

爸爸用手指比画了一下，说："肚皮，我可摸肚皮啦。"妈妈的手还离帅哥有一米多远，帅哥已经做出了保护性的动作，而且带着笑。帅哥一转身又去抓了妈妈脖子下面一把，妈妈挡了他一下，说："坏包。"帅哥看着妈妈笑出声来。

帅哥把手从自己的领子伸进去，摸自己的胸脯，妈妈说："把衣服穿好了，才帅。不然不是帅哥了。"

帅哥坐在地上，向后靠在沙发的座位上，仰头看爸爸，指着刚刚被他踹过的地方，问："这怎么回事？"爸爸说："我蹭的。"爸爸伸手摸摸帅哥的肚子，帅哥躲闪，然后帅哥用手中的口香糖瓶子在爸爸的手上和被踹过的地方滚了几次，爸爸没动。帅哥做完这个动作后看着爸爸。

妈妈问："以后这种攻击性会越来越强吗？"

我说："不一定，看你刺激他的程度吧。比如你带那个孩子玩的时候，为了让那个小孩玩得有意思，会花时间，帅哥会妒忌的，某一时刻会演化成攻击行为。"

帅哥又来破坏。他又去拿面巾纸，拿的时候还把我的遥控器带着摔到了地上，我笑着说："啊，那个东西。"爸爸过来阻止帅哥，帅哥已经抽出了一张纸，扔出去，妈妈在捡遥控器。大家乱成一团，小朋友还是笑的。帅哥被阻止了以后，并没有发脾气，笑着走到电脑桌的闹钟那里。

妈妈说："他把我们家的手纸全都（拽出来），说：铺成小河，我说行，你弄吧。"

爸爸说："一卷纸，随便。"

我说："他不是第一个，另一个小朋友把我那一盒（纸）全拽出来了。"

帅哥在电脑桌旁拧闹钟，让闹钟响个不停，之后把闹钟拿到门外，扔在外面，然后自己哼着"叮铃铃"就回来了。

妈妈说："小心（地上的电线），闹钟被别人抢走了啊。"

我问："闹钟哪去了。"

妈妈用手指外面。本来帅哥跑到妈妈那儿面对妈妈，当妈妈指的时候，他的眼神跟着妈妈的手指看向那个方向。

爸爸说："小鸟吃完（你扔的）薯片，就把闹钟带走了，你就得赔一个，下回薯片就没人买了。"

妈妈说："下次你来就没法玩了。"

帅哥起身跑去开了一条门缝，看看外面。闹钟还在，于是他就把门关上了。我说："快，拿回来，别的小朋友还要玩呢？"

帅哥又跑回到沙发上，妈妈说："别来回来去的，你安静点好吗？宝宝。"

帅哥指着妈妈的包，看着妈妈："50元。"

妈妈说："你说什么叫50元啊？"

爸爸："我去捡闹钟啦（帅哥'嗯'了一声），谁拣闹钟奖励谁呀。"

帅哥立马兴奋，起身，说："我捡闹钟。"帅哥打开门去捡闹钟。

妈妈质疑爸爸的方法："你没奖励怎么办啊？"

爸爸说："奖励他一张发票。"

妈妈说："讨厌。"

爸爸又说："奖励他块口香糖。"

帅哥在门外，手里拿着闹钟，弯着腰看着地上，也不知地上有什么，使劲用脚踩了两下。

妈妈说："在外面他见到小蚂蚁什么的就往死里踩。可是在家见到小鸟、小虫子却害怕得要死。我说'你干什么啊？你不要打小动物'。"

帅哥大叫一声"妈妈"跑了回来，说："妈妈，小蚂蚁喂薯片了。"

妈妈说："吃薯片了，是吧？"

我说："这样的小孩都会有攻击性，只是出现的早晚不同。有的小孩出现得很晚，到一两年后才出现这种攻击性。他出现得已经很早了，他的很多方式还是值得鼓励的。他去破坏这些东西（摄像机），扔这些东西（进垃圾筐），是在试探你的底线。他发现那样做也没什么关系，是可以被容忍的。"

妈妈问："那我现在要告诉他什么是可容忍的，什么是不可容忍的吗？"

我说："这个你就当陪他玩嘛。他也知道你说他小坏蛋，也知道这类行为没多好，但是也没多糟糕。我觉得这样就行了。要是他打小朋友，你要告诉他这是绝对不可以的。"

爸爸说："有时候我觉得他特别想听我们说他是小坏蛋，故意用这种方式得到这种称呼。"

我说："也可能啊。本来人是善恶两体的，我们的文化要求小孩是绝对好的，会压抑不好的东西。这类小孩很聪明，知道人的内心深处有天使，也有恶魔。他有另一面，终归要表现出来。他要看你接纳他到什么程度。人什么时候会变坏呢？等他有权力以后，他才会变得很坏，因为从小的时候那一块（关于恶的那一面）就没有被接纳。他在不断地试探，他在跟你玩。这种玩其实没有太大的危险。你就当陪他玩了。你会说他小坏蛋，他有时为了争取这种小坏蛋的名声，可能还会逗你玩呢。"

妈妈说："其实正常孩子也这样。说小坏蛋，他也觉得特可爱。说乖孩子，反尔没那么大影响力。说小坏蛋，他特喜欢。"

帅哥跑到门那儿，往外又扔了一个东西，我问："又要干什么，什么东西给扔了？"

帅哥说："喂薯片。"

我说："又喂薯片啦。"

帅哥喂薯片之前把妈妈的包都翻出来的，钱也摆了满沙发，妈妈说："别把钱扔了就行。"

我说："这个应该不会，我觉得他还分的清哪个能扔，哪个不能扔。"

我刚说完，帅哥就证明我说的不对，他到沙发上拿了五十元钱，往门口走，边走边说："我给小蚂蚁吃钱。"

我问帅哥："真的假的啊？"

爸爸站起来，在离门比较近的地方，看着外面，说："捡走了啊，有人捡走了啊。"

我威胁他："捡走了，你就买不着东西了。"

帅哥手里拿着钱，弯着腰使劲踩在地上，大概听了我的话，完全无惧我的威胁，把钱扔到了地上。我坐的地方看不清他扔钱的动作，爸爸看到了。

爸爸跑出门外，说："我要关门啦。"帅哥蹦蹦跳跳地跑回来，手里没有钱。

我说："真扔了？"

妈妈说："这50元钱我本来要给你买个大冰激凌呢，现在没了。"

我问："你不吃了？那50块钱丢了。"

妈妈问："50块钱丢了怎么办？"

帅哥站起来，说："我去捡。"开门出去。

爸爸说："你去看看，没有了，别找了。"

帅哥开门看看外面，钱没了（已经被爸爸捡回来了）。帅哥回来说出了无理要求："妈妈，给我钱。"

爸爸说："你不是把钱扔了嘛。"

我说："扔了呀，别人就捡走了。"

爸爸说："薯片没人捡，钱可有人捡。"

帅哥从妈妈包里找到一个硬币，伸手给妈妈看，然后说："把钱扔到存钱罐。"

爸爸逗他，拉开自己的裤兜说："我这儿就是存钱罐。"

帅哥去摸摸爸爸的兜，用那只没有拿钱的手，然后笑着走开了。

帅哥把钱递给我，说："给你送钱。"

我说："好的，给我送钱。"

帅哥摇头晃脑地笑着和我说："给你吃了。"他"啊"了一声，让我张嘴。

我说："钱是不能吃的。"

爸爸逗他："你怎么不'啊'呀。"帅哥坏笑。爸爸说："你'啊'一个，我给你吃钱。"

帅哥把硬币往妈妈嘴里塞，妈妈紧闭着嘴，帅哥还"啊"了一声。之后妈妈说："宝宝，小坏包。"

帅哥玩过这一轮，又想起刚刚的50块钱。也许他猜到爸爸捡回来了，对着爸爸喊："爸爸给我50块钱。"

我问："你知道是爸爸捡走了呀？"

妈妈问："你知道是谁捡走的吗？"

我们轮番问了一阵，帅哥就不再理我们了。他又从妈妈包里拿出了一个什么东西，扔到垃圾筐里。

我问："那50块钱不管了啊？"

妈妈问："不管啦，那我的50块钱呢？"

帅哥问："几十块钱呢？"

妈妈学帅哥的语气："50块钱呢。"

帅哥把妈妈包里的东西拿出来，一个一个扔到沙发上，爸爸在帅哥背后把帅哥的衣服掀起来，手伸进去摸到他肩膀的位置，帅哥躲闪，摆脱了爸爸。

帅哥呵呵地笑着，向妈妈告状："爸爸摸我这儿。"

妈妈问帅哥："那怎么办啊？有一天他爸爸打了他两下，他就不高兴了，我也挺生他爸爸气的，就假装说了他爸爸。我指着他爸爸大声地说'你干吗打帅哥，你干什么呀你'，他特高兴。"

帅哥打断妈妈，问那个卡是什么，妈妈反问'你说呢'。帅哥说了一个很形象的名字。

妈妈说："他给东西起的名字都特形象。他3岁的时候，我们家有浴霸，冬天洗澡特别暖和。他不知道叫什么，会说姥爷你给我打开'很暖和'。我们当时觉得特别逗。现在我们家都管它叫'很暖和'，特形象。"

帅哥从妈妈包找到一个贴条，贴在了墙上，妈妈问："什么啊？"

帅哥看看妈妈，又看看贴条，说："贴条。"

妈妈问："贴条，怎么贴那儿啦？应该贴哪儿？"

爸爸用手指从背后摸了一下帅哥的脖子："贴这儿。"

帅哥一转身用手打了爸爸的腿，大声地说："打你。"

妈妈说："不行，不可以。"

帅哥又伸手打了爸爸一下，爸爸说："我可贴你啦。"

妈妈说："不可以这样，不可以打别人。"帅哥笑，估计打人是很兴奋的事情。帅哥看了会儿爸爸，又伸手。

我对帅哥说："不可以打别人。"

我和爸爸说："你觉得他要动手的时候，你就拿手接一下，那样就变成不是真的打人，而变成一种游戏了。"帅哥在我说话的中间还用手轻轻挠了两下爸爸的腿。我说完之后，他还凑上前去，把手伸向爸爸的胸前，爸爸挡了一下。帅哥接着又轻轻拍了一下爸爸的腿，然后向后闪躲。

这是非常好的迹象。帅哥对父母的身体非常感兴趣，他带着笑容的这种攻击行为是一种主动交往，是帅哥对父母的身体越界，而不是父母对孩子的身体越界。在可控的范围内，让小朋友把攻击转换成可以接受的游戏，会让康复更为迅速。爸爸这次做得非常好，基本上都是被动防守，诱导帅哥不断进攻，不断对爸爸的身体感兴趣。

帅哥和爸爸玩了身体攻击游戏之后，又去拆我的摄像机。

妈妈继续："有个妈妈写的博客说，孩子受了委屈，要表现得特别支持他。那天我对爸爸说'你干什么你，凭什么打帅哥，我告诉你下次不许动他'，装作特生气的样子。帅哥心里挺美的，还是挺高兴的。"

我说："小朋友都需要安全感。安全感就是你能保护他，他觉得他是被保护的。之后他要有控制感。遥控器之类的东西都是和控制感有关的。有些东西是他能控制的。有一些地方你不能让他控制，比如摸危险的东西、打人。你需要约束他。大部分情况你都可以纵容他，就像玩这些没什么风险的东西（帅哥正在反复开关我的摄像机），那就让他玩去吧。当他觉得他的生活的绝大部分是可控的，他的安全感就会提升。那天爸爸把遥控器拿走了，这个错误其实是很有用的。他知道犯个错误也就是那么一个结果。"

帅哥鼓捣了半天摄像机，带着哭腔"嗯嗯"了两声。

我问："怎么了？"

帅哥说："关了。"

爸爸已经站起来走向摄像机准备帮忙。

妈妈说："他遇到这种情况，会特别急。"妈妈还学了一下帅哥着急的样子。

我说："你就放松地问他'怎么了',然后去看一下。你的情绪越稳定,他的情绪就越稳定。"

妈妈领悟："我们在给他做榜样,他在模仿我们。"

我解释："这是社会学习。他在很紧张的时候,你没紧张,你处理了,他会觉得这事是可以处理的。"

爸爸站在帅哥身边看着他破坏。等他拆完摄像机,那个东西掉地上时,爸爸说:"砸脚了。"帅哥根本不怕,他从爸爸身边钻出去,跑向妈妈,又来回连蹦带跳地跑了两圈。

我说："我觉得你现在真是活力十足。"

妈妈说："他今天中午睡了一觉。"妈妈把他的活力归因于睡了个好觉,所以精神。

我说："我见过大多数家长都没有你们这么放松的。"

妈妈说："我看一个家长的博客,还有你的博客,有些迷惑。他这种情况是要先建立安全感吗?"

我说："是。"

妈妈继续："最后会到什么地步?会成为什么样?"

我说："因为有康复的案例嘛,我觉得会接近正常小孩,差不多就是正常小孩。"

妈妈问："康复的那个孩子比帅哥大吧?"

　　我说："大一岁。他来得早，大概三岁半的时候来的。康复还是要有个时间嘛。还有个家长的孩子康复得也很好，类似正常小孩。好家长不仅仅要支持孩子，还要和孩子玩，解读孩子，解释他内心深处的感受是什么，他担心什么。"

　　帅哥这期间已经干了无数坏事，拿起妈妈的有吊带的卡，拽着吊带甩向妈妈，妈妈闪躲。然后帅哥又去来回关灯，最后跑回妈妈身边，把妈妈的东西扔到沙发下面。

　　我说："小朋友，什么东西扔里面了，一会儿落在这儿了。"妈妈看沙发下面。

　　帅哥还把东西往里面推，妈妈说："别往里面弄了，宝贝。"

　　爸爸问："我想问一件事，医院给孩子做测评，好像测的是各方面的能力指标。能不能给我们概括地介绍一下。"

　　我解释："自闭症的第一个指标就是孩子的人际是有问题的。他不看人，不知道怎么交往，表情和情景是不匹配的。他的依恋关系不好，就会恐惧人。我觉得你们现在很放松，他对你们没有那么多恐惧。"

　　爸爸说："就是依恋关系这块。"

　　我说："依恋关系变好了，他的安全感提升了，他没那么多恐惧了，他的语言区可能就不被抑制了。有些孩子在感到恐惧的时候，有可能会出现恐惧泛化。你看现在他很放松，他的语言自动就出来了。"

帅哥用遥控器对准空调摁了两下，爸爸从帅哥背后伸手抓下了帅哥的手。

帅哥扭动身体，试图挣脱爸爸，结果遥控器的后盖掉到地上了。

我和爸爸说："给他，给他，让他玩。"我能看到帅哥要急了。我安抚的方式是让他满意。本来这也不是什么大事，不要让他情绪变不好。

我问帅哥："你要干什么？小朋友？"

帅哥拿着遥控器说："我把电池给弄下来。"

我问："弄下来干什么？安上还能遥控。"安抚小朋友的情绪是第一的，我和家长的谈话需要给小朋友让路。这是有先后顺序的。很多时候家长会比较僵化。一旦做什么，就好像开始了一个程序，盖过了小朋友的需求。这会激怒小朋友，包括正常小朋友。

我安抚了帅哥之后，继续解释："语言功能会随之康复，比如他的刻板语言会消失。我觉得你儿子好像没什么刻板行为。"

妈妈说："少，偶尔也有。原来拿老爱拿一东西，死也不放手。现在随着关系变好，我可以说服他，他能听我的话。"

帅哥在电脑桌旁，手里拿着闹钟叫了几声，他说："饿了。"

我说："饿啦？再过几分钟就可以了。"

我赶紧安抚，妈妈找到一个糖，爸爸说："再给你吃个糖吧。"

帅哥反复把闹钟弄响，我说："他玩得还挺好。这样的行为你认为是刻板行为，我不认为。我觉得他就是在玩。如果我重新看待这件事情，对他更宽容的话，他也会对自己很宽容。"

帅哥把手伸进瓶子里，要拿口香糖，又想了想，先把瓶子递给妈妈，问："吃吗？"

妈妈说："谢谢。我嘴里有，还有甜味呢！"

帅哥问："那没甜味了呢？"

妈妈说："我就吐了，再要一个呗。"

帅哥对妈妈说："那我吃三个。"

妈妈肯定地说："行。"

帅哥问我："易老师吃吗？"

我说："我不吃了，谢谢。"

我和妈妈说："他问你时，对视很好。"妈妈说"嗯"。对于这种刚刚发生的情境进行描述，在心理咨询中叫即时化技术。这种技术能够让父母捕捉到孩子的好行为，体验到养育中的成就感。

我继续说："他看你的时候，不损坏社会关系，不损坏细节的东西，将来可能就不会变笨。如果这些没变好，你再怎么教他认知的东西，他都可能会变笨的。他的智力在这种情境下，就不会受损。他现在在语言层面的发展，他的词汇量，他对你们的关注，能够看出他对社会的关注是高的。这是康复里面很重要的东西。要小心的是康复后期。在康复后期，亲子关系变好了，最开始家长都会很开心。但他以前压抑的那些东西会翻出来。那些东西会以破坏性的方式得到表达。你儿子用创造性的方式破坏，还是可以接受的，只要稍微限制一下，让他不打人，不破坏重要财物，就可以。他肯定还会情绪不稳定，会'哼哼'。在这种情况下你们状态好，他就会慢慢调整，达到正常小孩的水平。正常小孩也要经历这个过程的。"

妈妈说："我自己觉得还是不能和正常孩子变得一样。"

我说："我觉得能的。"

帅哥可能很无聊，把两个一百元的钞票放在地上，两手分别放在钞票上，像擦地一样推着钞票，撅着屁股走。推了一阵，他站起来走到我面前，抡起小拳头就想打我。我用手掌接住。爸爸说："帅哥，要有礼貌。"

我说"哎哟，你要和我玩的话，就先和我说一声。"第一下我没让他真的打到。我说是游戏，伸出手掌，帅哥的小手啪地打到我手上。

我给父母解释："比如现在我伸手，不是让他这么（直接）打。变成一种游戏，就变得可接受了。你要是每次都限制他，指责他，他就觉得和你的关系有问题。"

帅哥盯着插线板看了一会儿，我说："那个是不能碰的，你去开灯吧。"限制一种行为，最好给一种替代行为。

帅哥跑到妈妈那儿，问："热吗？"

妈妈说："热。"

我问帅哥："你不觉得热吗？小朋友，好热啊。"

帅哥放下空调遥控器，说："我不给你开空调。"

我给妈妈解释："看到了吗？我说好热，他就说我不给你开空调。他觉得这很好玩，这就是一个游戏。我觉得这种攻击性的表达是好事。"

帅哥估计刺激完我们兴奋了，跑到咨询室外，大喊："小鸟，你快来啊。"

我建议："回家后，如果真是上厕所的问题，买个便盆，无所谓，这东西没那么可怕。他偶尔出现一个方面的退行，没关系的。所有的东西都在向前走，走得还很好，你们就不用担心了。不要一个方面出毛病了就觉得所有方面都出毛病了，没有的事。"

帅哥动了动爸爸的电脑，爸爸说："等会儿，帅哥，乖一点。"

我说："他就不想乖，（对帅哥说）是吧？"帅哥露出了可爱的笑。

帅哥冲着我说："电源插头呢？"

妈妈问："能动吗？"帅哥还摇摇头。妈妈描述了一下他的动作。

我对帅哥说："你好聪明啊。"

爸爸在用电脑拷贝咨询的录像。

帅哥站在爸爸的边上大声说了两遍："我要看《猫和老鼠》。"

爸爸没理帅哥，帅哥动手要去碰光驱："这是我的《猫和老鼠》吗？"

爸爸说："弄完了，再给你看。"

帅哥用手去按光驱的位置，爸爸用手挡住，说："等会儿，爸爸会让你看《猫和老鼠》的。你乖一点爸爸就让你看啊，不乖的话，就看不了了。"

帅哥对爸爸的说法不满意，噘着嘴求助妈妈，喊："妈妈，我要看《猫和老鼠》。"

　　妈妈说："行。你看他那样。"妈妈笑。

　　帅哥不死心，孩子到爸爸旁边刺激爸爸，试图用手碰光驱的按钮。爸爸转移他的注意力，让他去找妈妈要糖。

　　帅哥跑到妈妈面前，妈妈伸出双手手掌，帅哥小手打上去。估计这有一种泄愤的作用。帅哥打了几次，有时妈妈让他打到，有时妈妈躲开。帅哥打完之后，顺势正面靠在妈妈怀里，抬头和妈妈对望了几秒钟，然后抬起身子，用小嘴亲了妈妈的嘴一下，很感人的场面。

　　帅哥看到了我桌上的插卡器，他说要给插上，我们就由着他去做了。他插好卡又去逗弄爸爸，要往电脑上插卡。

　　我和妈妈说："我觉得从你儿子现在的迹象看，如果应对正确的话，基本可以恢复到正常小孩的样子。但别着急，有的家长出问题和他们太着急有关。有时候你发现变化没有你想得那么快，缓慢地发生，也没向后退，就蛮好的。很多时候是家长太想快了，就训练孩子，希望迅速改变一些东西。这很损害人际关系，然后就进入平台期了。"

　　妈妈说："对，我觉得是。做过语言训练，做了那么长时间，最后很难推动他。而且越来越难，这条路走入死胡同了。"

　　我说："他的语言我觉得是自发的。只要依恋关系变好，他的运动能力就会变好，他的语言能力也会变好。这些都是自动的。他的运动能力不好，是因为原来他自闭，既不看别人也不看自己。他的自我发展不好，就不能协调自己的身体，所以他的运动能力就不好。你看他现在的运动能力就很好。他能从游泳池里把那东西勾上来，对自己身体的把握能力变高了。只要依恋关系变好了，其他东西会迎刃而解的。"

帅哥自己在门外溜达了一圈，回来拿着那瓶口香糖，去到垃圾筐那儿把嘴里吃得没味的口香糖吐出去，摇着手里的瓶子对妈妈说："还有三块了。"

我重复："还有三块了？"

妈妈问："给谁吧？你说。"

帅哥说："我。"

妈妈和帅哥确认："三块都给你呀？"

我说："那就都给你吧。你自己都留着吧。"帅哥表情很高兴。

我给妈妈解释："三块都给他（鼓励他自私）。有时候他变自私之后，他对自我的把握能力会变好。有时候小朋友的自私是要鼓励的。比如可以告诉他，不想分给别人，就先留着，什么时候需要交换的时候，要给人家一个才能拿另一个东西。"

帅哥靠着妈妈，喊："我要看动画片。"

爸爸忘了拷贝完要把记忆卡给我，我问他要。帅哥上前接下爸爸手中的记忆卡，握在手里，说："拿回（家）去。"爸爸说："这个得给易老师。"

我们每个人轮流在劝他把卡给我，他顺手把卡藏在了身后。帅哥站起来要把卡顺着长沙发和墙之间塞进去，这时妈妈提高声音，说："帅哥。"我安慰妈妈说："别生气，别管。那东西还挺结实的。"帅哥把卡塞到沙发和墙的缝隙中，回身坐到沙发上。妈妈伸手把卡掏了出来，递给了我。

妈妈讲上回咨询的心得："上次有个故事是，'去超市里买醋，没拿够钱，一个西瓜和一瓶醋，是把西瓜搁回去，还是把醋搁回去'。我就跟他说把西瓜搁回去，因为马上做饭要用醋。易老师您说爱吃西瓜买西瓜，让他把醋放回去。我跟易老师境界差远了。我说我们得改改。还有大梨小梨的故事，我问帅哥'吃哪个啊？'，帅哥说'妈妈，我该吃小的，把大梨让给别人'。这个也得改。"

我说："和帅哥说梨是我们家的，大梨我们先吃了。"

帅哥蹲下来要动地上的插线板，妈妈尖叫："帅哥，那个不能动。"在小朋友有危险的时候，妈妈的紧张是有意义的，可以让小朋友远离危险。帅哥手离开了插线板，妈妈平静地解释："妈妈说过了，这个不能动，绝对不能动啊。"

爸爸在走之前趴在地上看沙发下面是否有什么东西被帅哥扔

进去了，帅哥笑着骑到了爸爸的背上。爸爸笑着说了几句，帅哥不知道怎么就兴奋了，伸手就打爸爸。第一下有点重，之后更像玩闹行为。这种攻击让帅哥瞬间兴奋不已。

我说："不可以（打人）。"

妈妈比我有创造性，她先用手拦了一下帅哥的动作，然后说："帅哥，说'得儿驾'。"

帅哥在爸爸的背上顿了一下，笑着说："得儿驾。"

帅哥骑到爸爸身上，是一种对爸爸表示的亲密行为，虽然有攻击性，但值得鼓励。而妈妈的反应更是值得称道。想来帅哥的妈妈才是高手中的高手。把帅哥真实的身体攻击转化为语言的攻击是非常重要的。妈妈的方式让帅哥可以用为社会所认可的方式表达攻击性。

帅哥又在爸爸身上折腾了几次，嘴里还重复着："得儿驾。"终于帅哥从爸爸身上下来了。

我说："小朋友的捣乱水平啊。"

妈妈说："知道我在家的苦恼了吧，确实是咬着后牙。"

我说："所以你儿子是我见到的孩子里康复最快的。"

帅哥无聊地说："应该走了？"

妈妈描述帅哥："特别不乐意呢，你想走吗？"

帅哥非常明确地点了两次头，说："我想家了。"

我回应："想家了。"

帅哥又重复了一遍："妈妈，我想家了。"

帅哥把录像带扔到了沙发下面，我说不用管了，爸爸还是来帮忙。爸爸蹲下身的时候，帅哥又爬上爸爸的背，爸爸说："又骑上来了。"这次爸爸站起来，背着帅哥说"起来了。"然后爸爸背着帅哥到长沙发上，把他放到沙发上，伸手逗帅哥，说："这个坏蛋，我要收拾坏蛋。"帅哥笑成了一团。

帅哥太兴奋了，结果咳嗽了两声。我描述了一下他咳嗽。

帅哥估计是打了一个嗝，问："妈妈，我为什么打嗝？"

我们解释："吃口香糖吃太多了。"

帅哥走出门又往回走，踩到了插线板，他看着我说："我不小心踩了一脚这个。"

我说："没事，不会踩坏的，你下次小心一点就行了。"又和爸爸妈妈说："刚才他说我不小心踩了一脚这个，我觉得他好可爱。"

帅哥先跑到屋子外面，妈妈出去问他："问问爸爸，别把什么带走？"

帅哥可爱地说："遥控器。"

帅哥已经跑走了，我说："帅哥，再见。"

帅哥一回身，问妈妈："你还有落的东西吗？"

妈妈说："没有。"

帅哥和妈妈说："你是不是有落的东西？"帅哥很强势地走回了咨询室，帅哥在咨询室视察了一圈，然后真的走了。

我说："帅哥拜拜。"

帅哥边走边回头说："易老师，再见。"

●●●●●● 第四次咨询总结 ●●●●●●

帅哥的表现

在这次咨询中，我感觉帅哥明显有变好，几乎是全方位的。

首先，在目光对视方面，这次咨询下来，帅哥的目光对视都很好，该看向谁的方向就看向谁的方向，而且看不出来和普通孩子有什么差别。

其次，在亲密行为方面，他愿意和父母有亲密行为，很喜欢亲父母，有的时候还是他主动发起的，比如亲爸爸八次，转身还去亲妈妈。当然父母做得也比较好，父母会要求亲吻，但是父母一般不主动去亲小朋友，因为当小朋友对人际还感到不安全的时候，容易把别人主动离他太近解释成危险行为。我建议父母在动作上稍微被动点比较好，由小朋友来开启探索的行为，尤其是对父母趋近的行为。

第三，在语言方面，帅哥对语言的敏感性和反应性都有变好，但是准确度还不够。他知道要对他人的语言做即刻反应，但是好像语言的细节捕捉还不够到位。另外帅哥在语言上还表现出愿意说，比如打电话这种语言练习，而且要求父母对词汇进行定义和解释。他希望理解语言背后的含义，而且嫉妒这个词他运用良好。

第四，在运动方面，他的游泳水平有了进步，在游泳池里能把掉下去的钥匙用脚勾上来，协调能力很好。

父母的表现

表情：父母的表情比第一次明显变好，表情基本上都很好，面带笑容。和第一次咨询比起来，全程基本上都是高兴的。第一次咨询的时候说到帅哥不好的地方，父母还是有些不开心的。

应对的灵活性：父母都会表现出应对的灵活性，尤其在最后的部分，帅哥骑在爸爸的身上，在爸爸背后做击打的动作，妈妈让帅哥说"得儿驾"，把身体的暴力攻击转变为语言攻击。这也给我提供了一个借鉴方法。

对破坏性行为的容忍：对不太具有破坏性的行为，家长都能秉持容忍的态度，不会情绪化，焦虑水平大降。

值得注意的方面

关于和帅哥一起玩的那个小女孩，我在第一次咨询的时候建议妈妈带小女孩玩，让帅哥看，算是一种示范，但是这变成两个孩子竞争一个看护者，帅哥输了。帅哥的妈妈本该优先照顾帅哥的，但是同时照顾两个孩子会分身乏术。帅哥感到受挫，因为嫉妒，对那个小女孩发出了暴力行为。关于暴力行为，这是要坚决制止的。因为妈妈不可能照顾到两个孩子，所以制止这种行为的方式还是隔离这两个孩子。在这种情况下，建议父母还是不要把那个小女孩单独接到家里玩了。可以周末带帅哥到那个小女孩家玩，或者周末邀请小女孩父母带小女孩到家里来玩。这样那个小女孩可以和自己的妈妈玩，帅哥也有爸爸妈妈陪，帅哥的攻击性会降低很多。

第五章　和爸爸妈妈一起睡觉

　　帅哥穿着T恤衫和黑白花纹的过膝小裤子，背着蓝色托马斯包，手里拿着吃了两口的"大红果"（一种冰棍），在咨询室外来回跑。突然他做了个转弯的动作，然后嘴里嘟囔着："调头。"我开了门，帅哥不跑了，率先走入咨询室。

　　我问："什么调头啊？怎么调头回来啊？"帅哥没搭理我，我也没指望他搭理我，我说的这些话，基本上不是让他回答的。

　　帅哥进了屋，径直走到茶几旁，拿起遥控器，走到空调下面，开始遥控，我说："开吧。"

　　妈妈还不忘提醒他："叫过易老师吗？"帅哥无视妈妈说的话，估计满脑子都是玩空调。

　　我说帅哥背的包："现在背这个小包，很帅啊。"

　　妈妈笑着说："什么也没搁，我说'你干吗拿它呀？'，帅哥说'我一定要拿着'，我又说'那你拿吧'。"

　　我推测帅哥斜挎着托马斯小火车书包是为了给我展示的。他的那个书包是蓝色的，特别新、特别鲜亮，他背在身侧好可爱。

估计他也知道这样很帅，要给我展示他的重要物品。自闭症儿童有一个重要的诊断指标，那就是不会分享，而帅哥做的事情已经有分享的意味了。

帅哥妈妈继续回忆说："我们刚才车停在那儿，帅哥一眼看到说，'他们（前面咨询的人）出来了'。我问帅哥确认，'是不是，帅哥？'。"

我说："你太可爱了。"

帅哥正在吃冰棍，爸爸说："来，给爸爸吃一口吧。"帅哥把冰棍送到爸爸嘴里，爸爸吃了一口，说谢谢。

妈妈说："最爱吃冰棍，最爱吃大红果，要求不高。爱吃大红果。"

帅哥在妈妈面前比了一下手中的冰棍，说："这是大红果。"

妈妈问："爱吃吗？"

帅哥答："爱吃。"

妈妈说："每天能吃三四根。"

帅哥还是会表现出一些类似自闭倾向的刻板行为，他喜欢什么会坚持很长时间不替换，兴趣转移比较慢，但是这种情况并不需要改变，跟随他就好。儿童在某个时间对某些食物的迷恋，可能是口欲期的一个表现。让口欲得到适度的满足，有助于儿童健康的发展。别吃太胖就好。

我问："最近怎么样？"

妈妈说："最近，还挺好的。我觉得最近他情绪还比较平稳，我和家人都觉得他有几方面比较好。"

情绪稳定在自闭症儿童身上是非常难得的，毕竟很多这样的儿童因为对各种外界情况难以应对，会表现出情绪问题。可能最近一段时间帅哥比较有控制感，情绪问题有减少。

帅哥给爸爸又吃了一口，转身把冰棍递给妈妈，妈妈推回给帅哥，说："谢谢，我不爱吃。"

妈妈继续："一个是我觉得他的互动是比较好的，和我们互动的方面，就是主动看人，包括和我们说话，做点什么事都愿意我们和他一起，睡觉的时候也会说'爸爸妈妈和我一起睡吧'。他不愿意自己睡。原来他不愿意的事，跟他说话怎么说都不行，但是昨天我和他去一个地儿，回来特别累。他看到一个小公园，非要在那儿玩。那儿有个小姑娘。我说那你就玩吧，玩了快一个小时了。我早晨起来带他玩了那么一圈，已经到了（下午）一点了，他又玩到两点，把我累得够呛。后来我说咱们走吧，我有点累了，其实他玩得特开心，却说'走，咱走'。哎，我觉得挺好的。（妈妈看着帅哥问）是不是宝宝？"帅哥抬眼看了看妈妈，没有回答。

　　帅哥愿意和爸爸妈妈睡，这是要求身体的亲密。另外他能够体谅妈妈，接受妈妈的要求。因为父母比较满足他的要求，他从父母身上学到了这一点。曾经有另一个家长说，她发现她基本上都是让着儿子的，偶尔她儿子也会让她一下。

　　妈妈说："还有一个情况，他会撒娇。我说这事挺逗的啊。我带他去中国科技馆，他看见一个小女孩哭，他就问我她为什么哭。"

　　帅哥听到这个地方可能不好意思了，用手比作枪，指着妈妈，说："砰，砰。"

　　妈妈说："不好意思了。"

　　帅哥手里还有两个玩具，其中一个是飞机，帅哥用飞机划过妈妈的腿，看着妈妈说："拿飞机砍你。我用飞机砍你。"

　　妈妈说"那小女孩躺妈妈怀里说'妈妈我找不到你'，我对帅哥说'那孩子找妈妈呢，那个小女孩找不到妈妈了'。他也不知道怎么了，受到很大的震动。过一会儿去玩，其实他知道我在哪儿，我叫他帅哥，他就回头看我，我说你怎么了，他说我找不到你了。这样来回有十几次，一会儿去跑，一会儿又回来了。特简单，但他特别喜欢那种感觉。还有撒娇的表情。"

　　儿童学习东西实际上主要靠社会模仿。当帅哥对外界有关注后，自然开始理解其中的逻辑。小朋友找不到妈妈是非常危险的。帅哥参考学习了那个小女孩找到妈妈后的反应，大概他也害怕自己丢了吧。担心找不到父母实际上是依恋非常重要的一环，是儿童的自保机制，但是自闭症儿童很多时候因为依恋受损，这一点好像消失了。

我说："好可爱啊。"

帅哥吃完冰棍了，听我们在讲他很可爱，他不停地点头，后来开始过分地摇头晃脑。

妈妈说："特别好玩。我觉得现在和他说说道理，基本上还行。"

估计帅哥晃得有些晕，爸爸伸手按住他的头说："头一会儿晕了。"

帅哥说："我现在吃完了。"爸爸帮忙把棍扔了。

帅哥说："妈妈，我要口香糖。"

妈妈说："你看见我买啦，哦，够贼的，儿子，你可太棒了。"

帅哥问："你们吃吗？"

妈妈说："我不吃。别吃太多了，不然牙坏了。他现在提要求特逗。基本不直接提。昨天干了一件特好玩的事。"

妈妈让他拿一个，帅哥拿了两个，妈妈不知道。帅哥还伸手给妈妈看看他手里有两个，有点像示威，然后含在嘴里。妈妈说："两个呢？"

爸爸说："不小心多拿了一个。"

我问："都吃了？"

我和帅哥父母给出不同的描述或者解释，实际上有丰富帅哥语言的功能。我们提供了多角度的语言描述，可供帅哥参考。

妈妈说："他现在总是问'要是怎么怎么样呢'，昨天和我说'要是今天爸爸过生日呢？'。他的意思就是我想今天晚上去吃饭去。"

帅哥跑去窗户那儿，要拉纱窗，我配合，说："来，我把这个（窗户把手）打开。"

帅哥妈妈在继续回忆帅哥最近发生的事情。当帅哥有所动作的时候，我保证优先满足帅哥的需求，做必要的配合。

妈妈说："他会用也许、可能这种模棱两可的词，我觉得他说的话特逗，'也许吧，什么事是不是也许有可能怎么样'。各方面我觉得都在往好的方向发展，这点挺好的。"

帅哥的语言能力在进一步发展，他对词汇的理解和把握变得更好。

妈妈转而开始诉说她的困惑："但是有些方面，我和他爸爸不知道怎么处理。一个是我觉得他对人的兴趣在提高，干什么事都特别需要人陪着他。对小朋友也是，比如我带他到一个大的游乐城玩，上午去的时候，他不高兴，因为没有小朋友，一会儿就走了，但我们花了好多钱进去。我们先吃饭，吃完饭再回来，就有好多小朋友，他就高兴了。人家不跟他玩，本来对他也不熟，人家就自己玩，他说'他是不是不和我玩了'。老有这种要求，应该怎么解决呢？他现在的能力又不足以让他和小朋友有特别好的互动，他跟小朋友玩玩自己就颠了，自己就跑了。和人在一起玩，别的孩子会说'我走了，不玩这个了'，他不。"

很多有创伤的孩子在开始康复的时候，会对父母有更高的要求。依恋本该在儿童早期出现，比如新出生的婴儿时刻要有人陪。康复期的孩子也会有这种需求，希望重新建立依恋关系，会随时关注抚养者，要求更多的陪伴。在很多时候，这种需求会让父母觉得是一种折磨，而且随着时间的延长，父母会觉得这种依赖没有尽头。父母不能正确理解这一点，就容易表现出不耐烦，对孩子有明显的情感拒绝。帅哥表现出对小朋友的关注也是非常好的。对人有兴趣就好，动机最重要，技能可以慢慢学。

帅哥在我们说话的时候一直在玩纱窗，拉上拉下的，这时他说："妈妈，我想弄紧了。"

我说："弄紧啊？爸爸过来帮忙弄紧了。"，我在描述并邀请爸爸走过去帮忙。

爸爸帮忙扣紧，之后两人往回走，我问："好了，这回高兴了？"

虽然帅哥求助的是妈妈，但因为妈妈正在说话，不宜干扰，而且我希望帅哥和爸爸建立亲密关系。原来他们的关系受损得比较厉害。帅哥当初还是很排斥爸爸的。机会出现时，要让爸爸抓住。

我向妈妈解释人际交往："一般来说，小朋友开始有动机并不表明他就会玩。有动机是变好的一个基础。基本上当一个孩子有动机和小朋友一起玩时，这个问题差不多就解决了。"

帅哥拿遥控器对着空调按了两下，爸爸还是阻止他了，帅哥也没什么情绪，回到座位上。

帅哥问妈妈："我要喝你的茉莉花茶。"

妈妈说："喝吧，坐会儿啊，宝宝。"

我表扬帅哥："我觉得你还挺会定义的，我要喝你的茉莉花茶，还说得挺全的。"

妈妈说："知道这是我的，是妈妈独享的。这是给我自己买的。"

我说："他会抱怨那个人怎么不和他玩啊，看起来这件事情对他没有太大损害，因为下回有小朋友，他还是会去玩的。很多家长因为这样的事情很害怕，觉得会对他心理造成什么创伤。其实不会，你不觉得它是个事，它就不是个事。他和别的小朋友玩，有一部分是需要你帮忙的。他要和别人玩，却不知道怎么和别人玩，这时你就问问别人能不能和他玩。通常他不愿意去问的。这样的小朋友非常害怕别人拒绝他，被拒绝的事得留给你。"

爸爸说："得去掺和掺和。"

我说："对。因为他会觉得被拒绝，会很没面子。其实他骨子里是很胆小的小孩，可能不愿意面对这种风险。你需要帮帮忙。他会跑掉的话，就帮他解释一下，告诉对方'我们小朋友到点儿就会跑开'。你不当回事，那个小孩可能也不当回事。"

帅哥在电脑桌上拿了下遥控器，放下，又拿别的东西。这时爸爸把遥控器拿走了，他也没知觉到。等他出神了一阵之后，到茶几上看了一圈，似乎在寻找什么，我问："干什么？找东西啊？爸爸给藏起来了。"帅哥没去找爸爸要，跑去拆我的摄像机。

就着这个话题，我说："那天我把录像看了一下，小朋友挺好玩的。他现在用的是右手（拧）。上次他用右手抱了个薯片桶，是用左手拧下来的。"

妈妈问："这说明什么了呢？"

我说："双手协调能力在变好。大部分人都是右利手，他左手也能拧开。"

妈妈说："还有个问题，他现在要开学了，比较抵触，不愿意说，我也不愿意提这件事。我有时候抑制不住好奇心，问他想不想上幼儿园，他说不想。问他到底喜欢哪个老师啊，他说都不喜欢。现在他们班换老师了，我原来说的补课老师不在了。原来帅哥和她在一起，我不用担心帅哥。我觉得也不是各方面都不担心，只是安全方面不用担心了。现在她走了以后，我有点担心帅哥和新的老师不太好沟通。"

一组新的录像带外有一个塑料的外包装，帅哥在撕，爸爸去阻止，帅哥有点情绪。我和爸爸说："没关系的，那个可以打开的。"

在我的咨询室里，帅哥的情绪都很好的原因，就是大部分他做的事情我都是支持的，能说"是"我尽量说"是"，很少干涉他，反正这些都不是大事情。

妈妈说："原来那个老师有点死板，还有点上纲上线。新老师二十多岁。我就想到底怎么和她沟通，包括帅哥是不是要五天都上幼儿园，还是上半天歇半天，上两天歇三天。"

帅哥把一组录像带的外包装撕下来，拿出其中一盘带子，大声说什么旧了，我们都没听懂，后来爸爸说："不听话，就让你看不着。"

妈妈说："他爸爸老吓他，基本上就是这句话。昨天晚上，他爸爸在那儿上网，他去按（显示器的）对比度。爸爸说'行行行，你动吧，你动我们就不去游泳了'。我说'你干什么，他也想干他的事'。我说你还得听易老师的。"

爸爸说："我想让他脑子里形成一个意识。他可以动这个，同时要失去那个。"

帅哥说了好几遍："倒了。"没人理，最后他跳到我们面前说："倒了。"

我问："什么倒了？"

爸爸问："你说什么时机让他明白这个才好？"

我说："不着急让他知道这个。"

帅哥把一盘录像带塞到爸爸手里，想让爸爸帮他打开。

我问帅哥："你打不开是吗？"

帅哥让爸爸帮忙打开那个单盒录像带的外包装。爸爸因为要和我说话，没有帮帅哥。帅哥抓住爸爸拿录像带的手，说："爸爸，你帮我打开纸吧。"

我和妈妈都说："你帮他打开一下。"

妈妈说给他撕个小口，我说："该你撕了。你知道小朋友都喜欢这种类似的破坏性行为。"爸爸撕个小口后，给帅哥。

爸爸说："我们家原来剩下很多录音带，都让他倒腾了（爸爸做了个把带子扯出来的动作）。这可不是录音带，这是录像带，而且这不是咱们的，这是易老师的，知道吗？"

帅哥还在和录像带的外包装奋战，根本不理爸爸的长篇教诲，说："这是我倒腾的。"

爸爸逗他说："你要是倒腾了，你就得赔，就少吃十个冰棍。"

我和妈妈继续："你上次说和孩子老师的关系其实我是不太赞成的，比如你去教孩子老师的孩子。你以为这样可以让老师对你家孩子好。不对的。因为一旦涉及很近的人际关系，最后你就搞不清楚是什么关系了。如果你教不好老师的孩子，你的心态会很受影响的。"

帅哥拿出录像带，往摄像机那边走，说："那我录像了。"

我说："那可不行，那个不能录。"

妈妈试图吸引他的注意力，说："帅哥，妈妈给你个小片片。"

爸爸说："一个小贴画。"帅哥背对着我们，完全无动于衷。

我说："他才不理你呢。"

妈妈问："面对这个新老师我要怎么办呢？"

我说："我一般会指导家长做的第一件事是，跟老师说'我们的小孩有些退缩，现在的表现可能不太退缩，但我们希望老师能经常对他笑一笑'。"

帅哥很无聊地转回来，我建议："你还可以再撕。"

妈妈说："你把那几个也撕开吧。但别把里面东西拿出来好吗？让爸爸帮你好吗？"

爸爸说："拿过来，爸爸帮你。"

我说："和老师交流时，第二件事就是让老师少管你的孩子一点儿，比如孩子偶尔下一次地，让老师别太激动、别太担心。第三件事是你要对老师没有要求，你要跟老师说'孩子学不好也没事，不会怪你，只要他在里面能待下去就可以了'。有些小事情，比如幼儿园安排小品，让孩子们出教室干什么，要提前和孩子说一下，让他有个准备。他表现得可能会很好。"

妈妈说："没懂。"

我说："比如说我们要出去玩了，你提前和帅哥说一下，他有个心理准备。有的（正常）小孩听到老师说'起立，大家走'，可能就走了，像帅哥这样的小孩还不知道是什么意思呢。稍微预留点时间，他的反应就会好很多。跟老师说我们要求很少，我们几乎没要求，这样就行了。"

妈妈问："你觉得他需要全天上课吗？还是？"

我说："我觉得如果可能的话，就上半天吧。我还教家长，你可以跟小朋友说，'这一周你可以挑一天不用上幼儿园'，这样他会觉得挺好，自己是有选择权的。有的小朋友会选最后一天，有的小朋友会选第一天。"

妈妈说："这点倒挺好的，他有选择权。"

我说："因为选择权本身体现的是对生活的控制。让他放松一点，也没什么不好。像你还是很会带他玩的。你就继续带他玩吧。"

妈妈说："可是我现在带他玩的时候，也挺迷茫的。我总觉得他对景物都不关注，还是关注吃的、喝的比较多。"

我问："你觉得原来的时候他关心吃的、喝的吗？"

妈妈说："原来好像无所谓似的。"

我说："你知道吃和喝，对小朋友的正常发展来说很重要。按照弗洛伊德的理论，个体发展的第一个时期叫口欲期。他必须对吃感兴趣，才能成长，因为吃是和生存有关的。如果小朋友没有好好度过这个口欲期的话就很要命。"

妈妈说："我觉得他现在特别好吃。原来买个饼干就行了，现在不行了。现在必须吃麦当劳、肯德基。基本上这个暑假天天都在吃麦当劳、肯德基。昨天吃完肯德基，问我'要是今天爸爸生日呢？'。"

帅哥在旁边要撕开录像带的塑料皮，一直没弄好，这时他插话："妈妈，我怎么打不开了。"妈妈指指爸爸，说找爸爸，帅哥很听话地去找爸爸了。

我之前让爸爸帮助帅哥，妈妈非常聪明，领会了其中的要旨，能让帅哥建立亲密关系，能让他求助的时候，就找爸爸求助。

我说："在这个时间，小孩的口欲期发展得越好，他以后就越不会迷恋很多东西。你不用担心，有口欲是好的。"

妈妈说："我现在发现我不用那么声嘶力竭地喊他了，这点特好。原来我们家就我在那儿叫唤，我估计邻居都有意见。现在我说着话他就过来了，而且对我的依赖明显有增强。"

我说："所以我说依恋增强，其他东西就会自动变好。"

妈妈说："他现在特别听我的，原来你说什么他都是那样。"帅哥把打开的录像带给妈妈看，两个人嘀嘀咕咕了一阵。

帅哥给妈妈看打开的录像带也是有分享的味道的，他要让妈妈看他做了什么。

我和爸爸说："上次我看他骑在你身上，说明他对你有很强的亲密感，他愿意跟你有这种身体的接触。我不知道你们可不可以在家里玩类似的身体游戏？"

爸爸说："也玩，我们带他游泳的时候，他经常骑在我背上，就趴在我背上游。"

我建议："比如在家里，把被铺在地上，让他抓你，让他扑在你身上，有类似的身体接触。你可以和他说'我和你玩打仗游戏，只能和爸爸玩'。你也抓抓他，他也抓抓你，告诉他不准跑到被子外面去。这种方式稍微带有一点攻击性。在这个过程中你会让他发泄掉很多攻击性。这样的小朋友是容易有攻击行为的。如果他没有办法正确地做出攻击行为，你又会觉得郁闷了。所以我说他在你身上有这种行为，挺好的。你们俩可以试探地玩类似的游戏，比如在草坪上跑一跑，让他抓抓你。他扑你一下，你就假装倒了，玩这种力量型的活动。在动物世界里，小动物会和大动物玩翻滚游戏，这也是身体方面的亲密。他已经表现出这种迹象了。如果没表现出这种迹象不可以随便试的，你去触碰他的时候要很小心。"

妈妈说："不喜欢人家抱他。"

爸爸说："对，他从小不怎么喜欢人家抱他。"

我说："你会发现他越来越喜欢你抱他或者背他，或类似的身体接触。他要和你一起睡，已经在表明这种迹象了。"

妈妈说："他每天都是。他喜欢左边搂着我，右边搂着爸爸，觉得自己特幸福。"

帅哥去开关摄像机，忽然大声"嗯嗯"了两声，爸爸过去看摄像机，帅哥给爸爸指摄像机的屏幕："这，这，52了。"

爸爸说："没事，那是记录时间的。"

我感觉帅哥现在每次打断我们，基本上都是在一个话题谈到结束的时候，不像以前不管什么时候直接就插话，不知道这是否也是一种成长。把握这种谈话的间隙，再插入，是更有力量的。

妈妈问："在幼儿园他被欺负了怎么办呢？你觉得他现在有没有到心理容易受伤害的时期？"

我问："你觉得你儿子一定会被欺负吗？我看现在帅哥的表现，觉得他基本上是属螃蟹的，就差横着走了，从气势上就不像容易被欺负的。"

妈妈有气无力地说："我觉得是（容易被欺负的）。"

我说："那你就和老师说尽量别让小孩欺负他就行了。老师一般是有这种影响力的。如果你家小朋友愿意笑，能转身对人笑笑最好。基本上这样的小朋友不容易被人欺负。而且他现在的反应看起来也不弱。如果你说他刚来的时候容易被欺负，还可能。现在我觉得他蛮可爱的，未必就会被欺负。"

爸爸在摄像机旁陪着帅哥拆卸，帅哥捡起他拆了掉在地上的手柄，问爸爸："爸爸，这是干什么的呀？"

妈妈说："你说的也对。我们去游泳的时候，人家拿了他的球了，他就过去，很横地说'给我，给我，我的'。原来从来不这样，现在特横。原来不会说'给我，那是我的'，现在是学会了，特逗。"妈妈笑。

我说："对呀，安全了，他就会表达出他的想法了。我就说他在发泄攻击性。那天他骑在爸爸身上的时候，还伸手打爸爸，我觉得你当时的反应挺好的，你说'得儿驾'，这种变换蛮好的。"

在这里我对妈妈上次超级好的表现给了正面的肯定，父母也是需要心理支持的，他们也要找养育的成就感。

帅哥玩儿完摄像机，使劲拽纱窗，背对纱窗，一闭眼睛又放开纱窗，只听到"啪"的一声。帅哥干完坏事往回走。

妈妈跟帅哥描述："啪的一声还不看着。"妈妈笑。

爸爸说："他怕这声。"

帅哥看到墙上的一个小贴画，是上次他贴上去的。

他问："这是哪天弄的？"

妈妈答："就上次呗。"

我说："上次是你弄的吧。"

爸爸建议："你把它贴在身上吧。"帅哥没理我们，又去玩纱窗。

我继续给妈妈解释："我觉得他是不是被欺负和他当时的状态有关。感到不安全的时候，他其实是会退缩的。在动物世界里什么样的动物容易被欺负？就是身体上表现出退缩迹象的动物。"

帅哥过来翻妈妈的包，妈妈问："你要干什么，宝宝？"

帅哥说："渴了。"

妈妈比比手中的茉莉花茶，又指了指爸爸那边："渴了，你是喝这个，还是喝那个果汁？"妈妈给出这种选择，让帅哥有控制权。

帅哥说："那个汁。"

妈妈对帅哥说："那你就自己拿吧。"然后又对我说："今儿帅哥把裤子穿反了，我说你换过来，他说不要，我说那你就这么穿吧。"

帅哥蹲下，从爸爸包里拿出一包苏打饼干和一瓶橘子汁，然后瞬间站起来。爸爸的头探过去，正好在帅哥的头上方。爸爸很迅速地闪躲，说："这大脑袋经常撞我们。"

帅哥拿着两样东西，给妈妈展示，又把饼干放在沙发上说："这是苏打饼干。"然后拧开橘子汁的盖子开始喝。

妈妈说："这小家伙每天要吃多少东西啊！也不怎么吃饭，就吃零食（帅哥略带严肃的神情，和妈妈对视）。在幼儿园他不吃饭就算了，不逼他吃饭。"

帅哥喝完水，低头把坐的沙发当毛巾在上面蹭了蹭嘴，抬头看妈妈。妈妈说："还能这样啊，还能擦这儿呀？"

我说："那个坐的地方可不干净，小朋友来回乱踩的。"帅哥不理我们，径自打开饼干的包装开始吃。

爸爸问："为什么有时候他犯个坏，觉得那么美啊？"

帅哥开始摇头，妈妈说："德性！"当帅哥摇头摇得太厉害的时候，爸爸妈妈伸手轻轻扶住他的头，他停下了摇头的动作。

我说："这样的小孩比另一类小孩要好。另一类小孩不干坏事，很可能是更胆小的，长大以后不能接受自己做错事情，接近完美主义倾向。怎么处理都没用，那才要命。上次他说你把遥控器拿走了，他还很幸灾乐祸，这就很好。"

爸爸说："别人出了什么错，要是让他看见了，他可美了，得一遍一遍给我说。"

我说："其实他在想也许他犯错了，也没事。实际上他内心还是恐惧的，他利用另一种方式去治疗。"

帅哥这时插进来，左右手都拿着饼干，对妈妈说："妈妈，你喂我喝水吧。"帅哥在邀请妈妈做出养育行为。喂东西这个行为是和婴幼儿养育有关的。依恋的形成和喂养有关。帅哥主动要求被喂养，似乎在用这种方式修复早年的依恋关系。

妈妈很自然地说："好。"

我说："还要喂的！天啊！你太牛了。"

我说的话不是在讽刺帅哥，而是在描述他的行为。我是支持他要求喂的。

帅哥站起身，配合妈妈手中的瓶子，凑过去喝了几口，估计不太满意，用手在下面抬抬瓶子，喝了一大口，我说："嫌喂得不够好。"我说这句话是别有深意的。小朋友在康复期需要依恋的感觉，但是小朋友为什么不会留在依恋期？因为别人的照顾永远无法达到自己的要求。独立自主也是一种诱惑，也是小朋友成长的一个动力。

爸爸问："帅哥，喂爸爸一口水。"

帅哥一口拒绝爸爸："吃苏达饼干呢。"

帅哥有被喂养的需求，但是还没有准备好发展出喂养他人的能力。这里他换了一种方式拒绝爸爸。

我重复："哦，你吃苏打饼干呢。"

爸爸问："给我来一口（苏打饼干）？"

帅哥站起来拿着饼干，先给了我一块，我说："给我啊。谢谢。"

帅哥又使劲甩了两下头，妈妈问："干什么呢？"帅哥停止甩头的动作。

帅哥递给妈妈一块饼干，妈妈说："谢谢。"

最后帅哥把一块饼干给爸爸，满脸堆笑，爸爸说："最后一个给我啊？为什么最后一个给我？完了就美的不得了？"

很多儿童都是通过攻击爸爸获得成就感的。爸爸代表力

量。能和有力量的人抗衡看起来才更能提升自己，也会更让自己
兴奋。

妈妈把自己手里的饼干还给帅哥。帅哥拿到手里，又把饼干
直接送到妈妈嘴里，说："你吃吧。"

妈妈说："我吃一口行吗？谢谢。"

帅哥说："吃好多口呢！"

妈妈妥协："行。"

我说："不吃也得吃。"

帅哥又晃头，妈妈用手轻轻挡了一下，爸爸说："不晃头，
一会儿晕了，到时候摔跟头。"帅哥不理爸爸，还是有节奏地晃
了一阵子。

妈妈说："帅哥还是特别喜欢游泳，卡里的50次体验课全都
用完了，昨天我想要不要续卡。单独去一次很贵，办卡就便宜一
点，马上秋天了。"

我问："室外的游泳池吗？"

妈妈说："室内的。"

我问："那不是可以一直游吗？"

妈妈说："水很冷，冬天特别冷。看他那么喜欢，我再买
100次课。游泳要继续下去，因为他比较放松。开始不高兴，一
到游泳池里就开心了。"

我们讲话的中间爸爸想抢帅哥手里的果汁，帅哥闪躲就是不给爸爸，看起来挺强势的。帅哥的闪躲动作非常精准而迅速。看起来他对爸爸的知觉和对自己身体的控制都很好，根本不用感统训练。帅哥在运动方面一直在进步。

我说："（冬天游泳）也许他不怕冷。为了玩，有好多人可以忍很多事情的。"妈妈笑。

妈妈说："我觉得也是，特别喜欢，每天都要去。"

我说："所以兴趣是第一重要的。只要兴趣有，动机有，那些东西慢慢都能学会的。"

妈妈说："是。不是不逼他了嘛，上次来我说他会蛙泳，现在人家自己学会仰泳了。我觉得特棒。仰泳水都进到耳朵里了，挺吓人的。他还用脚'啪啪啪'地打水，给我表演呢！上次我没去，他爸爸陪他去的。有两次我没去。"

爸爸说："用自己的脚打水，我一看还真往前走。"

我问："你们都没教，他自学成材的？"

妈妈说："他自学的。"

爸爸说："他看别的小朋友。"

我说："哦，天才啊。"

妈妈说："还真是，什么都不能逼他。但是有些东西也不知道他能不能学会，比如他给我看什么东西，他永远都这么拿着

（把要看的地方对着自己，而不是对着妈妈），问我'这是什么'，他永远不会这样（把要看的地方对着妈妈）。他这样是有问题的。这种情况是要教他还是等他自然会呢？"

我说："那你就跟他说'你能看到，我看不到，转过来'。"

妈妈说："对，我每次都和他这么说。但他好像还是回不来。"

我说："没关系，你就反复说，慢慢他就会理解了。这也算是语言交流嘛。你不把它当回事，就不是什么事。"

估计帅哥对我的解释很满意，站起来晃着手里的果汁，对我说："喝吗？"

当妈妈说对帅哥不满意的地方时，我说了些支持帅哥的话，认为这不是个大问题。帅哥是理解的，立刻将他手中的水送给我，表示友好。

我说："不喝，你自己喝吧。"

帅哥问："你喝什么？"

我没听清楚，疑惑地"嗯"了一声。

帅哥看着我又说："你喝什么东西？"

帅哥对语言的理解能力更好了，我只"嗯"了一下，他就明白我没有听懂，再一次重复了他刚才说的话。儿童语言的发展不仅仅包括他会说什么，还包括他对别人的语言和非语言传递的信息的理解是否到位。

我说："我喝可乐呢，我也有一瓶。"

帅哥转头看着妈妈，晃晃手中的果汁，说："我喝这个。"帅哥和妈妈相视而笑。

我说："对，你喝那个。"

爸爸问："你能喝可乐吗？"

帅哥拉长了声说："不能。"

爸爸问："为什么啊？"

帅哥说："我还没到18岁呢？18岁以后我能喝吗？"

帅哥问妈妈，妈妈答："能喝。"

妈妈说："你看他那渴望的样子，还我能喝吗？他特别爱喝这些东西。我没有什么特别禁止他吃喝的东西，就是不让他喝可乐，不让他吃巧克力，因为吃完这些他会特兴奋。"

我说："其实慢慢状态变好的话，也没关系。"

妈妈说："没事？"

爸爸说："我喝可乐都兴奋。"爸爸说话的时候，帅哥和妈妈的头同时转向爸爸，看爸爸说话。

在通常情况下，谁说话，大家都看向谁。这是人际交往中的正常情况，但是有些人在这方面会存在障碍。现在帅哥基本上和普通小孩差不多，能关注说话的人。

我说："那这可能和遗传有关。我喝完咖啡，喝多了，睡觉都没问题。我听说有的人白天喝了，晚上就睡不着。"

爸爸说："我早晨喝都不行。"

我说："这还是分人的。整体上和食品没有太大的关系。"

帅哥看着插线板上的线，估计很想踩一脚。他面对那条线，站了一会儿，试探着慢慢往前走，估计在等我们的反应。我说："不能再往前踩了，不然就掉下来了。"

爸爸动作迅速，走到帅哥身后，轻轻把帅哥挪开。

妈妈说："之前我们辛辛苦苦给他禁食，全家跟着他一起，连香油都不吃，也没见什么成效。后来我就给他吃，因为我觉得品尝美食也是他幸福生活的一部分。"

我说："口欲期一定要好好度过。一旦给自闭症小孩禁食，将来需要解决的问题就会增加。将来在心理上对食物的控制力都会更差，麻烦更大。"

帅哥右手抱着食物，左手拧下了摄像机的手柄，我让妈妈看："你看他抱着东西。"

妈妈说："哦，他用左手。"

爸爸去修理，和帅哥说："帮爸爸找找小圆钮。"帅哥根本不理，拍拍屁股走人。

我说："他才不管呢，他只管破坏，很兴奋地就走了。"

爸爸说："颠着就回去了。"

我说："对呀。"

帅哥不是没听到爸爸的话，他坐在沙发上，问妈妈："小圆钮呢？"

我说："你爸爸找到了，在地上呢。"

妈妈说帅哥："一口饼干，一口水，是吗？"

我说："小朋友的幸福生活。"

爸爸说："现在除了让他兴奋的东西，其他的东西都让他吃了。"

妈妈说："其实巧克力都没有关系，我也让他吃了，吃得特别幸福。问妈妈'我吃的是什么'，我说'巧克力'。心里那个美啊，说'真好吃呀'。"

爸爸说："少吃，偶尔吃吃。"

我说："我觉得这样的小孩最后是可以和正常小孩没差别的。"

妈妈说："是吗？我一直不敢相信，真的吗？"

我说："现在你再答一下那个问卷（测自闭症行为的），你会发现好多东西他都没有了。"

妈妈说："对。但还有一些和人互动的问题。和人的关系、对人的理解，到底能够恢复成什么样？"

我说："那方面要慢一些，但是整体看，他对人是有兴趣的，这才是第一重要的。"

妈妈说："这我相信。"

我说："有兴趣才能有发展。只要有兴趣他就能做调整了。就像你看不到那东西，你多说几次他就转过来给你看了，甚至你说完他就能给你看。交流的目的就是你们能互动。"

妈妈说："那时他四岁多，我把他送到幼儿园，过了半年幼儿园老师都说进步真大啊，真好啊，和我表扬他，其实我心里很清楚不是那么回事。虽然他懂纪律了，自理能力有了，但是恰恰我不看重这些，我看重的是社交方面的东西，那一块他明显落后。我不好意思在老师面前说，说他这方面怎么不好。在这方面我特郁闷，别人都说他进步了。我是做妈的，我知道他进步没进步。我看重的那些地方都没进步。"

帅哥向后躺在沙发上，还把一只脚提起来踩在沙发上，悠然地喝着果汁。爸爸说："帅哥，你这个姿势很自在。"

我说："就是很自在，爽啊。"

爸爸说："吃饱喝足了，腿还翘上来了。"

妈妈说："经常睡觉的时候，把腿往我身上一翘。"

爸爸说："爸爸妈妈还得左边一个、右边一个，会说'你们亲我，你们亲我'。"

我问："是吗？"

妈妈说："对，就这样。"

爸爸说："还得俩人一块儿亲他。"

这是帅哥主动发起的亲密行为。很多时候只要父母做对了，小朋友觉得安全了，他就会主动发起修复关系的行动。父母只要跟随就行了，孩子会带领父母走进依恋关系。

妈妈说："他亲我了，他爸爸说'你怎么没亲我啊'，他特高兴，说'你是不是嫉妒了？'。他现在明白嫉妒这个词了，他真的明白了。"

上次妈妈刚说他明白了什么是嫉妒，这里就会灵活运用了，把这个词运用到人际互动中。

我说："他睡觉的时候，腿搭你们身上，是在不断地试探你们，在学习亲密。一般情况下，在小朋友小的时候，你抱着他，他会感到亲密，但这样的小孩那时候都是回避的。你看他能不能康复，第一点就是看他和你们的关系能不能恢复。他和你俩的关系能恢复的话，其他的也没问题。"

妈妈说："哦。"

帅哥问妈妈："这是哪个汁啊？"

妈妈给帅哥解释："就是雀巢的那个，袋装的那种。"

妈妈说："现在他不愿意晚上出去，老说怕黑。我说'你从什么时候开始怕黑的呀？'。但是游泳就行，开着车出去行。"

帅哥问妈妈："什么出去就不行？"

妈妈说："我让你走出去呀，走出去怎么了？"

爸爸说："我们想让他找邻居家的小孩玩一会儿，遛遛弯什么的，他就不乐意了。"

我说："小孩开始有恐惧，是一个正常现象。这样的小孩本来恐惧感就比别人强。他会放大他的那种恐惧感，这时候爸爸妈妈要表现出你们很牛，什么都不怕，你们是肯定能保护他的。"

妈妈说："哦，这样子。"

我说："他给你机会的时候，你要立起来，表现出你很强大，你能罩住他，他才会觉得他可以不害怕。"

妈妈说："是吧。原来我们吃饭，如果是他没吃过的东西，我让他吃，他死也不吃，你怎么跟他说，他都不会吃。一定要他心情很好、很好，有很强烈的刺激物，就是强化物，他才吃。如果他和我建立好的依恋关系，是不是我说帅哥吃吧，他会百分百相信我，把东西吃了呢？"

我说："那不一定。有时候这样的小孩还会使坏。有的小孩不知道那东西好吃不好吃，第一次吃的时候，他会把这东西喂你嘴里，看你是什么反应。"

妈妈说："对对，他有时候就是这样。他就搁我嘴里，就是不吃。我想他还没百分百信任我。"

我说："放你嘴里看你的反应。小朋友都挺坏的，尤其这种孩子，一般不敢贸然尝试，基本上都把风险留给别人，探索脚步奇慢无比。"

帅哥走到我面前，问我："这是什么东西。"我猜这时帅哥打断我们的对话是有意义的，他不想听我下面的解释。他估计我会说到他很自私的一面。

我说："这是听歌的。"

爸爸说："帅哥，你猜猜那是什么？"

帅哥已经离开了，不那么感兴趣，我完成爸爸的对话："MP3。"

帅哥去电脑桌上拿了个笔，说："我要用笔写。"

我问："你要写什么呀？"

我们这边帮他找纸。

帅哥说："我画一个老鹰。我不会画老鹰。"

妈妈说："没关系，随便画。他刚开始完全画不出什么东西。我觉得在这方面他挺不自信的。"

帅哥抬头和妈妈说："妈妈，我不会画食猴鹰。"

妈妈说："没关系。你画了食猴鹰飞过的风，画得特棒。"

帅哥说："画的食猴鹰上面没毛。"

妈妈说："没毛呀？"

爸爸说："那是秃鹰。"

儿子笑着和妈妈说："妈妈，你给我画个秃鹰。"

妈妈为难地说："哎哟，妈妈也不会画。"

爸爸来解围，说："爸爸给你画个秃鹰。"

我说："你看刚才他和你说话的时候，那个笑啊。"

妈妈笑着附和："那个样啊。"

妈妈说："他有时候会共情，我也不知道为什么。看动画片里小动物哭了，他自己也哭，我说'你怎么那么激动啊？'。就那样子，特逗。这样好吗？他为什么会这样啊？他不会觉得那个和我们离得很远吗？"

我说："能体验到另一个人、另一个角色的情绪和情感，说明那不是自闭。"

妈妈说："那也挺好的，是吗？"

我说："如果真有自闭的症状，他会没有共情能力。比如刚才你说茉莉花茶对着他，他不知道是什么字，他很难站在你的角度上想东西。他在那个情节里，能站在那个小动物的角度去想那个小动物会有什么情绪反应，说明他的感受非常好，他能代入那个角色。"

妈妈说："那我觉得他有时候就会老把自己当成那里面的人，有时还会说我怎么怎么样，'我是不是哭啦？我是不是害怕啦？'，就这样。"

我建议："如果你担心，想把他（从那个情景里）拔出来，你就把话重说一遍，你说'是不是那个角色害怕了？'，把他和那个角色分离。你从语言上是可以把他分开的。有些有创伤的人在接受治疗的时候，可能回到过去的那个创伤情境中。咨询师经常说现在是什么情境（提醒他他想的是过去的情景）。不是不让他回忆，而是不断地提醒他身处现在。如果他把自己代入到那个情节的话，你不用提醒他，只需要在语言上把它分开，说'你是不是说那个小兔子出什么问题了？'。其实让他和小兔子有一定的区别就行了。"

帅哥在我们谈话的期间，两手拿着笔，像举重一样，来回举了无数遍，一会儿给妈妈看，一会儿转过来给我看，表情是笑的，很有表演的味道。

爸爸帮帅哥画完，离开沙发，做回旁边的椅子。帅哥在给秃鹰画毛，边画边说："毛、毛、毛。"

我说："你爸爸画完了，你给画毛，是吧？"

妈妈说："我发现一件事情如果当时他没有完成，就像你说的未完成事件，他总是耿耿于怀。好像两三年前的事他都能想到

'这件事我没完成'，而且每次想到心情都特激动。老这样，是不是得把那件事完成了，才行啊？"

我说："能完成的，你就帮帮忙。他会随着年龄的增大，对不是特别重要的未完成事件，逐渐有抵御能力的。过一段时间，就没关系了，不用太介意。能完成的，就帮他完成。"

妈妈又讲了一件事："我们家的对面有个商城，地下停车场有三层，他一定要进去。我本来也挺害怕的。楼梯挺黑的，他非要走，我不想让他走。那天，我说行，我带你走，下了一层，我说二层、三层都这样，他说不行、不行，非要下去，唠唠叨叨的，都走了个遍，挺吓人的。我怕他被车撞到。地下停车场那边挺不安全的，但他特迷恋地下停车场。像他对于这种乱七八糟的东西的迷恋，包括上次我说的对于发票的迷恋，很难改的，一旦喜欢上就好几年。"

我说："改它干什么呀？没什么用啊？"

爸爸说："好在不是什么贵重的东西。前段时间迷恋气球吹完后下面的小托儿。他就喜欢那个东西。买了一千个还是两千个？不太记得了。"

我惊讶地说："啊？"

妈妈觉得爸爸夸张了，说："一百个。那天去餐厅吃饭，他转转转，急得都不行了，我说'你干什么'。后来才知道在一盘菜里有个有厨师名字的小贴画，他把那个贴到身上。我说这是什么呀，他就涨红了脸，就这样。我就觉得这孩子挺别扭的，一般孩子不会这样的。”

爸爸说："气球小托和棒棒糖现在基本不迷恋了。"

妈妈说："快给他买了一千根棒棒糖。"

我问："不吃，是吗？"

妈妈说："不吃。你知道棒棒糖都是完全一样的，但是他一看就知道是哪儿买的，特别奇怪。我都分不出有什么区别，糖纸和棍都差不多。但现在也过去了。我知道这都能过去，但他什么时候能对大家都感兴趣的东西感兴趣？玩玩具也特逗。铁轨上上下下，火车在上面开来开去，他觉得特有意思，过瘾，不愿意让人打断。"

对于小朋友的这种刻板行为，如果在物力和财力上能支持，还是要尽量满足。其他疗法会把这定义为刻板行为，需要纠正。这样做会让小朋友把这些都变成未完成事件，一生都可能在这上面纠结。

帅哥拆完东西之后，离开摄像机，爸爸去修。帅哥对着地上的插线板，在很近的距离，做了两次下蹲的动作，等着我说"那东西不能动，会过电的"。只有对于这种非常严重的事情，我才会纠正。养育者在关键时刻要坚定制止这种危险的行为。在家庭治疗中，父母的等级是高的，是以保护者的姿态出现的。要让孩子觉得是被保护的，这样他才能知道什么是安全的。但是如果父母什么都纠正，总是在说'不'，那孩子就很难分清楚什么是真正危险的，真正需要禁止的。

爸爸问帅哥："圆圆的小钮在哪儿啊？帮我找找吧。"

帅哥过去，接过爸爸手里的手柄，想往上安，嘴里说："你给我放上去吧。"爸爸和帅哥一起在修摄像机。

我说："这些爱好或者说迷恋，还是很好的。很多人认为网瘾不好，需要治疗。我觉得那些人可能原来有别的心理问题，觉得还不如表现为网络成瘾呢。比如说他现在压力很大，需要一些东西是安慰自己，如果这东西没什么破坏性，我觉得就没问题。"

帅哥回来从电脑包里把装保修卡和说明书的袋子拿出来，说："我要保修一下笔记本，我要保修一下。"他都翻出来了，问："爸爸，保修卡呢？"

我问："他每天都倒出来一遍，是吗？"

妈妈说："对，他特别喜欢看这些东西。"

帅哥找到了卡，问："妈妈，这个是保修卡吗？"

妈妈说："对呀。"

帅哥问我："易老师，这是什么卡呀？"

我答："你不是说了嘛，保修卡。"

妈妈说："他老问明明知道的问题。还有比如说3+8+5等于几？然后让我算，7+2+6等于几？"

我问："他会算吗？"这种数学能力和智力水平是正相关的。

妈妈说："他会。他只要说出来的，基本已经算完了。你要是说错了，他就特高兴。有时候我困得不行了，他还想让我算。你还不能哄他，瞎说一个。"

爸爸说："我电脑的光驱让他给捣鼓坏了，不转了。我们现在给他放光盘，要先把光盘转起来，才能合上。"

帅哥过来拿着MP3，说："我可用了，怎么听不了歌啊？"

我说："是听不了歌，我没拿它当听歌的用。"

帅哥对我的MP3很感兴趣，扒起了外面透明的塑胶保护套。一边和我挤在一个单人沙发里，一边说："我给你去皮了。"

我说："去皮呀，去皮得这样。"

我帮忙去皮。因为还有个挂线，去皮工作受到了阻碍。我说："我先把线拿下来再让你去皮。叫你爸爸来，把线拿下去，然后再去皮，行不行？你给爸爸拿过去。"帅哥在爸爸旁边焦急地等着爸爸把线拆下来，爸爸表现很好，也没紧张，慢慢在拆。

妈妈说："好多这种东西他都喜欢。他现在迷恋交通卡充值。他要去拿发票，充完值以后他又不让我用交通卡，他一定要我花钱买，要那个纸片（公共汽车票）。我的交通卡里有三百多块钱了。他老跟我充值去，充完值坚决不让我刷卡，让我买票，就是公共汽车票得买。"

爸爸帮帅哥拆了线，帅哥一下就把皮去掉了，立马就不感兴趣了。爸爸还在想怎么把线在装回去。帅哥拿着保修卡，问妈妈："这本来是什么卡？"

妈妈说："本来就是保修卡。"

我和妈妈解释迷恋："无伤大雅的事，你也不用太介意。像我们正常的人，还有集邮的、攒石头的，迷恋什么的都有。"

帅哥在我旁边晃，我问："你要找什么？你想要什么呀？"

帅哥从我包里拿出插卡器，嘴里说着："关上，插上。这个是给你的。"他把插卡器中的记忆卡抽出来递给我。

帅哥转身和妈妈很认真地说："我把卡给易老师，是有用的。"他是说记忆卡是有用的，插卡器没用，或者不重要。

他说了好几遍把卡给我了。这段描述中帅哥能够知觉他的行为，能用语言描述他的行为，愿意用语言和父母分享他做了什么。以前都是我们在帮帅哥描述他的行为，慢慢地帅哥开始自己描述自己的行为了。

我继续解释迷恋："正常人也会迷恋一些东西，一般没有太大问题。小朋友有时候用迷恋的方式去处理他逐渐脱离父母的需要。正常小孩喜欢一个玩具，天天抱着，那你不觉得是个问题。其实他到哪儿都带着他的玩具，那也算是种迷恋嘛。他这样我们觉得不太符合常规。符合常规你就觉得没事，比如他天天抱个洋娃娃，睡觉的时候也要搂着。"

妈妈说："对，要是符合常规我就不觉得怎样了。"

帅哥又跑过来和妈妈说："我把小卡片还给易老师了。"

妈妈问："还了吗？"

帅哥答："还了。"

妈妈夸张地说："真的呀。"

妈妈讲他们最近的行动："我们去了一趟焦庄户，就是地道战的地方。帅哥喜欢隧道。车开了五十多公里后，他就去钻地道了，特高兴。"

爸爸说："他爱看看黑猫警长。"

妈妈说："动画片里那个老鼠不是钻洞里嘛，他喜欢，很高兴。这回给他找了个人能钻的隧道。"

我说："我想你们做得挺好了。"

妈妈说："尽量满足他吧，要不有时候我费了半天劲儿，他状况还不好，我辛辛苦苦带他玩半天，他还不满意。"

父母费半天劲儿，小朋友也可以不满意，因为结束是一种不好的冲击，他会不高兴。接受他可以有这种情绪才是对的。

帅哥的爸爸在拷贝咨询录像，帅哥就在这种时候捣乱。他知道爸爸会担心，所以他才去刺激爸爸，可能他觉得这样才好玩。帅哥的手伸出去，往电脑插卡的地方指去。爸爸拦住他说："再等一分钟，先到妈妈那儿待一分钟。"

帅哥过去，妈妈把他抱起来。他坐在妈妈怀里，看着手里的光盘，说："猫和老鼠光盘。"

妈妈问："Tom是谁啊？"

帅哥说："猫。"

妈妈问："老鼠叫什么呀？"

帅哥答："Tom。"

我说："老鼠叫Jerry。"我并不会明确指出他说错了，我会很合作地把正确的说一遍。

帅哥从妈妈身上挣脱出来，又去刺激爸爸，我说："那个不能碰。"帅哥转身回到妈妈身边，要翻他自己的托马斯包，问："里面有东西吗？"

妈妈说："没有东西，你自己看看吧。"

妈妈猜他想吃什么，问："你想吃什么？"

帅哥说："你喝茉莉花茶。"

妈妈拿出口香糖瓶子，问："你想吃这个了，是吗？"妈妈笑。

帅哥很高兴："呵呵。"然后拿走了口香糖瓶子。

妈妈说："他老这样，不直说，老拐弯抹角的。"

爸爸和帅哥说："给我吃一个。"

这回帅哥没有先给别人，直接塞了一个口香糖到爸爸嘴里，爸爸说："谢谢。"

他转身给了妈妈一块，妈妈说："谢谢。你吃吗？"

帅哥说："我想比一比。"

我还没猜到什么意思，妈妈说："你是想吃的比我多吗？"帅哥嗯了一声，我们爆笑。

帅哥嘴里说："2+1=3"

妈妈说："你想吃几个呀，（数帅哥放在嘴里的口香糖。）1个，2个，还比一比。"

帅哥又跑到爸爸身边。爸爸用身体挡了挡，怕他碰电脑。为转移注意力，爸爸问："2+1+1等于几？"

帅哥想了一下："等于4。"

我问妈妈："他现在很喜欢算数吗？"

帅哥又大声地做了一遍算术："2+1+1=4。"

我夸帅哥："你厉害，看来聪明是挡不住的。"

我和妈妈说："他的语言也是挡不住的。"

妈妈说："他都能用'可能、也许'了。"

我说："如果他的语言功能不好的话，会指你的东西，说喝。他说'我要喝你的茉莉花茶'，语言组织能力挺好的。"

妈妈说："我觉得他说'你、我、他'比原来好多了，原来分不清。"

我说："要是分得更清楚，就是他和那人说'球是我的，我的'。实际上在语言上分清你、我、他并不重要，只要他真的知道这东西是我的，那东西是你的。他可以说错，但是理解上没错就行了。"

帅哥不停地用手在电脑旁边比画，爸爸："爸爸退出来，再让你按。"

我说："你每回都刺激你爸爸的神经。"

妈妈说："他爸爸比较脆弱，老是跟儿子急。儿子一动，他就急了。我现在在帅哥心中占有老大的地位。问他谁最爱你，'妈妈'；然后你最爱谁，也是'妈妈'。"

帅哥跑去玩摄像机，爸爸要拔出卡。爸爸还记得让帅哥去拔，说："帅哥，快来按出来，把这个给易老师。"

帅哥问："为什么还给易老师？"

帅哥不太会按。在爸爸超级耐心的帮助下，他把卡按出来了，然后送到我手里。我说："谢谢。"

帅哥又问："为什么还给易老师啊？"

妈妈说："是易老师的东西啊。"

爸爸问："帅哥，谁最爱你？你最爱谁？"

帅哥说："我最爱妈妈。"

爸爸说："我生气了。我嫉妒了。我不让你动了。"妈妈说爸爸在威胁孩子。

帅哥根本不把爸爸的话当回事，要从计算机里拿出个东西，说："我把这个给易老师。"他想转换话题，避开爸爸的威胁。

我说："那不是我的，是你爸爸的。"

我和妈妈说："今天就这样，回去知道怎么和老师解释就成了，把事情弄简单了。"

妈妈说："我这次回去重点做这件事。"

妈妈说："走了和老师说什么啊？"

帅哥说："再见。"

我说："帅哥看老师一眼。再见。"我知道帅哥能做到，如果不能，我会说不用说再见，不看也没关系。

帅哥说："再见。咨询怎么结束了？"听起来帅哥还挺喜欢这次咨询的，不想咨询结束的样子。

●●●●●● 第五次咨询总结 ●●●●●●

帅哥的表现

亲密关系方面的变化。这是最主要的部分。帅哥主动要求和父母一起睡，还要一边一个亲他，要求妈妈喂他水，主动求喂养。他会说最爱妈妈。还有在看到小女孩走丢了，找到妈妈后哭着求妈妈安慰时，他也会模仿。除了和爸爸妈妈的人际，他也在扩展其他人际。他有动机和其他小朋友交往，虽然技能上还不够好。

语言方面的变化。帅哥对于非语言的知觉变得敏感，能从我说的一个"嗯"字，就推断出我没听清楚他说的话，然后重复一遍给我听。他说的句子在变长，主谓宾比较齐全。谁说话他能看向谁。妈妈能用语言和他商量事情。

运动方面的变化。比如单手拆我的摄像机，每个手都会，说明他的协调能力很好。虽然只是破坏，但是破坏的技能有提高。游泳方面更显示出他的运动天分，自己看着别的小朋友就能学会仰泳。还有爸爸和他抢他的水，他迅速一转身护住水的动作，显示他在运动方面的灵活性。

情绪方面的变化是他变得情绪稳定。妈妈描述他情绪平稳。

刻板行为。一般刻板行为是小朋友为了安抚自己的焦虑而出现的行为，能支持就支持。让他保持比较好的状态才是重要的。

在这次咨询中，爸爸妈妈在描述他的刻板行为时都是持比较接纳的态度的。帅哥一直在听，他知道我们对此是接纳的，这很重要。小朋友旁听，对爸爸妈妈的态度有了解，对爸爸妈妈未来的行为有预测可以让小朋友对生活有控制感。

父母的表现

父母一直能保持非常好的状态，对小朋友的亲密行为的回应也非常到位。

父母对咨询的理解也非常到位，能够让帅哥有选择，而且对帅哥非常支持，包括带他去地道战的地方，满足他钻隧道的特殊需求。再比如父母说之前买过上千个棒棒糖，说明他们一直在满足孩子的刻板需求。

父亲对帅哥富有攻击性的态度十分接纳。帅哥最后给爸爸好吃的，气爸爸，会明确说最爱妈妈，但是爸爸不会真的受伤，偶尔还会有对帅哥的小威胁。被帅哥无视，爸爸也不会觉得权威被挑战。

母亲对帅哥的各种描述都很到位，这对帅哥的语言发展是非常有好处的。对帅哥的生活事件的精准描述也有助于咨询师更好地理解帅哥，并给出相应的解释和建议。

　　我在咨询中给出了一些建议，有一部分是家长如何与幼儿园打交道，包括怎么和老师打交道的。这部分普通家庭的家长也是可以借鉴的。

　　咨询中没有提及，但是这里要说明一下：在这次咨询中帅哥有很多次晃头的动作，幅度挺大，时间很长，父母都纠正过。我既没有纠正小朋友，也没有纠正父母。我怕我的参与会强化小朋友的晃头动作，成为一种刻板行为。我采取的是忽略的方式，不仅忽略小朋友晃头，也忽略父母的纠正。这个部分被忽略后可能慢慢就没有了。事实证明，下次咨询的时候这个行为真的就没有了。

第六章　帅哥和妈妈谁喝水？

我到咨询室的时候，帅哥一家已经到了，帅哥一个人站在门里面，爸爸妈妈站在门外面。

我离老远就喊："哦，你来啦，你提前啦。"

帅哥看着我说："播放不了。"估计他提前进去，鼓捣我的摄像机有一阵子了。

我问："为什么播放不了呢？怎么可能呢？应该播放得了啊。"

帅哥没头没脑地问："你几岁了，都？"

我进屋说："来了，（我弄好了，问）播放没？这小朋友急死了，竟然播放不了。开始了吗？"

帅哥提前到了。他说播放不了的时候，是在向我求助，这种求助代表他的人际关系在变好，他试图相信人，但是他说的话还是绕弯的，没直接说让我给修一下。我迅速领会小朋友的意图，帮他把摄像机弄好，同时描述了他的情绪。这是为了让他对自己的情绪有正确的知觉。我是在和他共情，表达我认同他可以有这种情绪。

帅哥来回按开关键，问："这个是什么东西啊？"

我走去："哪个？我看一眼。白的吗？这个是（开关）按钮啊。"我给帅哥解释了显示屏上的标识，哪个是在录像状态，哪个不是。帅哥对我的解释没什么兴趣，开始拆。我说："你又开始拆了？"

帅哥迅速拆完了，爸爸说："又掉了。"

在帅哥比较感兴趣的地方，我尽量多说话，用话语描述他的动作和期待。当他没有兴趣的时候，我会知觉到，并马上结束这轮对话，避免他讨厌和我交流。

妈妈说："别砸了脚啊，宝宝。"

帅哥对着摄像机一通破坏，高兴。

妈妈描述："笑的哟。"妈妈也会对他的情绪进行描述。真是聪明的妈妈。

我说："来我这儿的都是小破坏狂。这两天来的小孩都破坏，把家长吓死了。"

这里我在降低家长的焦虑和内疚，不然他们会觉得只有他们的孩子才这样。实际上来我这里的孩子很多都有这种情况。安抚父母也是咨询中非常重要的环节。正向解释孩子的行为可以降低父母的焦虑。父母情绪好，孩子的情绪才能更好。

帅哥破坏完，从摄像机后蹦出来，根本不管掉在地上的螺丝帽，说："圈圈我还管吗？"

我说："你肯定不管了。你只管破坏，不管安装。"妈妈笑。

帅哥邀请我对他的破坏性行为进行评述，我表示接受。我并不期待他把圈圈捡起来安回去。破坏才是他最喜欢的，能带给他快乐。目前他就处在这种状态，我支持他享受这种状态。

我问妈妈帅哥这些天的情况，是否去上幼儿园。还没等到妈妈回答，帅哥已经来到我身边，问我："有一卡通，没有？"

在我和帅哥妈妈的谈话与帅哥的需求之间，我会毫不犹豫地选择后者，因为这样才能让帅哥才能知觉到自己的重要性。他开口说话了，我要让他体会到他说话是有影响力的。我愿意配合他发起的一轮一轮的对话。这是语言康复的重要方面。

我没听清，问："什么？"

帅哥说："有一卡通吗？"

我和帅哥确认："你想要我的一卡通，是吗？就是坐车的那个？"

帅哥被爸爸带回到沙发上，他边走边说："我给一卡通充值。"

我问："你还要充值啊？"

帅哥说："公交充值点。"

我找到我的卡，帅哥看到走过来，我问："是这个吗？"

帅哥拿走我的卡，说："我把一卡通充值了。"

妈妈问："充了多少钱？"

我问："你又充值去了啊？"

帅哥说："20块钱。"

妈妈说："20块钱，还行，今天没让我充100。前两天150、50、20。"

我问："还允许你变少了？"

妈妈说："啊。他要拿各种各样的发票。"

我们在这轮对话中，慢慢把关于一卡通的内容讲完整了，一部分是帅哥讲的，另一部分是他妈妈补充的。因为这是帅哥感兴趣的活动，这种回忆式的语言描述对帅哥的语言发展是有好处的。这种补充会让故事完整，帅哥以后叙事的时候就知道哪些是关键信息，也会把今天的语言和之前的行为对上号。

帅哥开门走出去，走到对面的门那里。我以为他要关人家的门，结果是他把我的一卡通扔到了人家的门里。

爸爸迅速跟了出去。我怕爸爸担心，说："别管他。他要关人家的门是吗？"

妈妈落座的角度正好看得清楚，说："把你的一卡通给扔了。"

爸爸去捡一卡通，帅哥迅速从作案地点跑回我们咨询室，妈妈说："是不是给扔了，你这个坏包。"帅哥笑得超可爱。妈妈说完，我们也笑。

我问帅哥："你把我的一卡通扔了，那阿姨怎么坐车啊？不管了哈，才不管阿姨怎么坐呢，是吧？"

一卡通里应该也没有多少钱，我也不觉得这是多么重要的事情，所以很放松。做自闭症儿童咨询的时候，我会预期到有各种损失，并且准备好承担这些损失，所以我很镇定。父母在经过几轮咨询后也慢慢变得不那么焦虑了。我们就是跟在孩子后面收拾残局。

帅哥拿了支笔，到我旁边的小茶几上，拿起个东西就画，妈妈出声阻止。

我说："没关系，这东西也没什么用，随便。我能放在这儿（的东西），基本上就不怕他拿。墙上踩的都是大脚印什么的。"

我继续安抚父母，在我的咨询室里大部分事情都是可以的，即使那个东西不能画，也不能单纯阻止，要给他替代的东西。在大部分情况下，只要不违反基本原则，我们说的都是"是"。

我问妈妈："上幼儿园怎么样？哭没？"

妈妈说："哭。我讲讲上幼儿园的事吧，8月20号以后，我和他说9月1号要上幼儿园了，他也说行。8月31号我说明天要上幼儿园了。他不理我。第二天早晨我直接带他去了。'不要管他'这件事我已经和老师说过了。"

帅哥要去弄纱窗，我问："用我帮你吗？自己会了。"他自己把窗户把手拧开，推开了窗户。妈妈在介绍幼儿园的事情时，帅哥开始玩纱窗。我还是优先关注帅哥，保持合作的姿态。这次帅哥进步了，自己就能把窗户打开，不需要我辅助他了。有时候家长担心孩子因为有辅助，会产生依赖性，实际上只要对孩子的帮助到位，他们是愿意独立的，能自己做愿意做的事情。

妈妈接着说："9月1号早晨的时候，他不起床，死也不起，然后他情绪就很低落。过一会儿我说咱们得去幼儿园，好说歹说的，不一会儿就开始流眼泪，特别伤心。"

帅哥走回妈妈身边，伸手，好像是想捂住妈妈的嘴。他的手在途中就被妈妈抓住并移开了。

我猜帅哥的意图："不好意思了，不愿意让妈妈说。"他要翻妈妈的包，妈妈同意了。

妈妈说："后来我就开始和他做思想工作。我说怎么了？是不是小朋友欺负你了？他说所有小朋友都欺负我。说的我特难受，我说是吗？我说谁啊？是艾伦吗？他说嗯。他们班的一个外国小孩。这事得支持他。当时我们俩撸袖子了，说'他敢欺负你？'。我们俩就跟黑社会似的，说'他敢欺负咱儿子，我要抽他去'。我们俩配合着说，'他不想活了'。我突然觉得他的情绪平复了好多。他问'他要是打呢'，我说'谁在幼儿园动你一根手指头，回来告诉我，我马上冲到幼儿园把他揍一顿'。然后这小家伙就起来，去刷牙了。后来到幼儿园门口，老师说艾伦没来，老师也特会说话，说'我给他做主'。行，就进去了。第一天艾伦确实没来，帅哥情绪一般。第二天还是有点不想去。第二天有个转变。老师让他给每个小朋友发书，他特别高兴。老师和我说了发书的事，我就问他'是不是你发书了？'，他说是。我说'你发的书，是不是小朋友都非常高兴？'。我问'你想去幼儿园了？'，他说'想去'。因为去了老师也不管他，从那天开始他就同意去幼儿园了。后来我们给他买了把枪，他自己要的。他老看黑猫警长，特喜欢枪。我说'艾伦欺负你怎么办啊？'，他说'给他两枪'，我说'对啊'。后来每天出幼儿园，我表现得特别支持他，我会问'今天有没有人欺负你？'，就这样。我们俩想问问您，这样做对不对啊？"妈妈边说，我边不停地笑。

我说："对啊。你们真是天才啊，就是要这样的。"

我治疗自闭症的假说是婴幼儿创伤假说，这个假说涉及过去和现在的创伤。这样的小孩在骨子里是胆小的，对创伤敏感，还会放大创伤，因此在治疗的时候要保证他们所处的环境是安全的。防止校园霸凌是重要的议题，爸爸妈妈做的工作是在想象层面增加帅哥的力量，让他觉得自己是受保护的，爸爸妈妈有能力帮他解决问题。

妈妈说："能这样啊？那会不会他有暴力倾向？"

我说："实际上我觉得每个人都会有些暴力倾向的，看你怎么表达暴力倾向。比如有些人拿刀杀小孩，他可能是早年的暴力倾向没有得到正确的宣泄。怕别人欺负是正常的想法，会激起暴力。"

当然还是要划清暴力的界限，以及暴力是真实的还是想象的。真实的暴力要尽量制止。

帅哥跑到我旁边，我觉得他在寻找什么，我问："你想找什么啊？"

帅哥说："我想把小卡片放到笔记本里。"估计是想要我照相机里的记忆卡。

爸爸说："还没录完呢？"

妈妈转移他的注意力，把钱包给帅哥，说："你不要找50元钱吗？你自己找找。"

我为了关注帅哥，忘了刚刚说的话题，还是问的父母才想起刚刚说了什么。我解释暴力的事情："你们在家可以玩这种身体游戏，让他攻击攻击你。玩这种类似于搏斗、打枪的游戏，让他赢一赢，他会觉得有力量。就像他从幼儿园出来，你问他'有没有人打你'，你就撸胳膊挽袖子，这也是一种象征性的游戏。他知道你的表现并不是真实的，但也会感到有力量。你有力量，他就有力量。"

妈妈说："我就奇怪，艾伦那孩子过两天就来了，他也不害怕了。老师说他特兴奋、特高兴。我说要不星期六咱们找艾伦一起出去吧，他特高兴。我不知道他心里到底是什么感觉，到底害怕不害怕呀？"

我说："我原来认识一个小孩，就很厉害。他们班有个特别厉害的孩子。他原来是害怕那个孩子的，后来随着力量的增加，他每天都和那小孩缠斗一番，缠斗了一个多月。一直缠斗到上小学，他终于不怕那个小孩了，两个人关系还挺好。原先他喜欢的一个小孩总被那个厉害的小孩欺负，他每次都打抱不平。其实他就是在主动找机会和那个人较量一下，较量到最后觉得这没什么。他康复的时候都是找最狠的人较量。当他觉得没事的时候，就会从恐惧里走出来。这个事情没有你想的那么糟。你说让艾伦一起和他玩，可能他内心深处也会有一些这样的需求。"

妈妈问："我们的语言里揍他一顿、给他两枪，没关系是吗？"

我说："没关系。有时候我还教别的家长这么做。"

我和妈妈说话期间，帅哥一直和爸爸在玩。这时帅哥从爸爸包里拿出一瓶矿泉水，给妈妈。

帅哥说："妈妈，喝水。"

妈妈说："好，我帮你打开吧。"

妈妈以为是帅哥自己想喝水。帅哥理解了上面妈妈的语言，纠正道："我想让你喝水。"

妈妈说："让我喝水，好，我正好渴了，（妈妈喝了两口）谢谢了。"

帅哥没满意，说："你得多喝水。"

这段话表明帅哥在语言方面有了巨大进步。"妈妈，喝水"，有两层意思："妈妈，你喝水"和"妈妈，我喝水"。妈妈的反应是我帮你打开。妈妈认为是帅哥要喝水，帅哥瞬间理解了妈妈的意思和自己的意思不一样。"我想让你喝水"，说明他对语言的理解到位，能迅速纠正。

妈妈极其配合，打开瓶子又喝了两口："好了，你也多喝点。"妈妈把瓶子还给帅哥，帅哥打开瓶盖，自己开始喝。

我说："如果小孩做梦啊，我会和家长说让孩子把妈妈做到梦里边。'妈妈很厉害的，妈妈肯定可以保护你的'。就像你那种夸张方式，我觉得很多人还学不会呢。"

妈妈说："我们像黑社会似的，天天撸胳膊挽袖子，脏话都上来了，就那种感觉，他是挺受用的。比如中国古代有扎小人的迷信，在小人上写人名字扎扎扎。我都不敢想象自己真的这么干了。我不知道他会不会有情绪上的宣泄？像暴力？"

我说："不太会有。这样的小孩真有暴力倾向的话，很多都是先攻击自己认识的人，比如先攻击父母，他要先试探一下是否能攻击出去。我觉得你儿子的攻击性控制得挺好的，有，但没有针对父母（的暴力攻击）。他的攻击性表现在他（拆）卸我的东西；他把你东西扔了，看你有什么反应；他骑在爸爸身上，偶尔打他两下，还跟我说'爸爸把你遥控器偷走了'。他会通过语言表达攻击性。我们宁可让他进行语言攻击，也不能让他真的进行身体攻击。这种事情差别就在这儿。你知道如果来咨询的是成年人，我们在咨询中会希望他能用语言表达他的攻击性。这个人为什么出问题呢？是因为他把攻击性压下去了。我们并不希望他有（暴力）行动，只要通过语言表达了就可以了，就不需要再去处理了。"

妈妈说："在幼儿园如果艾伦打他了，我们说'你找我们，我们去揍他'，说'你可不可以说你揍他啊？这样是不是行啊？他还揍你，你还可以揍他呢，他比你个儿矮呢，你揍他一顿'。这样是不是不好？"

我说："你可以和他说'别人伤害你，你就可以反击呀，你挺厉害的，你和爸爸打有的时候也能赢啊'。有的时候小孩是看气场的，如果你气场很强，没人来惹你的。你一定是有很害怕、很退缩的地方，才'邀请'别人来打你。那是恐惧造成的。恐惧之下的退缩、不敢眼神接触，都让人觉得你是可以欺负的。我觉得你们的处理方法蛮好的，值得推广。"

爸爸说："比如我们在家画个画，写个艾伦，让他去打，会不会让他在潜意识里形成不好的东西，以后造成什么麻烦？"

我说："应该不会吧。比如在婚姻治疗中，夫妻两人说话说不到一起去。女的讲我们的老板是混蛋，丈夫就给妻子分析你哪里做得不对，指出妻子哪里有毛病，要处理什么，把妻子气得一蹦八丈高。咨询师就教丈夫先和妻子说你们老板确实很混账，先骂老板一顿。骂完了以后，妻子也出气了，就能坐下来冷静地思考，发现其实老板也不那么坏。"

妈妈说："其实就这样。"

我说："小孩其实是一样的。他感到安全了，他看别人就会比较客观。"

我们谈话这段时间帅哥在写写画画。他跟妈妈说："我做了一个表。"

妈妈说："真的啊。"妈妈拿起那张纸很认真地看，说：

"这是什么表？"

帅哥说："我建了个预算表。"

妈妈说："预算表啊？太棒了。"

帅哥说："把这个当维修费用预算表。"妈妈重复了一下。

帅哥问："妈妈，什么叫维修费用预算表啊？"

妈妈的随机应变能力真是强，她说："就是看看你换个车灯，换个轮胎多少钱，换车灯5块，换轮胎8块，一共多少钱啊？5+8等于多少钱啊？"

帅哥嘴里念着："5+8=12。"

妈妈笑着说："真的啊？太棒了，5+8=12。"妈妈并没有指出帅哥的错误。

爸爸说："如果我买若干个气球，气球上都写着名字，让他拿针一个一个去捅，这样行不行？"

我说："你最好拿纸画画叉替代，因为你拿针捅的话，那个有尖的东西，你不知道他将来会拿什么东西真的去做。真的去捅的话，就麻烦了。"

我们还是要设立安全的底线。万一小朋友真的用尖锐的东西攻击人，或者破坏大宗财物，那就麻烦了。这个方面要限制。这种攻击只要象征性的就好了，或者是用语言来替代。

爸爸说："哦，就是在纸上画一画，写一写。"

妈妈说"比如画个小脸，然后打个叉。"

我说："对。（边画叉边说）讨厌、讨厌什么的，这样会比较好。你别拿真正的武器。用象征性的东西做这种事情，应该是没有什么风险的。一旦他感到很安全，再次看到艾伦时，就会觉得对方不会欺负他了。"

爸爸说："其实那个孩子比他的个头还矮不少呢。"

妈妈说："那孩子确实有攻击性。那个孩子来自单亲家庭，攻击性很强。老师也和我说过。他第一天走的时候和我说'他欺负我怎么办？'。我觉得他确实是没有安全感的，这段时间感觉好多了，我刚才问他'你愿意去幼儿园吗？'，他说'可以'。也不怎么喜欢，但是起码不会死也不去。老师也不怎么管他，给他安排一些小的任务，比如发些书啊。我也和老师说给他安排一些他擅长做的事情。大班作业本也有了，写着名字，让他发。老师一听我说不用管他学业，特高兴。"

我说："我就说你一定要把你的期待降低。"

爸爸说："让老师放松。"

妈妈说："老师说我每次做计划，正常小孩要学会什么，帅哥要学会什么。我说老师您别弄了。嗯，也别管帅哥了，也挺好，让他放松些，在里面晃晃悠悠。只要他别不愿意去，就行。"

帅哥说："我刚才用保修卡修好了。"

我问："哪个是保修卡啊？"

帅哥来回找了找，拿出那个卡，说："是我用保修卡修来着，这张是保修卡。"

我听出了里面的意思："是吗，已经坏过了啊？"

妈妈说："我想还有一件事。我们找院里的小孩一起去游泳，也不是固定的玩伴。这两天每天晚上都出去跑一跑。有时候他愿意过去玩就玩，不愿意就算了。有时候他爸爸抱着他，有的时候我抱着他。和小朋友跑，也还行。指望他融进去还是需要很长时间。即使这样，他也没说我不愿意去呀，他也挺高兴的。我们现在基本每天除了在幼儿园的时候，都会把他带到小孩堆里。"

我问："他还能全天上幼儿园啊？"

妈妈说："现在全天上幼儿园。"

我说："很牛啊。"

妈妈说："本来知道怎么样，没事。他自己也没有说不愿意。"

我说："那他适应得真的很好。"

爸爸说："晚上我让他和小孩追跑打闹，他还是不太会。后来就我背着他，和那几个小孩追跑打闹，让他看着我怎么和那些小孩追或者跑。我想让他感觉感觉。他应该会有感觉，比如在我身上是怎么跑的。"

妈妈说："肯定有感觉，你看他开心的样子。"

爸爸笑着说："我实在太累了，跑几圈膝盖都疼。"

我说："我觉得还有一部分，就是你们父子俩要学追跑打闹。你追他跑。你追到了，就把他抱起来，然后亲亲他，把他扔起来。他追到你，你怎么做点处理，比如你可以假装他把你按倒啊。小动物之间也会玩类似的游戏。家长会带小孩玩，很重要。"

帅哥这次咨询比较不那么吵闹，自己一个人把爸爸手提电脑里的东西摊了一地，电脑也放在地上打开了。这时帅哥说："爸爸，休眠了。"

妈妈问："休眠啦，那你怎么把它弄起来啊？"

爸爸说："一开始，我们也和他做游戏，他不敢推我。现在还行，拿个插头玩，过来捅我，使劲捅。我说电死我了，他乐得不行，美。"

妈妈说："这段时间一直玩这个。你说要让他发泄攻击性。在游泳馆里，他把爸爸按到水里，特开心。"

爸爸说："特受用。"

帅哥在地上乱按爸爸的电脑，按了一键恢复，估计里面的东西全没了。

帅哥根本不理他制造的麻烦，改来翻我的包包。我说："你又开始找阿姨的东西了？"

帅哥边翻边说："我要找一个小画片。"

我说："你还要看什么？小家伙，你把我的东西都翻出来了。没事，你翻吧。我的可以翻，别的阿姨的不能翻。"

妈妈说："有一天他说了一句话，让我特兴奋。有一天我真生气了，记不住什么事了。我躺床上说'你再这样妈妈不爱你了'，他当时一下眼泪就下来了，说'爸爸还爱我吗？'。"

我说："你赶紧解释，'我吓唬你的'。你会发现这样的小孩心思很细腻的，根本不是人家说的自闭，完全不理解。我觉得他很理解，他理解到没有办法去承受事情背后的负担。"

妈妈说："我觉得他特别敏感。小朋友谁对他好，谁对他不好，他都知道。他可能说不出来，但他心里都有数。"

我说："就像别人欺负他这件事，他有可能放大了风险。也许人家没有那么欺负他，但是他把恐惧感提升了，会把自己吓死的。"

妈妈说："我也觉得是。我看到的小朋友，男孩都推来推去的，人家大声友好地说'帅哥再见'。人家挺高兴的，人家都不当回事。我想是不是因为他3三四岁的时候，我老问他有没有人欺负你。我自己心里害怕别人欺负他，导致他太重视这件事了。"

爸爸又试图阻止："帅哥，别翻易老师的包，你可以翻妈妈的包。"

我说："没事，阿姨的包可以翻，别的阿姨的包不能翻哦。你在这儿就随便了。"

妈妈问："你说有关系吗？我老问他？"

我说："关系可能有，你的问法里会不会带着恐惧？"

妈妈问："你说是我问的方式造成的？"

我说："你知道什么样的人会被欺负吗？我以前问一个家长为什么小孩会挨打。你能听出来，家长觉得自己的孩子很弱势，透着担心，甚至期待人家打他的孩子。那位家长说话不强势，强势的说法是'凭什么打我们啊？打我们肯定得想办法解决呀'。家长的态度不坚定，使得小孩气势弱。我一眼就能看出来那小孩被欺负了。那小孩大概上小学三年级，进我咨询室的时候，我问他'你被同学欺负了吗？'，他当时就哭了。"

中间帅哥翻出我包里的发票，拿出来问我："这是哪里给的发票呀？"

我说："打的的时候给的，坐出租车呀，坐出租车就给我发票啦。"

帅哥蹲在地上，抬头看我说："给你几张呀？"

我说："那是几张，那是三张呀。我坐了三回出租车呗。"

妈妈说："昨天他和小孩玩，他拿枪把小孩的头打破了，这种情况我应该怎么办啊？我自己都不知道该怎么办了。我只能哄那个孩子。我和帅哥说，'来，你撅起屁股，让人踢一脚'，人家家长也不让踢他。后来他们俩也玩得特开心。那孩子家长比较好，孩子也没事。但我心里想，以后怎么解决这种事？真的发生了这种事，有没有什么好的解决办法？"

我说："那你还是要给帅哥解释，'那小孩的头破了，他会很疼'。他自己也有身体受伤的时候，他记得什么时候自己会哭、会疼。拔牙的时候，他会很疼，会吓得不行。你要让他知觉到对方其实是有感受的，然后他就会限制他的攻击力度。你把攻击当成是玩，但是力度太大的话，人家就受伤了。可能还是要稍稍讲一点，以他能明白的方式去讲。"

爸爸说："昨天主要是抢枪。"

妈妈说："其实他不是有意的，抢枪的时候把人给碰着了。"

我问："谁的枪啊？"

妈妈说："他的，人家抢他的，他就不给，死也不给。"

这个地方可以看出帅哥变得彪悍了，开始能保住自己的东西，维护自己的权益。当然力度还是要把握好，不要受伤，无论自己还是他人。这个时候监护人是要到位的，能拦着就拦着点。

　　妈妈换了一个话题："还有，他现在对哭很敏感。任何一个地方，只要有小孩哭了，他就要过去，去安慰人家。但是他安慰的方法也特别可笑，就是摸人家什么的。那天他在紫竹苑碰到一个男的，他的小孩哭，帅哥就去了。那男的说'干什么你？'，我说我们孩子看他哭，想安慰他，然后他就不说话了。有时候我就说帅哥你不认识那孩子，就不要去碰人家，但我觉得这事也不好解释。"

　　我说："我觉得安慰就安慰了，这算一个好事。如果你看见这种情况的话，要迅速扫量孩子大人在哪儿，可能需要马上解释。你知道帅哥是这样子的，他的行为也不坏，你阻止他也没什么意思。有时候你可以描述一下他的行为，'帅哥，你是不是又想去安慰人家了'。其实你说的话是给对方的大人听的。"

　　帅哥已经一个人默默地翻我的包有一会儿了。我至少每2—3分钟会关注一下小朋友的行为。我和帅哥说："又翻出来什么啊？找宝啊。又翻到几张发票？数数。"

　　帅哥数："1、2、3、4、5、6。为什么给6张呢？"

　　我说："那我就坐了6次（出租车）呗。"

　　帅哥过了一阵又找到一张票，问："7张了。你坐了几次出租车。"

我说："有几张票就是坐了几次。那就是7次。"

妈妈说："还有一件事。现在他全天上幼儿园。他是他们班三十几个孩子中唯一去别的教室睡觉的孩子，因为他比较吵、比较闹。这会不会对他在心理上有影响，他会不会觉得我和别人不一样，别的小朋友都不用去？"

我说："无所谓。在自己的班里捣乱，老师对他态度不好，可能风险更大。很难说什么是好，什么是不好，都是相对的。你只要保证他没有被欺负，他整个状态还好，这样就行了。去幼儿园的目的是让他在一个正常的圈子里学到一些东西，可能是无意识学的。为什么我会很反对孩子在训练机构长大？孩子在那里学的东西全是错的，那些小孩没一个是正常的。你想你的参照系全是错的，那能好吗？没法好。家长也会出问题，谁家养孩子是按ABA养的啊？那样养出来的孩子长大以后，会以为当父母都应该是ABA式的，将来他养孩子也会那样。我觉得这根本就是一个奇怪的逻辑，不合理。你让孩子上正常幼儿园，你的期待是在那里面很舒服，不害怕，对人群没有恐惧和拒绝，就可以了。你还可以放松。他在幼儿园的时间，你可以休整一下。不然你24小时这样，铁打的人也完蛋了。你要保持对他笑的状态，维持几个月。希望他和你们俩能建立好关系。过段时间还是要让自己有休整。很多家长最后的状态都不对，那是养不好孩子的。我觉得最有效的方法是给老师缓解压力。家长其实是老师的心理咨询师。我们家长经常做反了，总希望老师能安慰自己，帮自己做很多事情，缓解自己的压力。我说你要有这个期待，你就完蛋了。老师肯定早晚会爆发的，他的情绪肯定有不好的时候。"

妈妈说："老师都尽量少和我说他在学校的事。"

帅哥在对我包里的东西搞破坏，爸爸过来阻止，两个人在那儿嘀嘀咕咕了一阵子。爸爸跟帅哥说不能破坏记忆卡，说录像还要回家看呢。我好奇帅哥真的会看吗？

妈妈说："会看（录像），他觉得很有意思，但长了不行。刚开始进门呀，比画两下呀，他特喜欢。我问他幼儿园的事，他很抵触。问幼儿园上什么课，他就是不说。他知道就是不说。幼儿园老师呢，能少说一句就少说一句。问帅哥问题呢，他一律不说。好的方面比如老师做了什么，说一两句。"

我问："他有课程表吗？"

妈妈说："有，不是很详细，比如上午体育，下午什么，但是不一定按课表走。"

我说："你问小朋友你上了什么课，很多都答不上来。最好的方法是拿课表，问问今天上没上语文、上没上英语？然后自问自答似的说'我看你好像上了吧'。他爱回答就回答，不回答就拉倒。有时候他觉得你错了，会纠正你一下。这相当于我们原来说的自言自语。你的问话如果变成他的负担，他就不爱理你了。尽量减少他的负担。"

　　妈妈说："可是我很想知道他在幼儿园的情况。"

　　我说："你要满足你的好奇心，是吗？"

　　妈妈说："在幼儿园他到底是什么样的状态？现在老师能少说一句就少说一句，绝对不给你多说。问他就说两句，我问帅哥怎么样？'挺好的'，总是这句。我现在学会了看他的脸色。他今天出来嘻嘻哈哈的，我就知道今天还行。要是闷着，我就知道不行。"

　　我已经有一段时间没关注帅哥了。帅哥在拆我的摄像机。一般我会直接描述帅哥在干什么，这次我采用的方式是和妈妈聊他现在的情况，涉及他的破坏行为。看起来是说给妈妈，其实是说给帅哥听。

　　我问妈妈："你回家看没看录像，他两个手都会拆这东西。"

　　妈妈说："嗯，左右手都会。"

　　我说："而且不用帮忙单手拆。拿我这玩意儿训练精细动作挺好。（帅哥拆完了，我说）干完坏事了？"

　　我们静止了一会儿，看他破坏的最后一步。他把摄像机的电源拔了，想安回去，但是没成功，喊爸爸："爸爸，帮帮我。"

爸爸去帮忙。

我对这种拆卸和破坏重新定义，和妈妈说："我觉得你儿子其实挺好学的？"

妈妈说："我给他借的书，理科的，建筑工地盖房子的书，他特别喜欢。那里面工种详细到瓷砖贴面工，他会问'这是什么工干的？'。他其实都知道，会说'是不是暖气安装工？'。他就特感兴趣这些东西。今天早晨遇到一个电焊工，拿着面具。我和对方说'借我们玩会儿，行吗？'，电焊工人挺好，就借给了我们。他拿着特高兴。"

帅哥把摄像机的手柄和小圈圈都卸掉了。爸爸在旁边，把小圈圈握在手里，帅哥非要抢过来。他要听金属掉在地上的声音，于是他把小圈圈扔在地上了。我描述："扔出去了啊？"

爸爸说没有那个东西不行，让帅哥把小圈圈捡回来。帅哥大概又处于茫然的状态，在我的包旁边捡了一个硬币给爸爸。爸爸说不对。帅哥也不理他了，直接拿那个硬币回到妈妈身边，在途中把硬币扔在了地上。妈妈说："还能这么玩啊？还能滚硬币呢？"

我回顾第一次的咨询："第一次见到他的时候，我觉得有点悬，我都没敢说。因为我看第一次的录像，会觉得他的亲密行为很少，表情也有点木。我想这有点难。没想到第二回就那样了，我在猜为什么呢？可能和你的风格有关。你就敢和那个人借面具玩玩，很多家长都不敢。大部分的家长其实在气势上是很弱的，小孩的退缩和这有一部分关系。本身他是很弱势的。我觉得你这种强势还挺有用的。心里也不打怵，真的就能和人家说。"

妈妈说："这些事我从来都不怵，我比较害怕和我们近的人。到现在我婆婆家的亲戚、我妈妈家的亲戚都不知道他有问题。我是死也过不了这一关。不想和他们说。包括我们住的院里的人也不行。这关我过不了。其他我不认识的人，丢多大的脸都没事。包括打人一下，大不了带人去看医生，给人赔不是。反而是认识的人，我的脸拉不下来。"

我说："不过你现在带他出去看不出来有问题。"

帅哥拿了一个卡，递到妈妈手里："这个。"

估计是玩的时候办的卡，妈妈说："还差几次呀？还差四次，下次我们去玩。"

帅哥问："哪天呀？"

妈妈说："你说，你说哪天就哪天。就这个卡，那天我们去个城堡里面，充气的城堡，一个小孩倒了，他去扶人家，把人拉起来了，旁边就有一个老太太在那儿狂骂。我也不知道怎么回事，他就跑了。我说'你骂什么呢'，她说'骂他呢'，我说'为什么'，她说'他老弄我们'。当时我就急了，就开始和她吵，我说'干什么，你跟疯狗似的'。我们家孩子在那儿看着，后来就走了。以前我就说帅哥你别老弄别人。我会把气都撒在他身上，问他'你怎么回事'。我现在会觉得这有什么呀。我就在他面前把那个老太太骂了。带他出去也是经常冲突不断的，就先这样吧。我觉得不认识的人还好没事，认识的人有时候确实拉不开面子。"

我说："你这种吵架，会让他觉得原来你还可以赢，你还挺厉害。这也是有用的。他要求的安全在于你是不是能保护他。你的气势会产生一些效果的，比如你理直气壮地说'能不能借我们玩玩'。找我咨询的大部分家长都很难突破这一点。你跟他借，其实也没什么，不借就拉倒。我觉得那些家长宁可自己买个面具。"

爸爸说："那天去一个展览馆，他要坐那个直梯上楼。进去后人家说这个电梯（内部员工的电梯）是不让乘坐的。我说你这不让乘坐的电梯，怎么不搁标牌。搁上标牌我们就不往这儿来了。不搁标牌不就是让人坐的吗？"

妈妈说："当时我跟爸爸说厉害，我说你把易老师的精髓学来了。咱们俩就是胡搅蛮缠。儿子都把我们逼成这样了，原来我们不这样的，现在逮谁和谁吵。当时爸爸说这话，我心里就挺高兴的，就应该这样，凭什么老对别人赔礼道歉啊，但是我怕帅哥不知深浅。"

　　我说："这样不知深浅总比退缩要好。两头里你只能选一个，你只能这样子。"

　　妈妈说："每天接他幼儿园放学，一大堆家长。我就跟他说'你跟我说今天谁欺负你了，我马上进去，揍他去'。旁边的家长说这是什么家长啊。人家也不知道我们孩子有问题。他就美滋滋的，说'没人欺负我'。（妈妈现场表演了一下，问帅哥）今天有没有人欺负你？"

　　帅哥说："有。"

　　妈妈瞪大了眼睛说："谁？"

　　帅哥说："艾伦来了。"

　　妈妈说："那怎么办，拿枪毙了他，揍他一顿，那咱们去找他，行吗？"

　　帅哥没太大的反应，从面对妈妈的位置走开了。

　　妈妈接续讲："那天艾伦没来。我问他去哪儿了？他说转学了。我说你看艾伦怕你。"

　　我笑着说："被你吓跑了。"我们都在笑。

　　妈妈说："结果艾伦又来了，我说不怕。"

　　爸爸说："给他两枪。"

　　妈妈说："自从有那枪，他也挺壮胆的，在路上，他说妈妈那车乱停,我说给他两枪。他给了两枪,心里得到极大的满足。"

我说:"类似演练游戏的战争片会让小朋友成长,帮助他表达攻击性。和他的安全感也是有关系的。你们玩这种游戏无师自通,还玩得很好。"

爸爸说:"今天我去幼儿园接他,回来一路上放枪,逮谁呼呼谁。"

我问:"枪是能喷水的?还是能干吗?"我要确认这种武器的危险程度,是否会危害到别人,或者危害到自己。

爸爸说:"有声音。枪盒有个红的灯,能亮。"

帅哥又要扒开新的录像带的外包装,我问:"又开始拆了。需要帮忙吗?"

帅哥扒了两下,没打开,他把带子递给我,说:"需要帮忙。"

我说:"需要啊?好,帮完了,你能拆开了。这种破坏也是攻击性的一种表达。"

妈妈说:"在家我让他随便撕纸,破的衣服可以剪一剪,是不是可以这样?"

我说:"你事先要约定好,我给你的才能剪,一些新的不能剪,然后把他最喜欢的衣服拿来,告诉他'这是好的,不能剪'。让他知道界限，不然他真剪了你什么重要的东西。"

我转而关注帅哥："扒开了没？扒开了。"

妈妈说："真棒。"

帅哥走到离我很远的电脑桌旁，转过身直视我，问："这个放在哪里，磁带？"

我指着摄像机，我说话的时候帅哥转头看摄像机："放在那里面，用完才能放，现在没用完呢。"

帅哥走到摄像机旁，说："我想放这磁带。"

我说："你想放个磁带啊，结束的时候我给弄好吗？你再等一会儿。"

爸爸去把帅哥带回来，说："待会儿，易老师教你怎么弄。"

我说："结束的时候，我就帮你弄，成吧？我觉得这还挺好谈判的。"

帅哥使坏，到妈妈身边，让妈妈伸手，把嘴里的口香糖吐到妈妈的手里。妈妈说："哟，把我的手当垃圾桶了。"

爸爸说："那天他有一个行为挺好的。我在检查汽车，他突然趴在我身上抱着我，以前从来没有。"

我说："我觉得你和他玩追追打打的游戏，背着他去玩，多了以后，他就愿意和你有身体接触。要让他有这种亲密感。这种亲密感是依恋里面非常重要的。在依恋研究领域有一个很经典的实验。在这个实验里，没有真的母猴，有一个软软的像母猴身体的模型，还有一个硬的、有奶水的模型。当有危险的时候，小猴就扑到软的母猴模型上，而平时吃奶会去到那个硬的模型那里。帅哥知道你能保护他。和他有亲密的行为，他就会找你。他知道你不排斥他。"

妈妈说："我觉得他现在和我们的身体接触还是很多的。昨天晚上出去，他不和小朋友去跑，在我身上蹭来蹭去，亲来亲去。别人碰他，他都不愿意，包括老师也不愿意。老师说'帅哥叫我'，他叫一声，老师说'没听见，再叫一声'，他说'我都叫你了'。他现在会说这种话。我觉得他现在的语言发展得挺好的。"

我说："没想到吧，这不用语言训练。"

妈妈说："有个妈妈，我和她的关系还可以。她的孩子比帅哥小一个月，两个孩子特别像。她特别崇尚ABA，给孩子排各种训练排得满满的。我从今年就不记帅哥的事情了，我觉得记录不下去了。之前我觉得她的孩子比我的孩子稍微好一点，但是九个月后，她家孩子并没有多大进展，效果还不行。"

帅哥先卸了我的摄像机，我们也没理他，继续讲。帅哥无聊，在那儿转了一圈说："小圈圈呢？"

爸爸说："你找找。"

这回也没人动，没人去帮忙。帅哥一转身把纱窗卡在底下的地方掀开，让纱窗瞬间弹到上面。啪的一声，他做出了一个闪躲的动作，往回走。妈妈说："吓着我了，嘣到你没有，宝宝？"

帅哥说："没有。"

我问："是不是吓一跳啊？"

爸爸说："反应真快。"

妈妈说："虽然我不怎么训练他，我觉得他还挺好的。去年咱们和孩子在干什么呢？晚上天天训练他，凶他。我和他爸爸觉得没法儿和他解释，特生气。那时候我不能接受自己从强势的一个人变成弱势群体的一分子。我怎么就到这个地步了？现在想想要是去年来就好了。"

我说："不过，我的方法基本没人信。我说只要依恋关系变好，其他都会变好。他们觉得这个假设不合理，他们觉得只有'折腾'孩子才合理。"

妈妈说："对，很多人觉得吃尽苦中苦，方为人上人。"

我说："有好日子不过，真是没办法。"

妈妈说："确实有那种感觉。"

我说："我觉得我的方法是最简单的。"

妈妈说："是。你知道找你来的都是什么样的人吗？试过所有方法、走了很多弯路的人。当时我知道不好，但也找不到更好的方法。就是这种感觉。"

咨询时间快到了。我发现录像被帅哥那么一弄，没录上。我从三脚架上把摄像机卸下来，说："我们拿下来吧，我教你怎么装录像带。"我答应他的事情就要兑现。依恋期实际上也是建立信任的时期。我假设自闭症的小朋友有心理创伤，创伤会损害的其中一个方面就是信任，因此任何可以建立信任关系的机会，我都要抓住。

我拿下来摄像机，和帅哥说："来，来，我教你。"我往回走，帅哥慢一拍跟我往回走。我发现摄像机的电源线绕在三脚架上了，就和帅哥说'帮我把三脚架抬起来'。帅哥转身去抬三脚架。不过帅哥抬起三脚架之后，直接扛着三脚架朝我们过来了。我赶紧制止，说："好，谢谢，不用抬过来，你就放在那儿。"妈妈说得更清楚："还放在原来的地方。"我们用语言指挥了好几轮。帅哥放回三脚架，在那儿开始玩三脚架。

我指着电脑桌说："把那个带子给我拿过来？"

帅哥有点处于恍惚状态。妈妈又说："把盒子拿过来，宝宝。"

帅哥问："什么带子。"

妈妈说："你不是让易老师换新的带子吗？"

帅哥已经走到我身边。我想先让他看从摄像机里拿出来的带子，这样他就能找到电脑桌上的带子了。我说："我教你，按这个（摄像机的按钮），使劲，打开，对，使劲。别动，它（录像带）自己就跳出来了。"

本来从开口处可以拿出带子，结果帅哥上手一捏，把开口处阖上了，带子自动退回到摄像机里。我说关上盖子，重新教帅哥打开的过程。结果帅哥又来了一遍错误的操作，没拿出带子，又让摄像机的带子退回去了。我们就当反复练习了，反正他有兴趣。

这次当带子出来的时候，我上手演示怎么拿出带子。我摆了正确的动作，把带子拿出来一点点，又放回原位。我让帅哥来做，帅哥顺利完成。帅哥看到录像带是什么样子了。我说："帮我把桌子上的录像带拿过来。"帅哥去找，过程很缓慢。等他拿到带子的时候，迅速返回我这儿。在我的帮助下，他费了点劲儿把磁带放进了摄像机。

这里有几点需要父母注意。首先，因为帅哥想玩摄像机，所以顺着他的兴趣，我让他抬三脚架、帮我取磁带。我试着用语言指挥他，不然可能没有效果的。他如果不做的话，我会自己去做。这只是试探，不是交易，不是敲诈。其次，当帅哥反复操作错误的时候，我的态度是非常好的。我觉得没什么，再打开就好了。要降低他的压力，让他不觉得自己做得不好。第三，我猜测失误太多会让帅哥有挫败感。当磁带第三次弹出的时候，我直接上手演示正确的做法，防止帅哥出现不良情绪。

帅哥到爸爸身边站了一会儿，离开的时候踢倒了放在地上的水瓶，盖子没盖好。妈妈说："呀，宝宝，水洒了。"

爸爸说："没盖上盖子。"

妈妈捡起瓶子，指责爸爸："你没盖好盖子吧？"

爸爸辩解不是自己的责任。

我说："你要想幸亏电脑没放在那儿。"妈妈笑。

妈妈说："易老师这种思维方式真好。"我又被表扬了一回。

这里实际上涉及认知疗法里一个很重要的概念，那就是换一种角度思考事情，对事情的理解就会完全不一样，情绪和感受都会不同。帅哥曾经玩的时候把电脑放在地上，那个时候瓶子没倒。等瓶子倒的时候，电脑没在地上。你要想，这次只是损失一块钱一瓶的水，最多是把咨询室的地面弄湿了。

帅哥估计还在回味放磁带的过程，他跑到妈妈面前说："妈妈，我把磁带拿出来了，放一个新磁带。"帅哥在通过语言分享和展示。

妈妈说："真的，换成了一个新的，是吗？"

爸爸问："谁教你的呀？"

帅哥说："是易老师。"

帅哥又来翻我的包，从我包里翻出一大把电池，问我："这个是新电池吗？"

我说："是新的。"

爸爸问："帅哥，易老师教会你放磁带，你应该和易老师说什么啊？"

帅哥把电池放在地上玩，把头顶留给我。我不知道他会如何对爸爸的话做反应，于是教他："说谢谢。"

帅哥没抬头，说："谢谢。"他虽然没看我们，但是听进去了我们的对话，还把我说的"说谢谢"的"说"字去掉了。

我说："说得好。"

帅哥又在翻我的背包，把我的钱包也拿出来翻。

帅哥找到一张卡，问："这个是什么卡？"

我说："我看看，这是日本的地铁卡。要吗？阿姨送给你。"

帅哥答："要。"

我说："那你就留着。"

帅哥问："老师，你去哪儿拿的？"

我说："去日本的时候拿的呀。"

帅哥问："哪天的？"

我说："两三年前，好早的。"

妈妈小声说："帅哥，该走了。"

帅哥不为所动，还蹲在地上。

妈妈威胁："帅哥，你慢慢玩，我和爸爸先走了。"

帅哥没抬头，但是他紧接着说的话显示他没错过妈妈的话："你去哪儿？"

妈妈说："你和易老师玩。"

帅哥立马站起来，说："我走了。"

我说："不可以这么吓唬小朋友。"

妈妈立刻进行了补偿，去亲了亲帅哥的脸。帅哥现在喜欢妈妈的亲密行为。如果母子关系不好的话，妈妈的亲吻可能会让小朋友感觉受到了侵犯。

爸爸让帅哥说："和易老师说'我可拿走了'。"

帅哥说："我可拿走了。"

我说："拿走吧。"

●●●●●● 第六次咨询总结 ●●●●●●

帅哥的表现

对视和表情都很好。

他在语言方面进步尤其大。在他和妈妈关于谁喝水的问题上，他对妈妈的语言理解到位。当妈妈的意思和自己的目的有偏差的时候，他能迅速捕捉到，并且用语言重新表达自己的想法。和第一次咨询比起来，他的语言表达速度快了很多。在之前的咨询中，虽然他的语言反应速度不成问题，但是反应的内容不总是正确的。

在数字方面，在这次咨询中，帅哥表现出对数字感兴趣，对加法感兴趣，查我包包里的发票，数有多少张。他还回答了一个数学题，8+5=12。我们也没有纠正，看起来他不知道自己错了。

父母的表现

父母很有天赋，尤其在演戏方面。他们表现出自己很厉害，能保护得了帅哥的样子，让帅哥能抵御上学的恐惧。这绝对不是我教的。他们自由发挥，值得其他家长借鉴。

关于帅哥可以用什么方式表达攻击性，父母描述得很清楚。我们会确认哪些是危险的。在通常情况下，象征性的攻击都是相对可接受的，当然也要看场合。但是真实的攻击，比如用锥子扎气球之类的，不应该鼓励，因为说不定小朋友真的会用这些工具针对真实的人。

　　还有一个非常重要的咨询环节，那就是父母讨论对学校的期待、对老师的期待。家长有的时候容易被创伤，正是因为他们经常把自己置于被创伤的境地。他们有不切实际的期待，比如期待老师是他们的安抚者。实际上恰恰相反。家长要能安抚老师，对老师的要求尽量简单，否则老师容易心力耗竭。父母两个人带一个自闭症小孩都不容易，让老师带很多小孩，还要带好自闭症孩子，这是对老师的剥削。家长要降低自己的期待，向老师提出可执行的需求。

第七章　帅哥变成了小唠叨

　　我开门，说："进来，小朋友。"帅哥手里拿了一把扇子，率先进入，没说打招呼的话。

　　妈妈说："怎么回事呀，就这样就进来了？也不说一声，有礼貌吗？"我并不关注打招呼的事情，但是父母会习惯性地强调小朋友要懂礼貌。

　　我替小朋友开脱，说："有礼貌。"

　　帅哥拿起遥控器对着空调按了两下。爸爸进来说："乱拿东西。"

　　帅哥无惧父母玩笑似的批评，转身面对妈妈说："妈妈你给我喝水。开始咨询了吗？"

　　我问："什么？"帅哥转头看向我。

　　妈妈重复："他问开始咨询了吗？"

　　我说："开始了。"

　　妈妈说："我说咨询以后才可以喝水，他就一直问这事，我说咨询一会儿才开始。"妈妈在一小瓶饮料上插上吸管，递给帅哥，问："行了吗？"

帅哥答："行了。"

妈妈问："帅哥，上星期你要和易老师说什么啊？"

帅哥对着我，吐字极其清楚，说："祝你节日快乐！"

我说："谢谢。"

妈妈说："帅哥一直问我'易老师过教师节吗？'，我觉得他心里肯定是这么想的，就是'易老师是老师吗？要是老师，那怎么和别的老师不一样呢？要不是老师，怎么叫老师呢？'。他反复问我这个问题，易老师要过教师节吗？问了我半天。"

帅哥问我："你可以过教师节吗？"

我说："可以过教师节呀。老师也给学生上课。现在是咨询，不是上课。"

妈妈说："上礼拜特逗。有一天我接他出来，他和我说'小虎吐我，用口水吐我'，还特高兴。当时我特生气，说'怎么回事呀，他怎么拿口水吐你？是他吐你吗？'。他说是，当时他爸爸也在场。我们带他回幼儿园，吐他的小虎和他爷爷从幼儿园走出来。我让他跟那个爷爷说，帅哥对小虎爷爷说'小虎吐我，拿口水吐我'。人家家长也挺不好意思的，说回去让孩子妈妈说说他。以前我们告诉帅哥不许打人，现在我们告诉他如果有人欺负你，你就应该打他，反抗就行了。后来他好几次向我们确认'是不是他打了我，我就可以打他'，我说'是'。第二天我问他'小虎吐你没有？'，他说'没有'。我说'他打你了吗？'，他说'打了'。我说你'打他了吗？'他说'我也打他了'。我说'老师怎么说？'他说'老师说不许欺负帅哥'。"

我问："老师还知道是人家欺负他啊？"

妈妈说："老师认为有人打他就是欺负他。"

帅哥走过去开门，出去，从外面把门关上了。妈妈喊："帅哥。"然后吓唬帅哥说："我关门了啊。"

爸爸说："帅哥，可要锁上了啊，快来。"

帅哥说："开钥匙。"

我问："你要把我们锁里面啊？"

爸爸去把门开了个小缝，妈妈说："从里面锁。"

帅哥问："一开钥匙就怎么了？"

爸爸说："一开钥匙就把我们都锁里面了。"

帅哥又在外面把门关上，我提高声音："你要把我们锁里面啊？"

爸爸站在门里面说："你这个坏蛋。"

我冲着外面喊："你的钥匙不好使。"

爸爸说："快进来，我这又有一个……"

妈妈说："别骗他。"

我说："你不准骗人。"

爸爸说："快进来，我给你一张发票。"

帅哥一听到爸爸说发票，打开门进来，直奔爸爸要发票。

妈妈说："帅哥，你把灯打开行不行啊？"帅哥去开灯。

我对帅哥说："你是要把这个门锁上，是吗？一会儿走的时候，让你锁成吗？"帅哥没理我的建议。

爸爸手里拿着发票，说："我这有发票。你还淘气吗？"

帅哥说："我不淘气了。"真是能屈能伸。

爸爸说："这是出租车的发票。"

帅哥问："谁给的？"

我说："出租车司机给的。"

妈妈说："你给易老师开发票。"

我问："什么叫开发票？"

妈妈说："他总爱写点什么东西，然后一撕。我们就买了本收据给他。他写两个字，就撕下来，给你一页。"

帅哥问爸爸："还有什么？"直接动手去翻爸爸的裤兜。

爸爸说："这回可没有了。"

帅哥问："什么呀？"继续要翻爸爸的兜。

爸爸护住自己的兜，问："爸爸为什么要给你看呢？"

爸爸又问："爸爸怎么样才给你看呢？"

帅哥看着旁边的椅子，没有看向爸爸，说："爸爸，给我，行吗？"

爸爸说："我可不想给你。"

帅哥转头和爸爸面对面。形势已经很尴尬了，我建议帅哥，说："亲一下。"

小朋友已经开始情绪化了。反正爸爸也要给他发票，那就让他用一个好行为来换他想要的，而亲密行为是我们期待的好行为。小朋友满地打滚、哭喊，最后他也能达成目的，但这样就可以强化了他的坏行为。

帅哥上去亲了爸爸一口，又开始看旁边的椅子。过了一小会儿，帅哥又去亲了爸爸一口，说："爸爸。"

爸爸拍拍兜，说："看看吧，这个兜，你可以看了。"

帅哥拍向另一个兜，说："这个兜呢？"

爸爸说："这个兜，等会儿再说。"

妈妈让爸爸讲今天发生的一件事情，爸爸说："他让我帮他搬一个东西，我不给他搬，他说那我给你一个小亲亲行吗？我说'行，亲完了，我就给你搬'。"

妈妈说："是不是挺逗的？"

我说："太可爱了。"

帅哥努力奋战，从爸爸的兜子里掏出了一堆东西。

妈妈问："帅哥，你刚才亲谁了？"

帅哥说："亲爸爸。"

妈妈说："我生气了。"

帅哥又要打开爸爸的另一个裤兜。爸爸护住，说："这个可不行。要怎么？"

帅哥上去又亲了爸爸一口，准备上去翻爸爸的兜。爸爸说："一下可不行。"

帅哥问："你要几下？"

爸爸说："八下。"

帅哥开始亲，妈妈数着，说："一下不少。"

帅哥亲完，后退到大概和爸爸一臂远的距离，相视而笑。爸爸说："行，给你看看吧。"

我说："小孩开始会翻包，说明他有好奇心，有安全感。这个屋子里没有箱子。以前学校咨询室有个破箱子。不管是这样的小孩，还是别的小孩，咨询一两次之后，就会在我那儿乱翻东西。"

帅哥拿着爸爸的东西到沙发上摆弄，看到一个对爸爸来说很重要的证件。爸爸抢夺。帅哥往回抢，并看着妈妈说："这是什么？"这是对妈妈发出的有效求助。

妈妈说："让他看看。"

　　爸爸不肯撒手重要的证件，自己打开给帅哥看："爸爸让你看看，别弄坏了。看好了吗？"

　　帅哥念上面的字："北京商业企业专用发票。"

　　我说："他识字很多啊。"

　　妈妈说："他识字很多。"

　　帅哥拿起爸爸的一个证件，念出："中华人民共和国机动车驾驶证。"

　　帅哥问妈妈："是你的吗？"

　　爸爸说："是爸爸的。"

　　我说："天啊，你儿子得多聪明啊？"

　　回到打架的主题，妈妈说："他现在经常摆好姿势要揍那两个小朋友，小虎和艾伦。我们在家里说'他们比你个子都矮，你怎么不能把他们揍一顿啊'。帅哥说'我是不是能把他们揍成乌眼青？'。真逗。"

　　帅哥拿着爸爸的驾照，念出："京JR××××。"

　　爸爸说："可以看，但你不能乱拆。"

　　妈妈说："在幼儿园，他开始不那么怕那俩小孩了。原来一提那俩孩子，他就觉得特别怕。前天有个小朋友得手足口病，幼儿园关了，下周六开。老师让我们提前接。我们家离幼儿园是最远的。别的小孩都被接走了，就剩三个。过会儿老师打电话说，'不行了，他非要走'。他跟老师说'爸爸妈妈还不来接我呀？'。后来我去接他了，我还问他'为什么要接啊？'，他说'怕传染手足口病'。特逗，他居然知道。我说'幼儿园剩谁了？'，他说'就剩我们四个了，丹丹、豆豆、妞妞和我'。他把自己也加进去了。"

帅哥问爸爸："这是谁给的发票？这是谁坐的出租车？"

爸爸说："这是你上次去幼儿园坐的出租车的司机给的。"

我问："那他怎么学的字呢？"

爸爸说："自学。这类小孩不都好这些东西吗？不知道，他会问。告诉他一次，基本上就没太大问题了，下回就知道了。有不认识的字都念'dei'。我们给他纠正了，他就知道了，下次就会念了。"

帅哥又去翻爸爸另一侧的裤兜，爸爸很配合，给他翻。

妈妈说："那天他特逗。他看到一个免费停车场，就念'免费停车场'。'无碳复写纸'，'碳'不会念，他就念'无dei复写纸'。我们纠正他，说不是'dei'，是'碳'。只要不会念的，他也不说'这是什么字啊？'，就念'dei'。这几天放假，老师给我们布置了一些数学作业，从1到9的分解，比如9能分成1和8，2和7。帅哥早就会了，我问老师他数学怎么样，老师说他都会，就是不爱写字。"

我们可以推测出帅哥的智力水平没有问题，而且他可能是极为聪明的。他很多东西都不是父母教的，是自学的，甚至我们都不知道他是什么时候、怎么学会的。

我说："没事，不写就不写。他会了，就行了。不会都没事，何况人家还会呢。"

帅哥翻爸爸的裤兜，很深，就示意爸爸站起来，这样他的手可以插到裤兜的最深处。爸爸很配合，站起来让他翻。翻完之后他又开始翻爸爸的上衣口袋。我说："都翻一遍了啊，小朋友。"

帅哥翻完说："没有收据。"

爸爸说："没有。"

帅哥问："收据哪去了？"

爸爸说："在家呢。"

帅哥问妈妈："爸爸怎么没带收据？"

妈妈答："怕你总问呗。"

妈妈从电脑包里翻出来一本收据给帅哥。

我问："真的有收据啊？"

妈妈对帅哥说："帅哥，你来吧。"

帅哥没理妈妈让他写收据，继续翻电脑包，爸爸陪着他翻。帅哥说："发票，哪儿呢？"

妈妈说："我不知道放哪儿了。"爸爸继续帮他找。

妈妈说："他不特爱写收据嘛。全当练精细动作了。我们买了好多好多收据本，让他写。"

我说："来，开张发票吧？"

妈妈说："给易老师开张发票吧。"

帅哥说："妈妈，发票呢？"

帅哥没想开收据，看妈妈翻自己的包，以为会有发票。

妈妈翻出了一瓶口香糖，帅哥问："在哪儿买的呀？"

妈妈说："在那儿买的呀。"估计只有他们俩知道到底是哪儿。

帅哥从妈妈手里拿走口香糖的瓶子，打开，妈妈用手在眼前比了一个"1"。

帅哥说："我想吃两个。"

妈妈说："还真是吃两个。"

爸爸说："快给爸爸拿两个。"

妈妈怕帅哥再吃，把口香糖收起来了。

我描述："藏起来了。"

我和妈妈都劝他写那个收据，帅哥不理我们的建议。

帅哥走到我旁边，拿起遥控器，对妈妈说："开空调。"

我说："开，开。"帅哥表情变得很平静，开空调。

我和妈妈说："我觉得你儿子的语言能力越来越好了。"

妈妈说："是，学会好多新的词。"

我说："他对自己的行为还能描述。"

妈妈笑着说："他的语言能力真的进步很大。原来我一直都觉得他说的话，肯定是我以前和他说过的，肯定没有他自己创造的语言。现在他经常会冒出一些自己创造的语言。挺好的，语言还不错。"

帅哥拿起一张发票对妈妈说："我把发票都剪烂了。我把塑料都给撕了。"妈妈"啊"了一声。

我说："幸亏你爸不用报销。"

妈妈说："（他）特别喜欢干这种事，弄个发票、收款机之类的。"

帅哥头都没抬就说："验钞机。"帅哥玩着发票，好像没听我们讲话。但是他接的话说明他能紧跟我们的谈话内容。

妈妈说："对。特别喜欢这些东西。他爸爸给他抱回来一个真的收款机，特沉。"

我问爸爸："把你单位的抱回来了啊？"

爸爸说："是。"

妈妈说："他开心得不行。"

帅哥站起来，到妈妈对面小声地说："要爽了。"

妈妈没太听清，问："爽？要爽？"帅哥笑容灿烂。

我问："什么叫要爽啊？"帅哥同时摇头晃脑了两下。

妈妈说："他特逗。他想吃冰棍，冰棍上写的'要爽就来冰工厂'。他有次问我'什么是要爽就来'。我说'就是你想凉快、想吃冰棍，去买这个冰棍就行了'。第二天他和我说'妈妈我要爽'。"

帅哥走到门边上，打开门，回头对我们说："我也要爽。"

妈妈说："你要爽啊？"

我说："等回去的时候再爽吧。"

妈妈说："等回去的时候再吃。"

我说："等结束的时候再去爽。"

妈妈说："结束的时候妈妈带你去爽，行吗？"

帅哥把门打开到最大，对我们说："现在就去爽。"

我笑说："现在去不了。"

帅哥走向爸爸，大声地说："你带我去。"帅哥用手想拉爸爸起来，说："你带我去。"帅哥已经表现出人际关系中的主动与强势。

爸爸说："还没完成工作呢。"

我说："没事，你带他去爽吧。"

帅哥用身体使劲拽爸爸起来。爸爸说："我要是就不带你去呢？"

我说："那你就亲他一下。"

帅哥上去亲了爸爸一下，说："你带我去吧。"

再一次出现帅哥快要有情绪了，形势开始僵持，双方都不想妥协，而且大家都想让小朋友延迟满足等咨询结束再去买冰棍，但是当发现事情不如我们预期的时候，该妥协的时候还是要妥协的，不过就是先吃还是后吃冰棍的问题，那还是用好行为换。

爸爸笑着说："带你去吧。"

爸爸站起来，拉着帅哥的手，说："好吧。你问问易老师同意吗？"

帅哥看着我，问："同意吗？"

我说："同意，同意，行。"

帅哥领着爸爸往外走，爸爸说："行，带你去爽一下。"

我和妈妈解释："这种事情要答应他。他会觉得自己说的话有效，他有影响力。"

妈妈说："有时候我觉得这样坚持下去，真的挺难的。他有很多奇奇怪怪的要求。怎么能答应他呢？"

我说："这种要求答应了也没事嘛。"

妈妈说："这种要求没事。有时候晚上八点多了，他说妈妈我要去游泳。但是这么晚了，怎么游啊？或者他在睡觉前要拿什么东西，但是那东西在犄角旮旯里放着。"

我说："不一定每次都答应他。不能答应他的时候，你要和他说'你的要求听起来挺合理的，这个时间想去游泳，想是没问题的，去不了是另一回事'。"

妈妈说："如果我们不答应他，他就会叫唤，或者不高兴。比如什么东西我不能给他，他会大叫'我要'。但不是像原来那样哭、打滚，就是嚎一嗓子，好像在看我怎么表现似的，就那种感觉。我特烦他嚷嚷，我说你要是嚷嚷，我就不给你了，然后他就好一点，但是也是过不去那个劲儿。"

我说："一般这种小孩会无意识地试探你。他会有高风险倾向，会判断我脾气不好的时候，你会有什么反应。一旦你反应不好，就很要命。"

妈妈说："是吗？期待我的反应总是好的，是吗？"

我说："他可能假设你的反应不应该是不好的。比如夫妻两个人，如果女方特别容易受到家庭暴力，她有什么倾向呢？她会不断地试探那个男的，'我刺激你，看看到一定程度你会不会打我'。本来在她的认知图式里，她预期那个人会打她。无论她怎么刺激，最后对方都没打她，她才能康复。"

妈妈说："哦，那如果他每次刺激我的时候，我都做出很平静的反应，他对我的试探会减少吗？还是会一直这样做下去？"

我说："不会一直这样下去的。他刺激你的次数肯定会减少。他情绪不好的时候，比如他嚎一嗓子，你就描述'你又开始嚎了'，就当这不是一件大事。跟他说'去不了游泳，是很难受的，我小时候也会嚎两嗓子'。你不觉得这件事情很麻烦，是正常现象，过一阵子它就没了。到治疗后期，大人的心态很重要。他的反应是什么，你又会做出什么样的反应？如果你反应不激烈的话，他可能就会好很多。我原先和家长说'你诱惑他了，他看你了，然后你突然又变坏了，那你觉得小孩怎么会理解你呢？'。他会觉得你是很可怕的一个人，一会儿是天使，一会儿又变魔鬼了。"

妈妈说："他有时候会在一个问题上纠结。他现在纠结的是，'那个地是哪儿？'。在车上，他会一直指，没完没了，一定要我给个答案。我给的答案要让他觉得是合理的，不能乱说。我说'行了，都问了八百六十遍了，不知道'，他说'不知道问谁'，我说'我也不知道问谁，问地图去'。有时候我特别烦，说'别再问了行不行啊'，他就收敛一点。这种你说该怎么处理？"康复期的小朋友都会经历一段类似的时期，特别是用语言折磨成年人。

我说："那你就说，'你又开始考妈妈了'，说'这好难啊'。你说'我五个能答出三四个已经很好了，不保证每个都答上来'，这对他来说也是非常重要的。正常小朋友也会有期待，希望你是万能的。你要告诉他的是你能做大部分的事情，还有很多你不知道。跟他说'那条路我没走过，我也不知道那儿是哪儿，如果以后有机会，我可以陪你走一遍'。他考你，是希望确认一些事情。这也是他练习语言的一种方式。他不知道该说什么，那种情景下他又不想冷场。也有可能他在折磨你。"

帅哥进来，直接扔到我手里一个冰棍，说："这个。"

我说："还给我一个呢？"

妈妈说："就扔过去了，不会好好说呀。"

帅哥把手里的冰棍递给妈妈，说："这个。"妈妈帮他打开。

爸爸说："他那个已经吃完了。"

我说："这个也给你吧。阿姨不吃。"我递给帅哥。

帅哥说："我也不吃。"

帅哥转头看妈妈手里的冰棍，妈妈问："你吃这个，是吗？"

我笑着问："呵呵。好吃吗？"

帅哥答："好吃。"

我说："你就爱吃大红果，是吗？"

妈妈说："特爱吃大红果。我们现在终于能让他吃点别的了。这两天他会吃点可爱多。"

爸爸说："给我吃点。"帅哥给爸爸吃了一口。

妈妈说："那天他和我们院的小孩玩，我给他买了杯鲜橙多，那个小孩的妈妈说不能给孩子喝。我说帅哥从小就喝，无所谓，从来没有什么不能吃的。后来那小孩说'啊？你都比我早喝好几年了'。有个妈妈在育儿论坛说孩子四岁破戒，吃了个冰激凌。我特烦那些人说这个不能吃那个不能吃。好在孩子的爷爷奶奶、外公外婆都不是这种人，让孩子随便吃，爱吃什么吃什么。养得他特别馋，拿冰棍都诱惑不了他。"

我说："这不挺好吗？以前小孩被骗走，就是因为馋。他不受诱惑，说明你养对了。"

爸爸说："帅哥，你是不是爽大发了呀。"

妈妈说："'妈妈，我要爽'——他经常跟我说这句话，特逗。当时我都没反应过来，没想起那句广告语。"

爸爸说："再给我一口吧。"

那个冰棍就剩一点了，我建议帅哥："不给了，就剩最后一点点了。还给吗？"

帅哥本来伸手想给爸爸，又缩回手，说："就剩最后一个。"

我问："最后一个，给不给啊？不给？"

妈妈问："给他吃吗？"

帅哥："嗯。"帅哥声音上扬，不是答应的语气，站起来去关灯。

我说："没关系，可以不给的。"

帅哥关了灯，爸爸说："帅哥，你要是关灯就得给爸爸了。"

帅哥一转身回去，打开了灯，说："开了灯。"

爸爸说："那就是好孩子。你自己再爽两口就行了。"

帅哥看着爸爸，问："谁还没爽着呢？"

爸爸说："我还没爽着呢。"

帅哥觉得没给爸爸冰棍不好，就把妈妈手里的冰棍抢下来，说："爸爸，给你吃这个。"给爸爸吃了一口，又拿回来还给了妈妈。

帅哥不想给爸爸他手中的冰棍，他舍不得，于是把妈妈手中的冰棍抢来给爸爸吃一口，这说明他有一定的灵活性，解决问题的水平也在提升，情商很高。

妈妈说："他和小女孩一起去玩。帅哥表现出很多不好的行为，比如向人家喷水。其实也没什么。人家小女孩就有点不接受，最后小女孩烦他了，不爱搭理他。如果我是小孩，我也会很烦他的。"

帅哥吃完冰棍，自己去把那根棍扔到垃圾箱里，一脸堆笑地回来，表情很吸引人。他走到妈妈旁边，妈妈用手摸了摸他的脸。

爸爸说："要么就过去喷人家水，要么就过去打人一下。他不会用语言这种方式来交流。"

我说："我认为在交往之前，比如他要去碰别人了，要和他说'别碰别人啊，去和人家说一下你想和他玩'。其实他可能还会碰，但是至少让那个人有一定的心理准备。他碰对方的时候也会小心一点。"

那个冰棍是夹心的，有点像太妃糖的结构。帅哥指着妈妈手里的冰棍，对着爸爸说："这个能做太妃糖吃吗？"爸爸笑笑没回答。

帅哥转身面向妈妈，说："爸爸，这个是太妃冰棍吗？"

妈妈说："不是太妃冰棍，不过还真是挺像的。"

帅哥上去咬了一口妈妈的冰棍，我描述："你又去吃人家的了。"

帅哥继续冲着爸爸说："像太妃冰棍吗？"

爸爸说："像，有点像巧克力芯。"

帅哥走向我，贴近说："像太妃冰棍吗？"

我说："不知道。阿姨吃的冰棍太少了，不知道那个名字叫什么。"我承认自己的无知，对小朋友的成长来说是有意义的。他慢慢会理解人不是万能的。

妈妈说："他自己发明的太妃冰棍。"

我问："什么叫太妃冰棍？"

妈妈说："太妃糖。"

我说："哦，夹心的。"

妈妈说："他就叫太妃冰棍。"

我说："有道理。"

帅哥到电脑桌旁，发现了闹钟，闹钟下面两个支撑的棍没有了，他问："这个的脚呢？"

我问："这个什么？"帅哥答："脚。"

我说："这个脚啊，被别的小朋友给弄掉了。原来有两条腿的，有个小朋友把一条腿卸掉了，我就把另一个也卸了。"

帅哥又问："这个怎么没腿？"

我说："因为还有比你更厉害的小朋友也在破坏。"

在儿童咨询中，尤其是在有玩具的游戏咨询中，都会出现一定的损坏。通常儿童都会问咨询师是谁弄坏的，怎么弄坏的。他们最想知道的是咨询师对这种损坏的态度。正常情况下，咨询师会说这是自然损耗，咨询师会修。

帅哥去抢妈妈手中最后一口冰棍，妈妈说："干什么呀？"帅哥还是不客气地抢走了。

我说："你抢劫啊。"

爸爸说："你是强盗吗？"

帅哥把冰棍蹭到了手上，妈妈用纸巾帮他擦干净。妈妈的动作不是很温柔，帅哥也没有躲闪。

爸爸从帅哥背后去抢冰棍，帅哥一个转身躲过了爸爸的出击，反应极其灵活。

我说："反应还挺快的。吃的时候小心点，别让那个棍伤到。"

帅哥反应很快。爸爸的行为还是一个比较危险的。冰棍的棍还留在小朋友的嘴里，万一捅到嗓子里还是很可怕的，所以有些类似的抢夺游戏可以做，有些不可以做。

爸爸说："全吃进去了。"

妈妈在帅哥背后捶了一把，说："也不给我留一口。"

爸爸说："这回全是你爽了。"

我和妈妈说："回去看录像，你给他擦嘴的动作其实挺猛的，你在他背后捶他的那一下也挺猛的，你儿子没有任何闪躲。"

妈妈问："为什么呢？"

我说："其实他不害怕你，他对你的行为没有那么强的防御反应。很多小孩最开始有很多防御反应，他应该有闪躲的动作。你儿子没有闪躲，他很接受你触碰他。"

帅哥跑出门，又跑回门口，说："去卫生间。"

爸爸说："问问易老师。"

我说："去吧，去卫生间还用请假？帅哥你认识卫生间吗？"

去卫生间这种解决个人需求的事情不需要请假的，即使请假也是形式上的。小朋友在这方面必须要有自主性，才能真的对自己的身体和环境有控制感。

爸爸出去马上又回来了，说："拿点纸，问他'大便还是小便？'，他说'我吃多了'。我回来了，他问我'为什么调头啊？'。"爸爸拿了卫生纸去找帅哥。

妈妈说："最早的时候他去过一个很有名的训练机构，待了三个月。我们俩一起上的，还有现在的幼儿园。幼儿园他特别喜欢，没啥压力，就是蹦蹦跳跳的，而且孩子都小，他三岁，别的孩子一岁多、两岁，那个环境是他感到最舒服的。"

我说："（在亲子班）陪读对小孩是很好的。不一定非得是家长，派个人也可以，让他知道那个人是保护他的。这样的小孩大多都是高估风险的。在幼儿园他是有紧张情绪的。他们高估风险有的时候是合理的。网上的视频里有老师打小孩、骂小孩、吓唬小孩的。就算他没有看到老师做这样的事情，他心里还是会觉得大人是有风险的。其实是要从家长开始做起。你对他来说是没风险的，你是支持他的，他才可能会觉得其他大人没风险。这样的小孩会觉得父母也是很可怕的。你个头比他高，他当然会觉得害怕。爸爸特别高大的，小孩怕得可能更厉害。有的家庭里还有家庭暴力，真有父母把小孩杀了的。他也许会放大某些风险。虽然那是不真实的，但是在世界上还是存在的。他很小的时候就能想到非常极端的境况。放大之后，自己吓自己也吓死了。"

妈妈说："我原来以为他很胆大，现在也认识到他也很胆小。他特别担心，特别害怕，就是这样。"

我说："你对老师没有什么要求，那老师就会降低她的焦虑水平，就不会给你的孩子太多压力。你也不要期待她对你儿子特别照顾。你把小孩送去幼儿园，你可以得到休整，放松一段时间。你天天紧张是不行的，要保持放松的好状态。幼儿园肯定不是孩子心中的好地方。我咨询的正常小孩上幼儿园还天天哭呢，有的体重迅速下降，还有被老师打的。像帅哥这样的小孩会更早地评估风险。在他没有挨打之前，他就知道这个世界很可怕了。"

妈妈把话题转移到她的原生家庭上，说："我父母对我的教导方式会不会对他有影响啊？"

我问："你是什么教养方式？"

妈妈说："知道自闭症之后，我觉得我爸爸就是阿斯伯格综合征。他学历不高，在工作单位专业能力最棒，可是人际关系一塌糊涂。他每次说话从来不看别人说什么，他也不在乎别人说什么。我觉得是阿斯伯格的典型症状。小时候，他好像特别不管我的感觉，现在回想起来是有问题的。家里人就他这样，别人都不这样。帅哥小的时候，我也这样，觉得孩子自己长吧。帅哥的奶奶是极其敏感的人，发生什么事情都能头疼好几天。"

帅哥很欢快地开门进来，我说："小朋友舒服了？"

爸爸说："可能是吃多了。"

我说："吃多了也不能迅速就下去啊？这太快了。"

帅哥拿着喝到底的儿童饮料，问："怎么喝不了了？"

我重复："怎么喝不了了啊？"

我回头继续和帅哥妈妈说刚才的话题："你家几个孩子？"

妈妈说："一个。"

我说："你没被养成自闭真不容易。"

妈妈说："我看过你的一篇文章，是关于自我修复的。我觉得完全对。"

帅哥在妈妈面前捣乱，拉着妈妈的手干扰妈妈讲话。他描述自己的状态：“妈妈，这个喝不出来了。”

我们都没理帅哥，我继续问：“你自我修复了？”

妈妈说：“我自我修复了我小时候的问题。”

因为我们都没有理帅哥，帅哥开始发飙，大声哼哼，同时在妈妈眼前使劲晃他的手。妈妈停下讲话，注视帅哥，问："干吗？"

帅哥情绪立马平复，把手里的瓶子给妈妈展示，说：“妈妈，没有了。”

帅哥这种小朋友如果处在自闭状态下是不理任何人的，也怕别人干扰他。现在他在主动求关注。他给妈妈展示他喝空的小瓶子，就是希望妈妈理他一下，结果妈妈还沉浸在自己的叙述中，我也没有关注帅哥。帅哥立刻在妈妈眼前晃手，表示他有强烈被看到的需求。

妈妈说：“没有了啊，我就带了一瓶怎么办？回家再喝一瓶，行吗？”

妈妈迅速转移注意力安抚帅哥。妈妈只说了这两句，帅哥基本上就没有情绪了，说明帅哥现在的情绪稳定性越来越好了。

帅哥还没展示过瘾，又走到爸爸面前说：“爸爸，这瓶没有啦。”

在这一段对话中，帅哥用多种方式描述了同一件事情——'怎么喝不了了，喝不出来了，没有了，这瓶没有了'，这是语言的进步之一。

妈妈继续："我从不注意人际方面的东西，我也意识不到。工作以后因为要和很多美国人打交道，天天和他们在一起，差不多十年的时间，我完全改变了。"

帅哥又去破坏摄像机，破坏后爸爸去修理。他和爸爸说："磁带是不是旧了？"我猜他又想换磁带，我说："没旧。"

帅哥翻电脑桌上的包，说："我想拿一个新磁带。"

我说："好。"

帅哥找到一盘磁带，看来我一眼说："我又找到了一盘。"

我转回去和妈妈说："一个人在成长历程中碰到对的人，比如父母、亲戚、老师、心理咨询师、老板、朋友等很重要的人，有很多东西就会变。"

帅哥在没有他人帮忙的情况下撕开了磁带的外包装。他走到我面前，看着我说："我想换一包磁带。"

我说："现在没用完，不能换呢。等你爸爸开始拷贝东西的时候，我教你怎么换。"

妈妈说："原来的老板，人也特别好。碰到这些人我改变特别大，原来不这样。"

帅哥拿着一瓶矿泉水出了门，妈妈问："他干什么去了？"

爸爸说："他拿那个浇蚂蚁去了。"

妈妈说："他有时候有暴力。会说'弄死'。这种话挺吓人的。"

我说："如果不是针对人的，画个图，说'弄死、弄死、弄死'，不是真的，都是可以接受的。"

帅哥开始在我面前和爸爸玩打人的游戏，帅哥和爸爸站在屋子中间。帅哥的两只小手打爸爸的肚子，爸爸的身体稍微有些向后缩，和帅哥的距离有帅哥的小臂那么远，基本上帅哥打过去已经没有了力道。帅哥爸爸对局面控制得很好。

爸爸有做出了一些阻挡的动作。帅哥边打边抬头看爸爸说："别打。"这是要限制爸爸的行动。

爸爸说："我没打你呀。是你打我。哎呀，哎呀……"

帅哥打够了，转身回到沙发上去翻电脑包，爸爸对我说："这是我们在家训练的效果。"

妈妈说："我在家和他说，第一，在幼儿园不许打女孩。他说'那妞妞打我呢'。妞妞总抓他。我说'那没办法，谁让你碰上这么一个小女孩呢，好男不和女斗，不能打女孩'。第二，别人得先打你，你才能打别人。这个他知道先后啊。第三，那就是不要打脸，打身上。就这三条约定。还有其他需要再约定的吗？"

我说："差不多了。"

爸爸说："现在开始打我，以前是不打我的。"

我说："这要和他定好。"

帅哥又开始干扰爸爸，在爸爸面前晃手并且叫唤。爸爸注视他了，他手里拿了张纸问："什么是装箱清单？"已经发生两次了。他要求爸爸或妈妈注视他，他才肯说话。

爸爸说："装箱清单，就是装在包里的都有什么东西，写在这单上。"

妈妈的解释更清楚："是不是有个主机呀？是不是有个保修卡呀？是不是有个发票呀？"

帅哥说："没有发票。"

妈妈说："那就少一个呗。"

我回到打人的话题："你要和他说我们现在玩的是打人的游戏。不在玩之中，你没有申请，是不可以玩这个东西的。不然他可以随便打你的话，他以后会控制不了，不知道这个情境是不是合理的。"

帅哥又哼哼，他说："拿笔记本来。"

妈妈打岔问："找找，有没有保修卡？"

帅哥答："有保修卡。"

我问："在哪呢？哪个是保修卡？"

帅哥蹲在地上找保修卡。

妈妈和我确认："让他知道是在玩（打人）游戏呢。"

我说："你要有明显的界限。跟他说'我们是不是玩游戏啊？'。他说'是，我们在玩游戏'，再开始玩。不可以让他随便打人。他分不清现实和游戏的界限的话就麻烦了。本来我们是想让他有力量的。"

帅哥在沙发那儿折腾完电脑，跑到我旁边翻我的包。

爸爸过来阻止帅哥说："帅哥，不要翻易老师的包。"

儿子大叫："嗯。"然后用胳膊挡爸爸。

我听帅哥叫的声音都变了，我说："没事。让人家翻翻。分清楚这是我的就行了。"

我摸着帅哥的头说："帅哥，你只能翻阿姨的包，因为阿姨说同意了。别人的包不能随便翻。"

爸爸说："帅哥，你问易老师了吗？易老师同意没有？"

帅哥继续翻包，头也没抬，说："同意了。"

爸爸说："问了吗？"

帅哥问："同意吗？"

我又摸了摸他的头说："同意了，同意了。"

我逗帅哥说："你问的太短了，应该问'易老师，你同意我翻你的包吗？'。"

帅哥找到我的公交卡，公交卡后面贴了一张膜。他拿着公交卡走到爸爸那儿问："我想摘下来。"

爸爸问帅哥："你问易老师了吗？"

我说："你可以摘，我不知道怎么摘。"

帅哥真的把贴膜撕下来了。我夸张地说："真能摘下来呀，你太厉害了！"

帅哥问："这是什么卡啊？"

我说："公交卡啊。"

帅哥问："公交卡的背面是什么卡啊？"

我问爸爸："你小时候家里是不是不允许你犯错误？"

爸爸说："我们家有这个要求。"

我对妈妈说："在某些时候他比你紧张。"

妈妈说："对。我从来对小孩的这些事无所谓。他老说孩子容易出危险，孩子跟我他不放心。"

我问爸爸："你会感到不放心吗？"

爸爸说："有时候我觉得她太不在乎了。"

我说："帅哥翻东西、碰什么东西时，你的紧张水平很高。应该和你早年被抚养的方式有关。"

爸爸说："可能是。自己的东西和别人的东西应该有界限。

要关注别人对你的行为的感觉。"

我说："有时候你的关注里透着某种焦虑。那种焦虑你可能不自觉，旁人能看出来。你面对你儿子的时候，紧张水平很高，对别人可能就无所谓。"

爸爸说："可不是嘛，有种想让他把界限划清楚的意识。"

妈妈说："帅哥有时候动别人的东西，他特着急，我觉得无所谓，弄坏了就赔嘛。他们家原来特别强调要让孩子有礼貌。"

爸爸说："有时候东西可以赔人家。"

妈妈确认："是不是觉得人家对孩子的印象不好了？"

爸爸反驳："不是印象的问题，有些东西你赔不了别人。比如卡坏了，人家要用卡，人家的时间你赔得了吗？人家还要重新申请，这个你想到了没有？"

我问："有多少可怕的事情？"

妈妈说："他总把事情想得特别可怕，我没有。我们俩就是两个极端。"

我问爸爸："你这样和你爸爸还是和你妈妈有关系啊？"

爸爸说："可能和我妈妈有关系吧。我妈妈在我小时候对我要求比较严。"

我问："你家几个孩子？"

爸爸说："两个。我有个姐姐。"

我问："你姐姐紧张吗？"

妈妈说："不紧张，我觉得他姐姐和他完全不一样，他姐像他爸爸。他各方面都敏感，包括身体上。和他姐姐完全不一样，他姐姐大大咧咧的。"

我问："你吸收了你妈妈所有的焦虑？"

爸爸说："可能是。"

妈妈说："他和她妈妈一样神经过敏，他今天吃个杏仁就觉得特不舒服。"

爸爸说："那是神经方面的。"

妈妈说："吃个杏仁怎么就那么多症状，我就不明白。"

爸爸笑着说："那是真过敏。"

我问："是你过敏还是你妈妈过敏？"

妈妈说："他们俩都过敏。我觉得他遗传了他妈妈的东西。"

我解释："这些和先天的身体素质可能是有一点关系的，你儿子可能也有类似的素质。为什么有人会得自闭？自闭的一个条件是个体要非常敏感，要足够聪明。这两条加上胆小就自闭了。你脸上不要表现出焦虑，要表现得自己很厉害。你儿子还真能把别人怎么着啊？"

妈妈说："当初帅哥被诊断为自闭，我说他随了他姥爷的阿斯伯格综合征，随了他奶奶的敏感。我跟他爸说'咱俩谁也甭怨谁，都差不多'。"

爸爸说："都有责任。"

我说："还要有个条件，那小孩要足够聪明。"

妈妈说："有人说他聪明，他有些方面还行吧。但是有些方面不行，比如他的理解能力特差。"

我说："因为他还没想理解。随着他的康复，他的理解能力一定会慢慢变好的。他没有办法承受之前的压力，没办法解读那些压力。正常小孩这个年龄不可能明白的一些东西，他可能事先就明白了。比如他会觉得这个世界很危险，很吓人。带这样的小孩应该是非常难带的。"

妈妈问："所以我小时候接受的教养方式对他会有什么影响？"

我说："会呀。比如你说你的依恋关系不是特别好，你爸爸和你没有特别亲密的关系，所以你在养孩子的时候，就很难直接和孩子建立亲密感。爸爸的依恋关系也不是很好。爸爸属于回避型的。"

爸爸说："上初中时我离开了家，在我亲戚家。"

妈妈说："他的亲戚给他造成很多问题吧。反正我觉得是。"

　　妈妈说："现在我和父母住，发现他们很多问题，比如我回来了，他们从来不会说'回来了'，该躺着看报纸就躺着看报纸，该上网就上网。我们三个人从外面回来，他们从来不会出来迎接，到现在也没有。我爸爸喜欢帅哥，但总怕他出事，有危险，所以不和他玩，也不会逗逗他，从来没有。"

　　我说："他不会呀。"

　　妈妈说："我爸爸的兄弟姐妹，人都特好，怎么我爸爸就这样呢？不过我爸爸是他们家里最聪明的，他遗传我爷爷的聪明。我爷爷原来超级聪明的。"

　　帅哥拿着我的移动硬盘，想打开，递给我说："想打开。"

　　我说："这个打不开。"

　　帅哥问："这是什么？"

　　我答："这是移动硬盘，打不开。"

　　我和妈妈说："原来你们家好几代都是阿斯伯格综合征呢。康复好一点的小孩，你会发现他们确实是聪明的。自闭症小孩的家长其实还是高知的人比较多，虽然来自各个人群的都有。农村人也有考北大、清华的。在高知人群里基因也会有变异的，也会有特别聪明、特别敏感的。这才是要命的。"

　　我说："我猜想随着社会的进步，这样的孩子会越来越多，因为营养越来越好，人也越来越聪明。我推测人类智力的大幅进步是有代价的。"

爸爸问："这是进化还是退化呀？如果越来越多，是不是属于进化？"

我说："这个很难说。以前的人营养不良，怀的孩子体重不大，就很少难产。现在的胎儿好多头特别大。母亲要是不剖腹，就生不下来。"

爸爸说："人进化在肢体上也就这样了。"

我接着说："就是在脑子上折腾。现在的人是聪明的找聪明的，硕士找硕士、博士找博士结婚。聪明基因的累加效应还是非常大的。以前女的没工作、没学历，你找一个，你也不知道是什么样的，至少在智力上你是不知道的。那样的匹配过程会把人类的智力往中间拉，现在是直接叠加了。有人说聪明有时候是被诅咒的。有一部电影叫《我的天才宝贝》，朱迪·福斯特拍的。电影里的小孩是个七岁的超常小孩，天天担心世界毁灭，紧张到胃全烂了。"

妈妈问："是电影还是真实的？"

我说："是电影，朱迪·福斯特是导演。她演妈妈。她拍这个片子是有原因的。她自己小时候就是一个聪明的孩子。"

妈妈说："她智商特高。"

我说："她的体验估计一直是不好的创伤性体验。聪明的小孩要特别地养。他的不安全感一定要你们俩有力量才能消除，所以要收敛爸爸的焦虑，不然帅哥就全吸收了。他可能下意识地吸收了不好的情绪。为什么原来他会选择和世界隔离？因为他无法承受这些东西。"

解释完，我提醒小朋友要结束了："小朋友要走，好了，收拾收拾吧。"

帅哥问："咨询要结束了吗？"

我说："要结束了。你把我的东西拆差不多了。"

爸爸说："你是破坏结束了。"

我说："你破坏结束了吗？小破坏狂？"

帅哥站起来晃了一圈，估计不想走，蹲下又开始翻我包里的东西，他拿来一个东西问我："这个是什么？"

我说："是插U盘的。"

帅哥有问另一个："这个是移动硬盘吗？"这个词是在这次咨询中学到的，他马上找机会重复用了一次。

我说："对，这个要插到这个地方。对，那个口要插到电脑上才行。好了，别插了，你爸爸已经把电脑收起来了，下次再插行吗？这次可翻得够全的，高兴吗？"

帅哥没理我，帅哥从地上拿起一张纸，问："这个几块钱？"

我答："这个不是钱。"

　　妈妈说："他总问我，比如卡，我说这个是芯片，他说'怎么存了一百，是放进去钱了吗？'。"

　　爸爸说："老想里面是什么。"

　　妈妈说："比如他会想细胞里面是细胞核，细胞核里是什么。"

　　爸爸说："无穷无尽的。"

　　我说："好了，咨询结束了，下次再来。"

　　帅哥问："什么叫咨询结束了？"

　　我说："这就是咨询结束了，可以回家了呀，你还可以再爽一把。"

●●●●●● 第七次咨询总结 ●●●●●●

帅哥的表现

在目光对视和表情方面依旧表现良好。

在亲密感方面，他知道可以用亲吻换爸爸妈妈帮他做事情。父母可以利用这一点，让他认为亲密是一件非常好的事情，同时得到帅哥的肯定。帅哥主动要求亲爸爸，问爸爸应该亲几下，爸爸说八下，帅哥就去爸爸脸上用吻给爸爸洗了个脸，亲完后看着爸爸。这种亲密行为在他们的亲子关系中出现得越来越多。

帅哥认的字非常多，而且妈妈都不知道他以什么方式学会的，这从侧面说明帅哥的智力水平挺高的。

帅哥这个星期学会了数学1到9的分解，10以内的都会做。数学能力是智力水平的一个重要指标。帅哥表现得挺好。

帅哥可以强势地提出要求，不满意会嚎几嗓子，虽然父母不是很高兴，但是他在进步，他的胆子在变大。

帅哥会不停地要求父母回答。父母必须明白这种行为是康复的表现，要重新理解这种行为。帅哥有了其他方面的进步，比如会用不同的词描述同一件事情，而且都描述到位。在他描述的时候，他还要求我们必须当听众，否则就干扰我们的谈话。

父母的表现

爸爸在陪玩时表现非常到位。在第三次咨询的时候，我们谈到爸爸触碰帅哥时的动作幅度太大，会让帅哥终止游戏。这次爸爸就很注意，基本上都是帅哥在主动出击，象征性地攻击爸爸，而爸爸只是防御，在对抗中节奏掌握得非常好。

在帅哥的语言能力出现其他方面的变化时，父母的体验并不是正性的，因为帅哥练习语言的对象是父母，父母被不停地折磨。父母需要得到外界的支持和肯定。

我们在这次咨询中谈到了帅哥父母的原生家庭。在我以前的咨询案例中，父亲可能有自闭的遗传倾向，而这个案例中恰恰相反，帅哥的母亲有自闭的基因，而帅哥的父亲携带的是焦虑基因。家庭治疗的重要部分就是降低父母的焦虑。这个家庭需要降低焦虑水平的是父亲，而在其他案例中需要降低焦虑水平的通常是母亲。

后记

　　本书选取了我给帅哥做的咨询的前七次，之后的咨询和这七次非常类似，主要就是和父母探讨在不伤害自己、不伤害他人、不破坏贵重财物的基础上，做到相对宽容，给小朋友留下成长的空间。

　　在这里，我想再次强调做咨询的基本原则。我是在学沙盘游戏的时候，第一次听国外专家提到的，之后在与儿童心理相关的书籍中也有看到。当然这样的关键原则常常被一带而过，并没有引起各方足够的重视。

　　这三个基本原则是：

　　1.不伤害自己；

　　2.不伤害他人；

　　3.不破坏贵重财物。

　　这三个基本原则适用于养育所有儿童，而不仅仅适用于养育自闭症儿童。

　　首先，不伤害自己。家长要保证孩子不会受伤。在孩子小的时候，父母要起主导作用，要求孩子不能碰电源或者其他危险的东西。在我们的案例里，我们说"不"的情况非常少，但是帅哥想动电源插座的时候，我们是制止的。此外，爸爸提到帅哥会爬家里没有安全保护的窗户。我认为在教育无效的情况下，还是应该安装护栏。这些是正常儿童养育中都可能碰到的。自闭症儿童还可能会出现一种比较特殊的情况，那就是自伤自残，这需要进行专业处理。家长需要找儿童咨询领域的专业人士去调整自己的养育方式，考虑怎么处理才能减少对孩子的负面刺激，减少孩子的自伤自残行为。

其次，不伤害他人。这里的伤害主要指暴力伤害。儿童本身都有攻击性，这种攻击性是生命力的象征，但是攻击应该有度。在家庭养育中，父母必须设定一个边界，尽可能把孩子的躯体暴力攻击转换成象征性、游戏式的身体攻击、语言攻击，还要设定场合，比如对于小朋友说讨厌老师、说老师的坏话这种情况，要和小朋友说清楚，在咨询室里可以说，出了门不可以说。

对于儿童咨询，我最强调的就是对暴力的控制。有些儿童在康复的过程中，会出现暴力攻击水平大增的情况，尤其是在他们感到安全以后，原来压抑的愤怒和攻击会瞬间释放。自闭症儿童本身在人际方面表现不好，有暴力倾向会让周围的儿童更加排斥他们。儿童之间的暴力攻击如果失控，可能给他们造成难以想象的创伤。当儿童这种伤害他人的倾向渐增的时候，我倾向于让家长减少儿童和其他孩子的接触。如果处理得当，那么半年左右这种暴力攻击就会消退。

有一则新闻报道是，自闭症儿童攻击别的小朋友，被幼儿园劝退，回家休整，家长因此非常受伤。我认为幼儿园的策略没有太大问题。如果家长看到孩子的攻击性太强，可能伤害别的孩子，那么他们应该考虑让孩子回家先休整一段时间，等孩子的攻击性下降再送去幼儿园，或者请陪读人员到幼儿园，保证自己的孩子不会对其他孩子造成伤害。

我再多提一句，实际上我是非常希望自闭症儿童有陪读人员的。其实自闭症儿童伤害别的小朋友，只是比较少见的情况。更多的自闭症儿童是退缩的，基本上不具有攻击性，更多的是攻击自己。陪读人员可以预防自闭症孩子自残。此外，因为自闭症儿童普遍胆小和退缩，他们更容易成为校园霸凌的对象，所以请陪读人员在某种情况下可以保护自闭症儿童的安全，也可以保护其他儿童的安全。

我也不建议父母去陪读。父母其实很脆弱的。如果每天看到自己的孩子和其他孩子的对比，父母会很受伤，就如同打游戏，每天都在"掉血"。估计陪读一段时间之后，父母就抑郁了。所以最好还是请人陪读。

我认为，相关政府部门最好可以允许父母把对自闭症儿童的补贴用在雇陪读人员上。现在对自闭症儿童的补贴只允许用在自闭症儿童的训练上。我认为这类补贴经费应该在用途上更宽泛些，比如用于请陪读人员，用于支持父母找专业人士进行心理咨询等。

最后，不破坏贵重财物。这一条是我稍稍修改过的。当年我听到国外专家说的是不故意破坏财物，后来真正做咨询后，我发现不故意破坏财物这条根本不可能执行。正常儿童都是有破坏性的。我亲戚家的一个小男孩把他家所有柜子的球形拉手都弄坏了，挡都挡不住。要知道养孩子是有代价的，父母要预估可能会有所损失。但是我希望家长注意，不要把孩子带到赔不起的地方，比如能够接触到名画、古玩、贵重相机之类的地方。最好把怕受损的东西放保险柜里锁起来。放在外面的大部分都是允许破坏的，小东西要损失得起。正如在咨询中，我由着帅哥破坏我的摄像机。我试图阻止过他，发现无效，所以只能配合他了。

我的咨询都是围绕这三个基本原则开展的。只要不违反这些基本原则，我都会满足帅哥的欲望。帅哥需要在成长的过程中获得安全感和可控感，要能知觉到父母是好人，是不会伤害他的人，是保护他的人。设定三个基本原则的边界也是对帅哥的一种保护。在基本原则之下，无论他想做什么，我们都会按照他的要求去执行。很多人会认为这是纵容，但是实际并非如此。我们是有原则的，在原则之下尊重儿童会提升他们的自尊，让他们学会主动、负责，提高他们的自我效能感。

帅哥前期康复得非常快，但是这只是自闭症康复的第一步。帅哥在7次咨询（10周左右的时间）中，逐渐和父母建立亲密关系，在运动和语言方面也有很大的进步，但是帅哥的问题并没有得到根本的解决。我让大家看到帅哥变好的部分，但是这不能掩盖帅哥的基本问题。

虽然帅哥和父母的关系在变好，和我的关系也很好，但是要和其他人建立亲密关系，需要很长的时间。我曾经预估，和父母关系变好之后，他还需要至少两年的时间才能和他人建立亲密关系。大概咨询半年以后，帅哥妈妈说有一次他们家一起吃饭请了老师，事先没有告诉帅哥，到饭店之后帅哥看到老师，帅哥吓得直接后仰，摔倒在地上。

帅哥和父母的良好关系是否能够永久保持并不确定。帅哥父母做得非常好。很多父母根本就过不了依恋这一关，因为他们觉得依恋关系康复的过程是备受折磨的过程。孩子会非常黏父母，一刻都不能跟父母分离。很多父母不堪其扰，在依恋这个时期兜兜转转，总也走不到下一个阶段，或者因为依恋这个时期处理不当，后续的康复过程也不那么顺畅。即使依恋关系发展很好，如果后期父母把注意力放在了孩子的运动、语言、认知发展方面，孩子的依恋关系也会受到一定损害。帅哥的康复就属于这种情况。总之，无论父母做什么，都要思考他们要做的是否会损害关系。关系排第一，其他的非原则性的事情要排在关系之后。

如果没有我的解读，只看咨询录像，可能不太容易看到帅哥好转的部分，更容易看到的是帅哥不能静坐，动来动去，而且不断地搞小破坏。这些情况在有限的空间里，比如在咨询室和家里，是能够被容忍的。如果帅哥在课堂上出现了这些情况，老师可能会很头痛。这是家长需要和学校协商的。如果孩子坐得住就让孩子上课，坐不住还是得请陪读人员带他出去玩，不能影响到其他小朋友上课。不能因为自闭症儿童有某些问题，就让其他儿童受损。这是家长应该理解和把握的边界。

另外我要提一点，在我做过的咨询中，帅哥的家庭很特别。父母在咨询的过程中可以互相支持，全程参与。我希望前来咨询的家庭都是这样的，但是现实情况是，积极参与的更多是母亲。孩子会和母亲先建立依恋关系。其他家人看到的更多是自闭症儿童在康复期的退行和对母亲的过度依赖。他们会觉得孩子特别黏母亲，有母亲在，孩子就不听话、不好管。这个时候母亲已经被深深困扰了，其他家人大多给予的不是支持而是指责，起到的更多是拖后腿的作用。一方面，孩子要求和母亲有更多的亲密行为，这几乎要占据母亲所有的时间和精力。另一方面，其他家人指责母亲不会管孩子。本来孩子出现问题，母亲的情绪就不好。如果母亲没有得到足够的社会支持，孩子在建立亲密关系方面通常不会走太远。这是在自闭症康复过程中尤其值得重视的部分。

自闭症的康复过程就像在游戏中打怪升级的过程，是极其复杂的。并不是重建依恋就能解决所有问题。重建依恋，儿童获得与父母的亲密感，只是康复的第一步，后面还有很多父母需要面对的部分。

康复的第二步，是如何面对和处理儿童的攻击性。在我们的咨询中，帅哥的攻击性是比较小的，只是搞些小破坏。当然也可能帅哥的攻击性表达还不够充分。我看到的大多数自闭症儿童在过了和父母亲密的蜜月期之后，会出现强烈的攻击性。攻击性是否强烈可能和当初儿童被对待的方式有关。帅哥的家庭整体对他是非常好的，没有太多的暴力，所以帅哥的暴力也不太多。我曾看到有些儿童把父母掐得咬得身上都是伤痕，还有的儿童攻击别人家的小孩，比如有个小男孩就在医院里把一个摇摇晃晃刚会走的小孩推倒在地，导致那个小孩脸着地，摔得满脸血。在第二步，如何化解儿童的暴力成为重中之重。理论上只要重建依恋，攻击性一定会爆发，只是强度不同。最好攻击性来得越早越好，不然到青春期，孩子压抑的愤怒可能会失控，导致严重的后果。我看到过两个十四五岁、一米八、处于青春期的自闭症孩子。如果他们真有暴力攻击的倾向，父母根本控制不了。好在我看到的这两个孩子都比较温和。

一旦开始康复，小朋友会慢慢懂得社会规则，但是他们在执行社会规则的时候会碰到问题。有两种情况最为常见，其一是自闭症儿童懂得某个社会规则，但是他们无法执行这个规则，内心会有非常多的冲突，会感到焦虑和内疚；其二是当自闭症儿童懂得社会规则又可以执行这个规则的时候，他们又走向了另一个极端，那就是必须严格执行这个规则，如苦行僧般，极其僵化。我听一个咨询师讲，有个男孩上初中住校，老师说九点半左右熄灯，他感到很纠结，想弄清楚多少是左，多少是右。他需要一个严苛的标准。无论哪一种情况发生，父母都需要有处理的智慧。

当自闭症儿童不再高度屏蔽外界信息的时候，他们很可能要面对低自尊的问题。他们能够清楚地意识到自己和他人的差距，而他们追上他人又很吃力。这种差距以及其他孩子对他们的攻击让他们的自尊受损。他们会觉得自己不够好。这种低自尊和抑郁非常相关。父母要做好应对自闭症儿童的低自尊和潜在抑郁的准备，要给孩子足够的支持。很多时候父母认为只要孩子追上他人就能解决所有问题，而这可能会加重孩子的问题。父母和孩子都要接纳这种差距。这种差距不是一时半刻消失的。乐观接受现实才是我们进行干预的重点。

　　自闭症儿童上小学的时候最突出的症状、最影响他们上学的症状不是自闭。如果只是单纯自闭，那么他们只会不理别人，不会造成对他人的影响。但是他们会出现多动的症状，就像帅哥那样（他在咨询室里就无法静坐）。当然在学校里他可能坐得住，但他需要很强的自我压抑。实际上很多自闭症儿童来治疗是因为他们多动，影响课堂秩序，让老师的课堂教育无法顺利完成，影响其他小朋友的学习。要知道自闭症和多动症的共病率非常高。家长要有处理的智慧，哪些多动的表现是可以容忍的，哪些是不可容忍的，要和学校协商。如果孩子上课在座位上自己玩自己的，不影响他人，就容忍他这么做。如果孩子太闹的话，家长还是要请陪读人员，在他坐不住的时候，让陪读人员带他出去玩。

　　自闭症儿童在康复的过程中，对人际是有需求的，但是因为他们早年缺乏正常儿童对人际的无意识模仿学习，他们需要对人际有更加意识化的理解，也就是说，他们需要成人对人与人的互动进行详细解释，对他人的人际行为以及动机等进行解析。其他儿童是通过观察下意识学会人际交往的，而自闭症儿童必须有意识地学会人际交往。这会对父母或者咨询师提出很高的挑战。他们需要相关的学习和培训。

　　在我的咨询中，有一些孩子在一定时间内会有抽动症的表现。自闭症和抽动症的共病率也很高。自闭症儿童在康复过程中会逐渐产生攻击性，对社会规范的理解又让他们很害怕表达自己的攻击性，不知道该以什么样的方式释放攻击性。在这种情况下，他们很可能会压抑自己的攻击性。当他们压抑不住自己的攻击性时，就会表现为抽动症。我猜测感到不安全的儿童会压抑他们的恐惧，同时压抑恐惧连带的愤怒，这可能也是抽动症的原因之一。在我的咨询中，患抽动症的有正常儿童也有自闭症儿童。治疗方法是一样的，那就是让他们感到环境是安全的，然后帮他们表达攻击性，示范哪些攻击行为是可以被社会接受的。正常儿童和自闭症儿童的抽动症的最大区别在于，正常儿童的抽动症会伴有秽语（骂人也是很高级的语言功能），自闭症儿童一般只有抽动而无秽语。咨询师要以社会可接受的方式教他们学会语言攻击。正常儿童的秽语常常超出社会允许的范畴，咨询师要教他们用社会可接受的方式进行语言攻击。

校园霸凌是自闭症儿童在上学阶段面临的突出问题，也是家长带孩子来咨询的一部分原因。自闭症儿童被校园霸凌可能有多种原因。我们的假说认为，他们过度敏感，容易受创伤，对外界是有深深的恐惧的。其他普通儿童可能很容易就能读出自闭症儿童的恐惧和退缩，知道他们是可以被欺负的。另一种原因是，自闭症儿童在康复期会有小小的攻击性，而面对这些攻击，普通儿童很可能会反击。自闭症儿童的应对技能有限，在这种对抗中往往会输。对方很快知道了他们的能力，然后继续欺负他们。如果父母经济状况允许的话，最好给孩子找个陪读人员。我曾在上课时讲到，请陪读不是为了管住自闭症儿童，让他们认真听讲，而是为了让他们安全，免于校园霸凌。听课的一位学员是自闭症儿童的父母，她后来跟我说她当时眼泪就下来了，她知道她自己处理不当带来了某些后果。

有很多大龄自闭症儿童有被害妄想症，尤其是遭遇过校园霸凌的儿童。这也是为什么我非常强调解决校园霸凌的问题。在被伤害的基础上产生被害妄想，偏执地觉得其他人都会伤害自己，这是非常危险的情况。出现这种情况的儿童也是很危险的。当他们被激怒的时候，他们采取的应对方式会超出我们的认知范围，比如当他们认为老师和同学欺负自己时，会跳出去掐老师或者同学的脖子。这样的攻击力度是会引起其他家长和孩子严重排斥的，而且对他们自身也是非常不利的。所以不要让自闭症儿童受到实质性的暴力攻击，减少他们因恐惧而产生被害妄想的可能性。

自闭症和癫痫有一定的共病率。我在咨询中见到过两例，也听说过其他自闭症儿童患有癫痫的。从我的有限经验来看，患儿压力大的时候，癫痫发作的可能性和频率都会增高，另外很可能在自闭症的康复期更容易发病。自闭而回避外界，大脑加工速度比较低，不容易发病，但是一旦自闭症儿童开始康复，太多的信息扑面而来，他们的大脑负担太大，就可能癫痫发作。自闭症还会和其他躯体化症状一起出现。自闭症孩子的不良行为的功能有可能是缓解焦虑的，当他们不能使用这些行为的时候，就会让心理问题躯体化，变成对自身的攻击。我曾看到一个小女孩全身皮疹，从脚开始一直蔓延到脸上。面对这类问题，最重要的是降低患儿的压力。

自闭症儿童的康复是一条艰难之路，每一步都十分艰难，走不好可能会损及亲子关系。我在这本书中只是简要说明了自闭症儿童的父母可能面临的问题，不能穷尽所有问题，也不可能解决所有问题。这里提到的每个康复阶段都可以成为一本指导手册的主题。也许我以后会做这方面的工作。

在我做自闭症治疗的时候，我也会有很多遗憾和困惑，比如在数次咨询后，孩子变好很多，父母觉得自己都懂了，就回家自己去做了。我最郁闷的是应用行为分析（ABA）这样高强度的行为疗法越没有效果，家长越愿意花钱花时间在上面。我觉得他们可能觉得是自己投入不够才没有效果，要加大投入量。

很多时候，我咨询的儿童有了很大的好转，父母觉得自己学会了，自己能处理，不需要继续咨询了，其实在我看来并不是这样。帅哥接受了大半年的咨询后，康复非常明显，但是并不持久。我通常估计，一次咨询能让一个孩子维持比较好的状况的时间是两周，所以我做的很多自闭症咨询的频次是两周一次，一次一个小时。当然在没有经验的时候，我以为孩子会保持末次咨询的状况，回家后即使不会变得更好，也不会变坏。然而，后续各种案例表明情况并不一定会变好，恶化的可能性会更大些，因为自闭症儿童在成长过程中面临太多问题，每一步处理不当，都可能损及亲子关系，强化问题行为。

一般家长再次找我咨询是在自闭症儿童上小学四五年级的时候。那时各种问题集中爆发，最多的是校园霸凌问题，也有学业导致的低自尊问题、抽动问题。类精神分裂我接触过两三例。我给幼龄儿童和大龄儿童都做过咨询，咨询的点有所不同。我不认为重建依恋就能解决所有问题。和父母建立了亲密的依恋关系只是迈出了第一步，后面还有更多需要解决问题。

从我的经验上来看，我的咨询方法可能导致家长过早结束咨询。我认为，如果家长觉得一个疗法有效，即使觉得无聊而且感觉自己都能掌握，也最好能定期回访，和咨询师商量，可以拉长咨询的时间间隔，而不是完全停止。家长可以三个月、半年约一下咨询师，看看孩子的变化，确认自己没有跑偏。不要等到问题特别严重的时候才找咨询师，那个时候可能咨询也无济于事。在自闭症儿童的养育中要以预防为主，尽可能预测可能发生的风险，减少问题的出现，而不是等问题出现了才想办法解决。这一点对于养育正常儿童同样适用。

当初出版《重建依恋：自闭症的家庭治疗》后，我听到过家长抱怨理论部分太多，实际操作部分不足。本书则以实操为主，更适合那些有症状比较轻的儿童的家庭阅读。当然建立良好的亲子关系也是养育普通孩子需要考虑的重要方面，所以本书也适合那些普通孩子的家长阅读。对于孩子症状比较严重、家庭问题比较多的家长来说，接受专业咨询是必需的，只看书是肯定不够的。最后，希望大家有正确的预期。帅哥是康复速度比较快的，并不是每个孩子都能有这样的康复速度。有的孩子可能很多年都无法和父母建立依恋关系，原因多种多样。如果父母以帅哥的速度来预期自己孩子的康复速度，那么是很容易受伤的。父母要更多地把困难想在前面，接受孩子康复缓慢的可能性。

希望本书能够让更多的父母和专业人士获益。在这里，我想送给儿童和家长深深的祝福。谢谢大家对本书的关注。